经济管理学术新视角丛书

RESEARCH ON THE PATH TO SUSTAINABLE
DEVELOPMENT OF CHINESE GRAIN PRODUCTION

# 我国粮食生产
# 可持续发展路径研究

张玉周◎著

经济管理出版社
ECONOMY & MANAGEMENT PUBLISHING HOUSE

**图书在版编目（CIP）数据**

我国粮食生产可持续发展路径研究/张玉周著. —北京：经济管理出版社，2014.12
ISBN 978-7-5096-3574-2

Ⅰ.①我…　Ⅱ.①张…　Ⅲ.①粮食—生产—农业可持续发展—研究—中国　Ⅳ.①F326.11

中国版本图书馆 CIP 数据核字（2014）第 312588 号

组稿编辑：赵喜勤
责任编辑：张　艳　赵喜勤
责任印制：司东翔
责任校对：张　青

出版发行：经济管理出版社
　　　　　（北京市海淀区北蜂窝 8 号中雅大厦 A 座 11 层　100038）
网　　　址：www. E-mp. com. cn
电　　　话：（010）51915602
印　　　刷：北京京华虎彩印刷有限公司
经　　　销：新华书店
开　　　本：720mm×1000mm/16
印　　　张：12.25
字　　　数：233 千字
版　　　次：2014 年 12 月第 1 版　2014 年 12 月第 1 次印刷
书　　　号：ISBN 978-7-5096-3574-2
定　　　价：39.00 元

# 前　言

　　国以民为本，民以食为天，食以粮为源，粮食是人类社会生存发展的物质基础，也是国民经济发展的基础。粮食安全是事关国家经济社会安全稳定的重要战略问题。作为世界上人口最多的发展中国家，我国粮食生产可持续发展更是经济社会稳定快速发展的重要保障。改革开放以来，家庭联产承包责任制充分激发了广大农民的生产积极性，促进了我国粮食生产和农业经济的快速发展，在粮食等基础性物资得到安全保障的前提下，我国逐步推进市场经济体制改革。可以说，农村经济体制改革成果为我国近30多年来经济社会的全面发展提供了重要支撑和保障。20世纪70年代中后期，美国学者莱斯特·布朗发表《谁能养得起中国》以后，中国粮食安全问题受到了世界各国的普遍关注与高度重视。我国自从1998年实现粮食丰产5.12亿吨以来，粮食产量逐年递减，与此同时，随着人口的增加和人民生活水平的提高，粮食需求在不断地增加。2003年粮食产量降到1990年以来最低点，当年粮食总产量降至4.3亿吨。为此，2004~2013年的中央一号文件都是围绕解决"三农"问题，且把粮食生产、农民增收等问题当作全局性战略问题来考虑。从2004年至今，我国为促进粮食生产、农民增收相继出台了减免农业税、种粮直接补贴、良种补贴政策、农资综合补贴政策以及农机具购置补贴政策，这一系列粮食补贴政策的实施，极大地调动了广大农民的种粮积极性，粮食产量成功实现十连增，到2013年，我国粮食年产量达到历史新高6.02亿吨，粮食安全有了基础保障。然而，我们应清醒地看到，随着我国工业化、城镇化的快速发展以及人口增加和人民生活水平的逐步提高，粮食消费需求将呈刚性增长趋势，而耕地减少、水资源短缺、自然灾害等对粮食生产可持续发展的约束日益突出。我国粮食的供给和需求将长期处于紧平衡状态，保障粮食安全将面临严峻挑战。因此，研究我国粮食生产可持续发展路径，对稳定我国粮食生产，为经济社会快速健康发展提供物质基础以及确保国家粮食安全都具有重要现实意义。

　　本书以粮食生产可持续发展路径为研究对象，综合运用农业经济学、公共经济学、制度经济学、微观经济学、信息经济学等基本理论和方法，采用理论分析与实际分析相结合、规范分析与实证分析相结合以及历史分析与比较分析相结合等主要研究方法，按照"理论探讨——实证分析——政策设计"的研究路径，建立了土地制度创新是粮食生产可持续发展的基本保障——适度规模化经营是粮食生产可持续发展的重要引擎——粮食补贴政策是粮食生产可持续发展的强大动力——粮食流通组织是粮食生产可持续发展的有效依托的分析体系，在新形势下探求我国粮食生产可持续发展的重要路径。循此逻辑思路，全书共分五章：

第一章：导论。首先就本书的选题背景及研究意义进行简要论述，接着阐述了本书的研究思路和研究方法，最后简要论述本书结构以及主要内容。

第二章：土地制度创新是粮食生产可持续发展的基本保障。首先对土地制度与粮食生产相关概念进行了界定，厘清了国内外土地制度与粮食生产绩效研究现状，进而对土地制度与粮食生产绩效进行相关性分析，得出土地要素是影响粮食生产可持续发展的最重要因素。其次分析了新中国成立后我国土地变革的历程，并对不同阶段土地制度与粮食生产绩效进行了实证分析，指出目前家庭承包制存在的问题。最后提出我国土地制度创新应遵循保障粮食安全和土地产出率的原则，着眼点是完善土地承包制。改革的总体目标应是保证土地的合理分配及有效利用，不断提高土地利用率和生产率，其核心和主体是构建完善有效的地权机制，通过协调人地关系中人与人的关系，实现土地的合理有效利用。在此基础上提出进一步完善家庭承包责任制的相应对策建议。

第三章：适度规模化经营是粮食生产可持续发展的重要引擎。首先分析了国内外粮食生产适度规模化经营的研究现状，阐述了粮食生产适度规模经营的理论基础，在此基础上论述了农户粮食生产适度规模经营的必要性。得出适度规模经营既有助于确保我国粮食安全，提高土地生产率、劳动生产率、粮食的商品化率、比较利益和降低成本，还有助于宏观调控。其次对粮食生产适度规模经营进行了实证分析，总结了目前制约我国推行农户粮食生产适度规模经营的主要因素：土地流转机制不完善、农村剩余劳动力转移不彻底、农民适度经营积极性不高。在此基础上提出我国农户粮食生产适度规模经营应在遵循因地制宜和政府适当干预原则的前提下，主要在粮食主产区实行，相应采取农户内涵式规模经营和企业外延式规模经营模式。最后提出我国农户粮食生产适度规模经营的保障条件：建立完善的农地流转机制、促进农村剩余劳动力的转移、完善农村保障措施、培育适度规模经营带头人。

第四章：粮食补贴政策是粮食生产可持续发展的强大动力。首先分析了粮食补贴政策的国内外研究现状，阐述了粮食补贴政策理论依据；分析了新中国成立以来我国粮食补贴政策的演变，着重对我国现行的粮食补贴政策进行了绩效分析，分析了目前粮食补贴政策存在的主要问题。其次阐述了世界发达国家粮食补贴政策，并得出对我国的启示：粮食补贴政策应有法律支撑；粮食补贴政策要因地制宜；粮食补贴方式要灵活多样等。最后提出完善我国粮食补贴政策的建议：建立和完善粮食补贴法律法规体系；完善现有粮食补贴政策提高补贴效率；完善粮食补贴项目强化粮食补贴的针对性；加大粮食补贴力度促进粮食生产可持续发展等。

第五章：粮食流通组织是粮食生产可持续发展的有效依托。首先对粮食流通特点及其组织演变规律进行概述，指出粮食流通组织主要特征有：对专用性资产的投资具有特别要求；具有多样性和多层次性；要求有稳定的预期收益和承担市场风险的能力；可以引导粮农实施粮食标准化建设。进而分析了目前我国粮食流通组织的效率，着重分析了粮食批发市场、粮农合作经济组织以及粮食产销一体化组织存在的主要问题，深入探讨了我国粮食流通组织效率低下的原因。在此基础上，分别提出了改造提升粮食批发市场组织、粮农合作组织以及粮食产销一体化组织的相应对策建议。其次探讨了我国粮食流通组织结构优化问题，指出我国粮食流通组织形态结构优化的目标取向应该是多元组织形态平等竞争、分工协作、功能完备的体系。并提出我国粮食流通组织形态结构优化以及粮食流通组织经营结构优化的具体措施。最后对粮食流通组织发展电子商务提出对策建议：加强对粮食电子商务的宏观管理；加强粮食系统计算机软件、硬件建设，积极培育既懂信息技术又懂行业管理的高素质复合型人才；深化粮食流通体制改革；建立健全适应电子商务发展的结算、配送及安全防范体系等。

# 目　录

# 第一章 导 论

## 一、研究背景及意义

### （一）研究背景

粮食不仅是人们日常生活的基本必需品，而且是一个国家经济健康发展和政治稳定的重要战略物资，具有不可替代性。粮食安全始终是一个国家经济社会发展的重要战略问题。我国作为世界上人口最多的发展中国家，确保粮食安全更是经济社会稳定快速发展的重要保障。20 世纪 70 年代中后期，尤其是布朗发表《谁能养得起中国》以后，中国粮食安全问题受到了世界各国的普遍关注与高度重视。自从 1998 年实现粮食丰产 5.12 亿吨以来，粮食产量逐年递减，与此同时，随着人口的增加、人民生活水平的提高，粮食需求在不断地增加。2003 年粮食产量降到 1990 年以来最低点，当年粮食总产量降至 4.3 亿吨，粮食供给严重小于需求使得 2003 年粮食价格大幅度上涨，粮食安全问题再次引起中央政府的高度重视。2004~2013 年以来的中央一号文件都是围绕解决"三农"问题，且把粮食生产、农民增收等问题当作全局性战略问题来考虑。2004 年我国为促进粮食生产、农民增收相继出台了减免农业税、种粮直接补贴等政策措施，2006 年在全面取消农业税、稳定粮食直补政策的基础上又实施了农资综合直补政策。2007 年《中共中央国务院关于积极发展现代农业扎实推进社会主义新农村建设的若干意见》中明确提出要不断完善粮食直补政策、良种补贴政策、农资综合补贴政策以及农机具购置补贴政策，逐步形成目标清晰、类型多样、受益直接、操作简便的粮食补贴制度。2008 年继续扩大补贴范围、提高补贴标准、加大补贴力度，并开展政策性农业保险试点。2009 年提出要不断完善各项粮食补贴办法，加大对种粮大户的补贴力度。2010 年提出要继续增加对粮食直补、良种补贴、

1

农机购置补贴规模，落实和完善农资综合补贴动态调整机制，新增加的粮食补贴资金适当向种粮大户、农民专业合作组织倾斜。这一系列粮食补贴政策的实施，极大地调动了广大农民的种粮积极性，粮食产量成功实现十连增，到2013年粮食年产量达到历史新高6.02亿吨，粮食安全有了基础保障。按照联合国粮农组织认定粮食安全的警戒线是粮食库存消费比为17%~18%，而目前我国的粮食库存消费比为30%~40%。因此，当前中国粮食供需基本平衡，安全总体形势是好的。

但从中长期来看，我国的粮食供给仍然不容乐观，原因主要有：一是人口日益增长与耕地规模不断减少之间的矛盾越发突出。一方面我国人口数量不断增加，粮食消费将持续增长。2007年公布的《国家人口发展战略研究报告》指出：到2020年，我国人口总量将达到14.5亿人；到2030年，我国人口峰值将达到15亿人左右①。这意味着我国需要为新增的近2亿人口准备粮食产能。据国家有关部门和专家预测，2020年粮食需求总量11450亿斤，比2006年增加1300亿斤，年均增加100亿斤。同时，满足日益增长的人口多样化粮食需求的压力也在不断增大。另一方面随着我国工业化、城市化的快速发展，建设用地不断增加，大量优质耕地被占用。人口增长、粮食多样化需求与农地规模间的矛盾日益突出。二是粮食生产的经济效益低下，农民生产的积极性下降导致粮食供给减少。粮食生产的经济效益降低，突出表现在粮食生产的成本不断增加而粮食销售的价格增长幅度不大甚至不变，使得部分种粮农民陷入增产不增收的状态，进而导致农民种粮积极性下降，许多农户弃农务工，导致粮食生产陷入恶性循环，危及国家粮食安全。三是农业基础设施弱化、水资源严重短缺、农户分散经营、农业科技推广体系不健全、耕地不断被污染等因素限制粮食增产，粮食能源化、能源金融等增加了我国粮食供应压力。四是粮食生产对粮食主产区地方财政的贡献率逐年下降，而发展粮食生产需要粮食主产区承担的投入不断增加。粮食从生产环节到销售环节再到储备环节都需要大量的财政投入，按照国家现行规定粮食生产基础设施、粮食储备、粮食风险配套等大部分资金需要地方承担，导致粮食主产区地方财政包袱逐步加重，粮食生产持续投入动力不足。五是世界农产品贸易格局的不稳定因素增大，给我国粮食持续进口造成的压力不断增大。如果我国继续加大对世界粮食市场的依赖程度，不仅会大大增加我国的粮食成本，同时还会受制于美国、加拿大、阿根廷、澳大利亚等少数粮食生产国，因此，从长远来看我国必须稳定发展粮食生产，确保粮食供给还以国内供给为主。国家发展和改革委2008年11月颁布的《国家粮食安全中长期规划纲要（2008~2020)》中提到：从

---

① 王中宇. 中国"粮食危机"说频现是真实的还是虚拟的？[OL]. 中国新闻网，2008-02-20.

今后经济社会发展趋势看，随着工业化、城镇化的快速发展以及人口增加和人民生活水平的逐步提高，粮食消费需求将呈刚性增长趋势，而耕地减少、水资源短缺、气候变化等对粮食生产的约束日益突出。我国粮食的供给和需求将长期处于紧平衡状态，促进粮食生产可持续发展，保障粮食安全将面临严峻挑战。

## （二）研究意义

粮食安全问题是国家安全体系的重要组成部分，世界各国都非常重视自身的粮食产业安全。作为世界上人口最多的发展中国家，在工业化、城镇化、市场化、农业现代化和国际化同时推进的背景下，我国的粮食安全问题将比以往更加复杂和严峻。在此背景下，本书分别从土地制度创新、适度规模经营、粮食补贴制度完善以及粮食流通组织创新等方面研究我国粮食可持续发展的重要路径，对新形势下确保我国安全、指导我国粮食生产、流通、贸易以及宏观调控都具有重大现实意义。

目前我国即将步入第十三个五年计划，正处于全面建设小康社会的关键时期，促进粮食生产可持续发展、保障粮食产业安全尤为紧要。作为发展中农业和人口大国，我国实现粮食产业可持续发展的具体路径既不同于发达国家，也不同于一般发展中国家。面对国内外粮食产业发展的新形势，基于我国国情深入开展粮食生产可持续发展的重要路径研究，对制定粮食产业相关政策也具有十分重要的意义。研究新时期土地制度创新对粮食生产的影响有利于国家在保证土地产出率和保障粮食安全的前提下完善家庭承包责任制；研究粮食生产适度规模化问题有利于国家从促进农村剩余劳动力的转移、完善农村保障角度制定科学合理的土地流转政策；研究粮食补贴制度对粮食生产可持续发展的影响有利于国家从保障粮食安全、促进粮农收入增加角度制定粮食补贴法律法规体系、完善现有粮食补贴政策、提高粮食补贴项目灵活性和针对性等；研究粮食流通组织对粮食生产可持续发展的影响有利于国家从粮食流通视角制定和完善促进粮食流通组织结构优化的相关政策。同时，对粮食生产可持续发展路径问题的研究，还有利于我国科学地把握粮食消费导向，有效利用国内外两个市场，不断提高我国粮食产业竞争力，对于解决"三农"问题，推进和落实工业化、新型城镇化和农业现代化，以及促进我国整个国民经济社会的可持续发展都具有重要的现实意义。

# 二、研究思路与方法

## （一）研究思路

本书以粮食生产可持续发展路径为研究对象，综合运用农业经济学、公共经济学、制度经济学、微观经济学、信息经济学等基本理论和方法，采用理论分析与实际分析相结合、规范分析与实证分析相结合以及历史分析与比较分析相结合等主要研究方法，按照"理论探讨——实证分析——政策设计"的研究路径，建立了土地制度创新是粮食生产可持续发展的基本保障——适度规模化经营是粮食生产可持续发展的重要引擎——粮食补贴政策是粮食生产可持续发展的强大动力——粮食流通组织是粮食生产可持续发展的有效依托的分析体系。通过对影响粮食生产可持续发展相关路径的分析，在新形势下探求促进我国粮食生产可持续发展的重要路径。

## （二）研究方法

### 1. 理论分析与实际分析相结合

本书主要以制度创新理论、公共产品理论、规模经济理论、供求理论、消费理论等为基础，深入分析我国粮食生产现状及影响其可持续发展的主要因素。在理论运用的基础上，充分考虑我国的国情，对理论的有效性和可行性进行分析，为探求促进我国粮食生产可持续发展的路径提供理论和实践上的支持。

### 2. 规范分析与实证分析相结合

规范分析所要解决的问题是"应该是什么"，并力图按特定的价值判断调整或改变现实，它具有强烈的主观性，以一定的价值判断为基础。实证分析则是指与事实相关的分析，它要回答的问题为"是什么"以及"将会怎样"，所得出的结论强调客观性，排斥价值判断。实证分析和规范分析之间是对立统一的，规范分析要以实证分析为基础，而实证分析则需要以规范分析为指导。本书试图通过规范分析从土地制度创新、适度规模化经营、粮食补贴政策完善、粮食流通组织创新等视角探寻影响我国粮食生产可持续发展的重要因素。同时借助大量统计数据和相关计量经济模型，通过实证分析，尽可能客观地揭示出各种因素对促进我国粮食生产可持续发展的作用，以期为促进我国粮食生产可持续发展寻找思路及对策。

3. 历史分析与比较分析相结合

任何现行制度安排都有其产生、发展、演变的脉络，都在某种程度上是对传统制度的扬弃，从而都会打上时代的烙印。通过对其分析和考察可以总结制度变迁的经验教训并探索出其规律性。本书采用历史分析和比较分析方法对我国土地制度、适度规模化经营、粮食补贴、粮食流通组织变迁的脉络进行了梳理，对国外影响粮食生产可持续发展的相关路径进行了比较借鉴。通过古今中外的对比，从中发现并总结出我国粮食生产可持续发展相应制度安排的经验教训以及国外制度安排的先进经验和规律，加深对制约现行制度有效变迁因素的理解，从而为完善我国粮食生产可持续发展路径提供依据。

# 三、本书内容结构

全书共分五章，各章的基本内容如下：

第一章：导论。首先就本书的选题背景及研究意义进行简要论述，其次阐述了全书的研究思路和研究方法，最后论述了本书的结构及主要内容。

第二章：土地制度创新是粮食生产可持续发展的基本保障。首先对土地制度与粮食生产相关概念进行了界定，厘清了国内外土地制度与粮食生产绩效研究现状，进而对土地制度与粮食生产绩效进行相关性分析，得出土地要素是影响粮食生产可持续发展的最重要因素。其次分析了新中国成立后我国土地变革的历程，得出三点启示：人地矛盾是土地制度变革的最大约束条件；以土地产出率为核心的农业生产效率是衡量土地制度形式是否合理的主要标准；土地制度变革要尊重农民的自主权，尊重农民的首创精神。然后对不同阶段土地制度与粮食生产绩效进行了实证分析，结果表明目前家庭承包制制度创新所带来的能量已基本释放完毕，制度安排已达到新的均衡而不再有额外收益，主要存在集体所有权的界定不明晰、土地承包经营权的弱势地位、健全而有效的土地流转机制尚未形成、缺乏优化的组织基础等问题。在此基础上提出我国土地制度创新应遵循保障粮食安全和土地产出率的原则，着眼点是完善土地承包制。改革的总体目标应是保证土地的合理分配及有效利用，不断提高土地利用率和生产率，其核心和主体是构建一个完善有效的地权机制，通过协调人地关系中人与人的关系，实现土地的合理有效利用。最后提出进一步完善家庭承包责任制的对策：一是稳定土地承包权；二是完善农村土地制度立法，依法保障农民的土地权利；三是改革和完善农村的租税费体系；四是加快工业化、城市化进程，促进农村人口向城镇转移；五是建立健全农村社会保障体系；六是强化农村土地管理。

第三章：适度规模化经营是粮食生产可持续发展的重要引擎。首先分析了国内外粮食生产适度规模化经营的研究现状，阐述了粮食生产适度规模经营的理论基础：厂商理论、边际收益递减规律理论和适度规模经营理论。其次论述了农户粮食生产适度规模经营的必要性，既有助于确保我国粮食安全，提高土地生产率、劳动生产率、粮食的商品化率、比较利益和降低成本，还有助于宏观调控。在此基础上对粮食生产适度规模经营进行了实证分析，找出目前制约我国推行农户粮食生产适度规模经营的主要因素：土地流转机制不完善、农村剩余劳动力转移不彻底、农民适度经营积极性不高。在此基础上提出我国农户粮食生产适度规模经营应在遵循因地制宜和政府适当干预原则的前提下，主要在粮食主产区实行，采取的主要模式一是广大农户主动合作模式和依托政府力量实行的农户内涵式规模经营模式；二是家庭农场模式、合作社经营模式、股份制经营模式、企业经营模式等的外延式规模经营。最后提出我国农户粮食生产适度规模经营的保障条件：建立完善的农地流转机制、促进农村剩余劳动力的转移、完善农村保障措施、培育适度规模经营带头人。

第四章：粮食补贴政策是粮食生产可持续发展的强大动力。首先分析了粮食补贴政策的国内外研究现状，阐述了粮食补贴政策理论依据：粮食是人类社会生存和发展的重要物质基础；粮食供给和需求具有特殊性；粮食具有准公共产品的特征；粮食安全关系国家安全。其次分析了新中国成立以来我国粮食补贴政策的演变，着重对我国现行的粮食补贴政策进行了绩效分析，结果表明：一是粮食补贴促进了粮食生产，有力地保障了我国的粮食安全；二是在影响粮食生产的诸多显著因素中粮食补贴位居最后一位，说明其对粮食生产的促进作用尚未充分发挥；三是生产性补贴和收入性补贴都显著有利于粮食产量增加，但收入性补贴对粮食生产的促进作用明显高于生产性补贴。目前粮食补贴政策主要存在的问题有：粮食补贴规模偏小且资金分担不公，以计税农田面积或计税常产计算粮食补贴的普惠模式有待进一步改进；粮食补贴执行成本较高且效率低下；种粮成本不断上升抵消了部分粮食补贴效应；粮食补贴政策难以兼顾粮食增产和农民增收双重目标等。再次阐述了世界发达国家粮食补贴政策，并得出对我国的启示：粮食补贴政策应有法律支撑；粮食补贴政策要因地制宜；粮食补贴方式要灵活多样等。最后提出完善我国粮食补贴政策的建议：建立和完善粮食补贴法律法规体系；完善现有粮食补贴政策提高补贴效率，主要指完善综合性收入补贴政策、调整生产性补贴政策、完善最低收购价政策等；完善粮食补贴项目强化粮食补贴的针对性，主要是加强环境补贴、直接向低收入粮农发放收入补贴、设立土地休耕补贴、设立粮食储备补贴、设立粮食保险补贴等；加大粮食补贴力度，促进粮食生产可持续发展，主要指加大对粮农直接补贴的力度、对粮食生产相关基础建设的投入力度、对粮食生产科技研发和推广的投入力度等。

第五章：粮食流通组织是粮食生产可持续发展的有效依托。首先对粮食流通特点及其组织演变规律进行概述，指出粮食的社会化大流通既是商品流通和资本流通的统一，又是商流、物流和信息流三者的统一。粮食流通的特点主要有：粮食流通过程具有明显的生产性质；粮食流通具有非均衡性；粮食流通具有很大的风险性。粮食流通组织主要特征有：对专用性资产的投资具有特别要求；具有多样性和多层次性；要求有稳定的预期收益和承担市场风险的能力；可以引导粮农实施粮食标准化建设。其次分析了目前我国粮食流通组织的效率，着重分析了粮食批发市场、粮农合作经济组织以及粮食产销一体化组织存在的主要问题，深入探讨了我国粮食流通组织效率低下原因：一是组织规模结构不合理；二是组织之间分工协作差，结构松散；三是交易方式落后，流通信息不畅。在此基础上，分别提出了改造提升粮食批发市场组织、粮农合作组织以及粮食产销一体化组织的相应对策建议。再次研究我国粮食流通组织结构优化问题，粮食市场结构应该具备如下基本特征：一是市场上存在较多的经营者且经营者之间公平竞争，但为避免过度竞争和垄断，经营的数量和每个经营者的规模要受到一定的限制。二是每个经营者都是独立的经营实体，对自己的盈亏负责。三是价格由市场决定，政府对价格的影响是通过对市场的干预而不是通过直接的价格管制来实现的；我国粮食流通组织形态结构优化的目标取向应该是多元组织形态平等竞争、分工协作、功能完备的体系。粮食流通组织形态结构优化应采取的措施：一是进一步深化粮食流通体制改革；二是大力培育粮农合作组织，引导农民进入市场；三是允许多种经济成分参与粮食流通。我国粮食流通组织经营结构的优化具体措施：一是纵向一体化经营与横向一体化经营相互渗透；二是综合化经营与专业化经营并存；三是商流、物流、信息流交融分立；四是内外贸分工经营与内外贸一体化经营。最后阐述了粮食流通组织发展电子商务的必要性与可行性，在分析粮食流通组织发展电子商务面临的问题的基础上提出相关对策建议：加强对粮食电子商务的宏观管理；加强粮食系统计算机软件、硬件建设，积极培育既懂信息技术又懂行业管理的高素质复合型人才，以适应电子商务的快速发展；深化粮食流通体制改革，加快粮食市场化进程，使粮食流通组织成为真正的市场主体；建立和完善适应电子商务发展的结算、配送及安全防范体系。

# 第二章　土地制度创新是粮食生产可持续发展的基本保障

　　20 世纪 70 年代中后期，尤其是布朗发表《谁能养得起中国》以后，中国粮食安全问题受到了世界各国的普遍关注与高度重视。经济的快速发展挤占了大量的土地和水资源，越来越多的劳动力从农村来到城市，自从 1998 年实现粮食丰产 5.12 亿吨以来，粮食产量逐年递减，与此同时，随着人口的增加、人民生活水平的提高，粮食需求在不断地增加。在连续几年的农业歉收之后，我国最近首次成为粮食纯进口国，并因此抬高了国际上小麦、大米和大豆的价格。为此，胡锦涛同志就粮食安全问题作了深入调研，温家宝同志也亲自到农村视察并敦促农民提高粮食生产，粮食生产成为人们再次关注的问题。粮食生产受土地、劳动力和资本多种因素的影响，而土地、劳动和资本这些要素，有了制度才能更好地发挥功能，所以制度至关重要①。作为农村经济制度主体的土地制度对粮食生产的发展和农民生活的影响是巨大而深远的。因此，研究粮食生产和农村经济问题时，农村土地制度是关键。新中国的农村土地制度经历了土地改革、合作化运动、人民公社化运动和家庭联产承包责任制等复杂的过程。家庭承包责任制打破了人民公社制度对劳动者创造性、主动性的束缚，调动了农民的积极性，推动了农村生产力的解放，充分提高了制度绩效，促进了粮食生产的大飞跃。但是，家庭联产承包责任制是自下而上进行的，政府的态度经历了从禁止、允许例外、承认存在到大力推广的过程。所以，家庭联产承包责任制改革的理论准备是不充分的，也缺乏严格的法律规范。而且随着经济形势的进一步发展，家庭联产承包责任制不能适应粮食生产纵深发展，从而其制度绩效出现了明显的递减趋势。这在理论和实践上都要求我们对农村改革进一步调查，对新中国成立以来的农村土地制度变革进一步进行理论剖析，为坚持、完善和规范农村土地制度提供理论指导。

---

① 戴维·菲尼. 制度安排的需求与供给 [M]. 北京：商务印书馆，1992.

# 一、土地制度与粮食生产相关概念界定

## （一）土地制度界定

土地制度是社会经济制度的重要组成部分。在农村，土地制度是社会经济制度的核心。土地制度一经建立，便规定了人与人之间因土地占有和利用而发生的各种关系。一定的土地制度为农村社会的全部经济关系，甚至为农村社会的经济发展确定了一个基本框架，农村的社会经济制度就在此基础上建立。迄今为止，我国理论界对土地制度的定义尚未形成共识，争议颇多，代表性的观点有：

陈道提出土地制度就是土地所有制，是人类社会一定阶段中土地所有关系的总称[①]。陈宪认为土地制度是由土地所有制、土地使用制度、土地流转制度和土地管理制度及其他构成的一项有关土地的社会经济制度[②]。张朝尊认为土地制度是人们在占有、支配和使用土地的过程中所结成的各种关系的总和，包括土地所有权关系和土地使用权关系两个方面[③]。周诚认为土地制度有广义和狭义之分。广义的土地制度包括有关土地问题的一切制度，如土地利用方面的土地开发制度、规划制度等，土地所有和使用方面的土地分配制度、承包制度、租赁制度、地租和地价制度等，土地管理方面的地籍管理和征用制度等。狭义的土地制度指土地所有、使用和国家管理三大方面的制度[④]。张月容则认为土地制度是在经济运行过程中所发生的土地经济关系和土地法权关系制度化的总和，土地经济关系表现在人们对土地的所有权、使用权、占有权和处分权等方面，而法权关系则是指土地经济关系在法律上的反映、确认和规范[⑤]。

本章研究的土地制度是狭义上的土地制度，并且主要研究农业用地制度。因为土地所有制、经营制度和管理制度是所有土地制度的核心，并决定土地制度的其他方面。"制度"是指制度安排而非制度结构。制度安排是指在特定领域内约

---

① 陈道. 经济大辞典·农业经济卷 [M]. 上海：译文出版社，1983.
② 陈宪. 农村土地制度的改革目标与阶段性选择 [J]. 农村经济，1989（4）.
③ 张朝尊. 中国社会主义土地经济问题 [M]. 北京：中国人民大学出版社，1991.
④ 周诚. 土地经济学 [M]. 北京：中国农业出版社，1989.
⑤ 张月容. 完善我国农村土地制度的途径 [M]// 中国土地学会. 中国土地经济问题研究. 北京：知识出版社，1992.

束人们行为的一组行为规则。而制度结构是指经济社会中所有制度安排的总和，它包括组织、法律、习俗和意识形态等。

## （二）粮食规模经营

粮食规模经营是农业经营规模的特殊形式。粮食规模经营实际上包括粮食生产内部规模和外部规模两个层次的含义。规模经济是指在一定时期内，随着产品数量的增加其单位成本下降，从而提高利润水平，基本上属于生产力的范畴。粮食规模经营首先应该是指粮食生产的规模化，即粮食生产过程中各相关生产要素的规模化使用，尤其是生产资料的规模化使用。由于粮食生产的特殊性，土地是粮食生产中不可或缺的最基本的投入要素和生产资料，因而，土地适度规模化使用是粮食规模经营的基础，其核心是土地适度规模化基础上的规模生产，而土地制度又是土地适度规模化经营的保障和支撑。

## （三）粮食安全界定

联合国粮农组织（1974）在第一次世界粮食首脑会议上首次将粮食安全定义为：保证任何人在任何时候都能够得到为了健康和生产所需要的足够食品[①]。1983年又将粮食安全界定为：确保所有的人在任何时候既买得到又买得起他们所需的基本食品。该概念包括三层含义：一是确保生产出足够数量的粮食；二是最大限度地稳定粮食供应；三是确保所有需要粮食的人都能获得粮食。1996年在第二次世界粮食首脑会议上又对粮食安全内涵增加了质量上要求，即所有人在任何时候都能在物质上和经济上获得足够、安全和富有营养的粮食。由此可以看出，粮食安全概念也属于历史范畴，其内涵和外延与不同时期的国情紧密联系，是动态的、不断发展变化的。本章将现阶段我国粮食安全界定为：粮食数量能够满足口粮、饲料用粮以及工业用粮需求，粮食价格及其变动与国民购买力相适应，质量符合人民群众生活水平日益提高的需要。

---

① http://news.xinhuanet.com/ziliao/2003-06/30/content_944794_2.htm.

# 二、国内外土地制度与粮食生产绩效研究现状

## （一）国外研究现状

亚历山大·切里谢夫（1990）对俄罗斯的土地制度私有化改革绩效进行了研究，认为俄罗斯的私人土地权利没有包括终身继承占有权，同时，土地流转还要受到国家征收、土地获取方式等多个因素的制约[1]。因此，俄罗斯的土地私有化大多数表现为土地份额的形式，真正为个人所拥有的仅占5%左右，不能称为真正的私有化。

卡特等研究欧洲土地产权稳定性与粮食长期投资之间的关系时发现，在粮食商业化比较高的地区，长期投资与土地产权稳定性呈明显的正相关关系。而在粮食产业比较落后的地区，二者无明显的相关性[2]。

福田·尼克研究中国土地制度对经济增长的影响时认为，中国土地使用权制度改革（尤其是家庭联产承包责任制）使土地和劳动力有效地结合在一起，促进了粮食生产的快速增长[3]。同时，土地流转市场的建立，特别是建设用地流转提高了土地资源的配置效率。

董元晓对中国"两田制"（将集体土地划分为口粮田和责任田）与农村经济的可持续发展之间的关系进行了研究，结果发现"两田制"不但能够避免土地私有制下可能产生的贫穷和破产问题，还能够通过土地流转提高资源的配置效率[4]。同时，集体合作组织与小农经济相比更容易进入信贷和资本市场，这对粮食生产的可持续发展是一个有力的保障。

---

[1] 傅静坤，亚历山大·切里谢夫. 俄罗斯联邦私人土地权利法律制度研究 [J]. 环球法律评论，2007 (1).

[2] Carter and B. Blarel. Tenure Security for Whom? Differential Impacts of Land Policy in Kenya [R]. Land Tenure Center Research Paper, No.106. Land Tenure Center, 1991.

[3] Furian Qu, NicoHeerink, Wanmao Wang Land Administration Reform in China: Its Impact on Land Allocation and Economic Development [J]. Land Use Policy, 1995, 12 (3).

[4] Dong Xiao-Yuan. Two-tier Land Tenure System and Sustained Economic Growth in Post-1978 Rural China [J]. World Development, 1996, 24 (5).

## （二）国内研究现状

1. 关于土地制度变迁的研究

林毅夫从利益集团的角度解释土地制度变迁，认为即使新的土地制度比旧制度有更高的效率，但是由于各参与主体之间存在利益冲突，通过博弈往往未必能达到帕累托最优①。而当要素市场不完全时，国家很可能会进行强制性制度变迁以达到次优效果，这也是我国实行农村土地集体所有制的原因。周其仁从产权的视角来分析土地制度变迁，认为土地制度变迁中所有权的残缺会造成集体经济效率的低下，我国农村土地承包责任制则是一种兼顾了产权合约与保障系统间内在契合性的改革，由于对农民土地使用权给予了长期保障，其显示出的适应性极大地促进了我国的粮食生产②。姚祥则认为我国土地制度在人民公社以前是由国家所垄断的，而只有在人民公社解体以后，其他利益集团才逐步参与到制度的变迁当中来③。温铁军研究我国农村制度变迁时指出：一切制度安排实际上是在宏观环境的制约下要素结构变化的结果④。我国自然资源禀赋比较差，再加上人口众多导致了人均资源极其有限，进而促使土地制度变迁。也就是说，我国的小农村社会经济模式与人地关系高度紧张的基本国情是相辅相成的。

2. 土地制度变迁与经济增长关系的研究

林毅夫通过比较人民公社与家庭承包制的制度绩效得出结论表明：由于人民公社体制存在劳动激励和监督不足的问题使得农村经济长期裹足不前，家庭承包制则有效地解决激励和监督不足的问题，1979~1984 年的农作物产值增长42.2%，其中由土地制度改革所带来的增长高达 19.8%，贡献率达到 46.9%⑤。杨德才认为 1996 年以来家庭承包制的制度绩效开始呈递减状态，其制度缺陷制约了农业经济的进一步发展⑥。张荣从产权的角度提出，由于承包制对土地产权界定不清，农民的利益得不到应有的保障，因此承包制制度效能已发挥殆尽，不再适应农业产业化发展的基本要求⑦。曲福田等⑧、杨德才⑨ 则认为家庭联产承包责

① 林毅夫. 论中国经济改革 [J]. 国际学术动态，2000（5）.
② 周其仁. 增加农民收入不能回避产权界定 [J]. 发展，2002（3）.
③ 姚祥. 土地、制度和农业发展 [M]. 北京：北京大学出版社，2004.
④ 温铁军. 三农问题与土地制度变迁 [M]. 北京：中国经济出版社，2009.
⑤ 林毅夫. 90 年代中国农村改革的主要问题与展望 [J]. 管理世界，1994（5）.
⑥ 杨德才. 我国农地制度变迁的历史考察及绩效分析 [J]. 南京大学学报，2009（8）.
⑦ 张荣. 中国现行农地制度的绩效及局限性分析 [J]. 甘肃农业，2001（10）.
⑧ 曲福田，陈海秋. 土地产权安排与土地可持续利用 [J]. 中国软科学，2000（9）.
⑨ 杨德才. 制度变迁与我国农业结构变动 [C]. 中国经济热点问题探索，2001.

任制将土地分包到户，虽然激发了农民的发展粮食生产积极性，但是却使得土地规模更加细化，不利于实现土地的规模化经营。

# 三、土地制度与粮食生产绩效相关性分析

## （一）粮食生产要素稀缺性的评估

生产力的性质是生产力发展过程中不同阶段质的差异性，这种差异性是由物质资料生产过程中最稀缺的要素所决定的。确定生产体系中要素稀缺性的方法很多，本书以要素产出弹性来说明不同要素对于粮食生产发展的制约程度。

要素的产出弹性表示要素投入每增加 1 个单位，产出增长的水平。在同一产出体系中，不同要素的产出弹性可能是不同的。要素的产出弹性大，表示追加该要素对产出的贡献能力大，这从一个侧面反映出该要素相对于其他要素的稀缺性。根据市场经济的原则，一种要素的投入不断被追加，从而增加产出。持续追加投入的结果是该要素的边际报酬降低，产出弹性变小。因此，通过比较不同要素的产出弹性，可以判断出不同要素在生产体系中的稀缺程度。要素产出弹性越大，越相对稀缺。

为比较目前我国粮食生产中土地、劳动力、资本三种生产要素的稀缺程度，这里运用柯布—道格拉斯生产函数来计算不同要素的产出弹性。该生产函数一般形式为：

$$Y_t = f(L_t, K_t, S_t) = A L^\alpha K^\beta S^\gamma$$

其中：$Y_t$ 为 t 年的粮食产量；$L_t$ 为 t 年的劳动力投入，此处用劳动力人数表示；$K_t$ 为 t 年的资本投入，此处用农户家庭农业生产用固定资产原值表示；$S_t$ 为 t 年的土地投入，此处用粮食播种面积表示；A、$\alpha$、$\beta$、$\gamma$ 为规定参数，其中 $\alpha$ 是劳动力投入对产出的弹性，$\beta$ 为资本投入对产出的弹性，$\gamma$ 为土地投入对产出的弹性，A 为技术系数，且四者都大于零。利用 SPSS 拟合 1981~1998 年我国粮食生产的柯布—道格拉斯生产函数[①]。

---

① 资料来源：历年《中国农村统计年鉴》，中国统计出版社；《新中国五十年农业统计资料》，中国统计出版社；《中国农业发展报告》（1999），中国农业出版社。

表 2.1　1981~1998 年中国粮食生产回归分析结果

| 模型 | | 系数 | 估计标准误差 | 标准化后的系数 | T 统计量 | P 值 |
|---|---|---|---|---|---|---|
| 1 | (Constant) | -12.716 | 7.408 | | -1.716 | 0.108 |
| | 农业劳动力 α | 0.786 | 0.295 | 0.233 | 2.665 | 0.018 |
| | 农业生产用固定资产原值 β | 0.338 | 0.036 | 0.856 | 9.270 | 0.000 |
| | 粮食播种面积 γ | 1.117 | 0.631 | 0.143 | 1.772 | 0.035 |

表 2.2　1981~1998 年中国粮食生产回归分析拟合优度 $R^2$

| 模型 | R 值 | 拟合优度 $R^2$ | 调整后的 $R^2$ | 估计标准误差 |
|---|---|---|---|---|
| 1 | 0.960 | 0.922 | 0.905 | 3.756E-02 |

从表 2.1 和表 2.2 SPSS 结果可得：

$Y_t = f(L_t, K_t, S_t) = 3.0027E - 06L^{0.786} K^{0.338} S^{1.117}$

$R^2 = 0.922$，调整后的 $R^2 = 0.905$

通过观察相关系数和各参数的 T 检验值，可以判断整个函数的解释程度为 92% 左右，各模拟参数都在 95% 的置信水平上可信。由表 2.3 可知，土地的产出弹性最大，粮食的播种面积每增加 1%，粮食的产出增加 1.117%，在三种投入中是最稀缺的要素。根据"木桶原理"可知，决定粮食产出量大小的关键是最稀缺的资源——土地。那么如何使土地配置更有效率，土地制度安排就成为关键因素[①]。

表 2.3　A、α、β、γ 的 T 检验值

| 项目 | A | α | β | γ |
|---|---|---|---|---|
| 系数 | 3.0027E-06 | 0.786 | 0.338 | 1.117 |
| T 检验值 | -1.716 | 2.665 | 9.270 | 1.772 |

## （二）土地制度与粮食生产绩效的评价标准

1. 农村土地制度的基本特征

农村土地制度反映了农村土地经济关系。由于农村土地不同于城市土地，因而农村土地制度也具有特殊性。

首先，农村土地制度受自然力和社会生产力双重制约。粮食生产是一种有生

---

[①] 张玉周. 土地制度变迁与粮食生产的绩效分析 [J]. 统计与决策，2012（4）.

命的生产，依赖于大自然，并且同大自然进行物质交换，转化为粮食。因此，自然生产力是粮食生产的基础。农地制度的选择不仅要考虑社会生产力，也要考虑自然生产力。

其次，农村土地制度是最原始的经济制度。在原始社会末期，人类从采集活动逐渐向种植业转变，从渔猎活动逐渐向饲养业转变，从而产生了原始的农牧业。由此人类开始定居，出现了对土地的固定的占有，也就逐渐地产生了人类历史上最早的所有权制度，即土地所有制。"所有制的最初形式无论是在古代世界或中世纪都是部落所有制，这种所有制在罗马人那里主要是由战争决定的，而在日耳曼人那里则是由畜牧业所决定的。在古代民族中，由于一个城市里同时居住着几个部落，因此部落所有制就具有国家所有制的形式，而个人的所有权则局限于简单的占有，但这种占有也和一般部落所有制一样，仅仅涉及到地产。"①

最后，农村土地制度在经济制度中的地位在生产力发展的不同阶段是不同的。从历史上看，地产先于资本而存在。因为在资本主义以前的农业社会中，地产或土地制度体现了人类财富的基本形式和人类生存的主要基础。在资本主义社会，土地从属于资本，如农业资本、矿山资本中用于购买、租赁土地的那一部分资本。在这种土地制度中，土地所有者已经和土地经营完全分离，而只是凭借土地所有权收取一定货币的地租。因此，马克思说，"土地所有权在这里表现为派生的东西"②，"是非生产者对自然的单纯私有权，是单纯的土地所有权"③，是"纯粹经济的形式"，"因为它摆脱了它以前的一切政治的和社会的装饰物和混杂物，简单地说，就是摆脱了一切传统的附属物……一方面是农业合理化，把土地所有权弄成荒谬的文东西"④。由于土地所有权与土地实际利用的分离，"土地所有者，在古代世界和中世纪世界是那么重要的生产当事人，在工业世界中却是无用的赘疣。因此，激进的资产这在理论上发展到否定土地私有权（而且还打算废止其他一切租税），想把土地私有权以国有的形式变成资产阶级的、资本的公共所有。"⑤可见，随着生产社会化和商品经济的发展，土地制度采取了所有权和利用相分离的制度，从而使土地所有权在生产中的作用削弱。

2. 土地制度与粮食生产的绩效的评价标准

根据历史唯物主义原理，生产力决定生产关系，生产关系对生产力具有反作用。当生产关系适应生产力水平时，劳动者的积极性和创造性可以得到充分发

---

① 马克思，恩格斯. 马克思恩格斯全集（第 1 卷）[M]. 北京：人民出版社，1972：68.

② 马克思，恩格斯. 马克思恩格斯全集（第 26 卷）[M]. 北京：人民出版社，1972：168.

③ 马克思，恩格斯. 马克思恩格斯全集（第 25 卷）[M]. 北京：人民出版社，1972：714-715.

④ 马克思，恩格斯. 马克思恩格斯全集（第 25 卷）[M]. 北京：人民出版社，1974：697.

⑤ 马克思，恩格斯. 马克思恩格斯全集（第 26 卷）[M]. 北京：人民出版社，1973：39.

挥，生产资料可以得到充分利用，从而推动了生产力的发展。能够最大限度地促进生产力发展的生产关系，是有效率的生产关系；相反，当生产关系不适应生产力发展时，便阻碍了生产力的发展，是缺乏效率的生产关系。同样地，上层建筑，包括政治法律制度和社会意识形态，是由经济基础决定的，又反作用于经济基础，并间接地对生产力的发展产生推动或阻碍作用。因此，构建和评价土地制度绩效的首要标准就是生产力标准。生产力是人们征服自然、改造自然的能力，具体到土地改造和利用方面就是土地利用效率。而土地利用效率的提高必须以合理的制度为条件。

现实生活中，在技术、资源配置等条件相对稳定的条件下，人们运用生产力标准判断一项经济制度的变化是否促进了生产力的发展时，往往根据技术、资源配置大体相同的不同地区的不同经济制度所具有的不同生产力水平，来判断哪一项经济制度更有效率。有效率的制度就是适合生产力发展要求的制度，判断的标准是：①能否调动劳动者的积极性、主动性和首创精神；②能否发挥生产资料应有的效能；③能否使生产力内部构成要素之间协调发展；④能否促进劳动力和生产资料在产业之间、企业之间和地区之间合理配置。

有效率的农地制度是指根据粮食生产和再生产的客观要求，建立合理的经济制度，使农地资源在生产过程中得到最有效的利用，在全社会范围内得到最有效的配置。结合上述标准以及我国的具体国情，笔者认为有效率的土地制度，应当具备以下特征：

首先，有效率的土地制度能够保证土地的可持续利用。农地是一种稀缺资源，要求人们利用农地的强度和范围要同时考虑合理保护和改善农地，改善农地的生态环境，提高自然生产力，以利于粮食生产的可持续发展。

其次，有效率的土地制度能够保证有限的农地资源和劳动力、资本按照物质技术关系的客观要求，进行合理配置，获得最大的粮食产出。

再次，有效率的土地制度能够保证有限的农地资源在农业产业之间、单位和个人之间进行合理配置，不仅使农地具有最大产出，而且与社会需求结构相协调。

又次，有效率的土地制度应当是责任权利有机结合的，既能激励土地有效、合理利用，又约束和惩罚破坏、浪费农地的行为。

最后，有效率的土地制度应当使农地和农地产出的分配符合公平原则。

从理论上说，土地制度的变化是通过粮食生产要素投入的变化、生产单位的组织管理、农业技术的进步和应用、粮食生产资源的配置等方面对粮食的产出产生影响。因此，土地制度对效率的影响也就反映在粮食生产效率和配置效率上。

在具体研究我国农村土地制度和粮食生产效率问题时，应该把上述有效率的农地制度特征与我国实际情况结合起来，深入调查，努力探索。首先，我国是社会主义国家，应该以公有制为基础。这是研究中国农村土地制度和效率问题的制度前提。其次，我国人多地少，人均耕地更少。这是研究中国农村土地制度和效率问题的资源约束。再次，我国大部分人口在农村，大部分劳动力在农村就业。这是研究中国农村土地制度和效率问题的社会约束。最后，我国农村的生产力比较落后，大部分农民的生活还处于温饱水平。这是研究中国农村土地制度和效率问题的经济约束。

同时，研究我国农村土地制度和效率的问题，要正确对待西方经济学关于制度和效率的理论。新古典经济学是在假定制度既定的前提下分析资源配置效率或技术效率问题。相反，新制度经济学是不考虑资源配置和技术问题，而专门分析制度效率或产权效率问题。实际上生产效率、配置效率和制度效率是统一的，制度效率最终要体现在配置效率和生产效率上，而配置效率又是以生产效率为基础的。因此，研究制度效率问题只能坚持历史唯物主义的方法论，坚持生产力标准论，吸收西方经济学的科学成分。

# 四、新中国成立后我国土地制度变革的历程

新中国成立以来，中国共产党围绕土地问题不断改革、不断创新，建立了有中国特色的农村土地制度，农民的生活水平有了很大提高，这一切引起了世人的瞩目。回顾这一段历史，我们会更清楚今天的现实，也只有更清楚地了解原有的制度安排信息，才会使我们步入更自由的制度选择空间。若以土地所有制为标准，并全面考察农地所有制内部各要素的变化，可以把新中国成立后的农村土地制度变迁分为以下五个阶段：

## （一）土地改革时期

从新中国成立到1952年土地改革基本完成，政府主要运用没收地主土地，无偿分配给无地或少地的农民的基本方式。短短的三年间，在全国范围内（除台湾地区外）实现了从农地的地主所有制到"耕者有其田"的农民土地所有制的强制性制度变迁。经过这次改革，形成一种典型的小土地私有制，土地所有权和经营权是统一的，都归农民所有。土地改革满足了农民政治上的渴望，形成了新的国家与农民的关系，政府不仅强化了国家对农民的控制能力，还扩大和巩固了人民政府在农村的基础。土地改革对农村各个阶段的经济和政治利益的调整，为中

国共产党和人民政府培植了坚定的支持者和追随者，使人民对政府产生不容置疑的依赖感。因此，作为近代民主主义革命的基本任务，土地改革在随后几年农业增长中表现出巨大的制度绩效。1952 年与 1949 年相比，粮食年平均递增1314%。不仅迅速恢复和提高了农业生产力，而且为国家工业化的起步奠定了基础。通过土地改革，广大农民确立了在农村当家做主的地位，在土地改革中发展起来的农民代表会议的基础上，充实健全了人民代表大会制度，巩固了人民民主专政和工农联盟。土地改革后，各阶层土地占有情况详见表 2.4。

表 2.4　1954 年土地改革后各阶层占有耕地情况

| 项目 | 各阶层占人口的比重（%） | 各阶层占耕地的比重（%） | 各阶层每户占有的耕地数（亩） |
| --- | --- | --- | --- |
| 贫雇农 | 52.2 | 47.1 | 12.48 |
| 中农 | 39.9 | 44.3 | 19.01 |
| 富农 | 5.3 | 6.4 | 25.09 |
| 地主 | 2.6 | 2.2 | 12.18 |
| 合计 | 100.0 | 100.0 | — |

资料来源：中国农村统计年鉴 [M]．北京：中国统计出版社，1989．

## （二）初级农业生产合作社时期

在进行土地改革的同时，中国共产党积极倡导和组织合作运动。在战争年代的根据地，农业合作运动的主要形式是劳动互助，但也发展了一些农业生产合作社（土地合作社），但提出大规模地发展农业合作社则是在 1952 年。农业生产合作社分为初级社和高级社。初级社是在承认土地私有的前提下，农民以土地和农具等生产资料入股，集体劳动，民主管理，按劳分配和按股分红相结合。初级社虽然不涉及土地私有权，但土地由个人使用变为集体共同使用，这也是土地所有制的重大变革。

初级社农民仍拥有较完整的产权，特别是拥有比较充分的退出权。这样农民不仅可以实施对合作社的监督，促使管理者改善制度绩效，还可以参与合作社分配等重要决策。对于社员而言，拥有较完整的退出权意味着有完整的剩余控制权和剩余索取权。事实上，初级社既成功地分割了部分私有产权，又通过给予社员较完整的退出权，可以有效地化解初级社解散的风险。正如林毅夫所说的，退出权是合作社制度安排是否有效的关键。再加上互助社和初级合作社只是在劳动力、畜力和资金上采用协作互助的办法，此时农村和农业的产权关系仍是清晰的，这对粮食生产更为有利，并使农业继续保持良好的制度绩效。

### （三）高级农业生产合作社时期

1955 年 8 月以前，中国共产党的主要精力放在发展初级社方面，高级社只是作为试点，数量很少，也不提倡，但 8 月以后，在反"右倾保守"思想的背景下，农业合作化高潮席卷全国，仅一年半时间，就在全国范围内完成了组建农业高级合作社的任务。在高级社阶段，农民私有的土地和牲畜、大型农具以及土地上的附属物如塘、井等水利设施转为合作社集体所有，取消土地报酬，取消初级合作社的土地与大农具入社分红制度；股份基金按劳动力分摊，记在个人名下，但不计利息；合作社的实际收入扣除公积金（8%）、公益金（2%）后，按劳动日分配，高级社分为若干田间生产队或副业生产队，实行责任制。

高级社的存续期限虽然极为短暂，但它却是我国历史上延续了几千年的土地私有制彻底崩溃和社会主义农业集体经济制度确立的标志。由于它过早过快地废除了农民土地私有制，超阶段地实行了土地集体公有公营，孕育了一系列潜在的矛盾：

第一，没有给农民任何经济补偿就将他们的私有土地转为合作社集体所有，实质上是剥削农民。由于私有土地的数量多寡不同，必然伴随厚此薄彼的侵权过程，这不能不影响农民群众的积极性。

第二，在不退社的前提下，高级社社员可以对已转为集体所有的土地等生产资料无差异地占有、使用和收益。这种制度安排不能保证社员从根本上关心集体资产的保值增值，必然造成个人努力程度与其自身福利后果的松散联系，必然受到旷日持久的"搭便车"、"弄虚作假"、"磨洋工"等众多机会主义行为的困扰。

### （四）人民公社化时期

1958 年，党在农村大张旗鼓地宣传社会主义建设总路线，并不断地批判反冒进、反右倾保守主义。在这种形势下，农村掀起了轰轰烈烈的兴修农田水利和大办农村工业的群众运动。许多地方开始兴办一些大大超过高级社范围的工程项目，由于需要投入大量人力、物力，于是开始出现了受益和非受益地区硬拉在一起的社际协作。同年 8 月，中共中央政治局扩大会议上正式作出了《关于农村建立人民公社问题的决议》（以下称《决议》）。《决议》认为，"建立农林牧副渔全面发展、工农商学兵互相结合的人民公社，是指导农民加速社会主义建设，提前建成社会主义，并逐步过渡到共产主义的必须采取的基本方针"。《决议》发表后，全国人民公社化运动迅速展开，并形成高潮。到 9 月底，共建成人民公社 23384

个，加入农户 1.1 亿多户，占总农户的 90.4 %，每社平均户数 4797 户，大社达 2 万户以上。

人民公社作为农业生产投入要素的组织体制，是一种理想上"先进"的生产关系，其试图在农业上最有效地生产，而事实上并没有使农业释放出巨大的生产力。但是在一定程度上起到了安置农村闲散劳动力和为工业化积累资金的作用，"一五"期间所建立的工业仅能吸收当时新增工业化积累资金的 1/3 左右[1]，要靠公社来安排多余的农村劳动力，公社还成为国家资金积累的基层组织。在人民公社化阶段，更是全面无偿地剥削农民的生产资料、生活资料和自然资源，人民公社的特点是一大二公，在当时生产力水平还很低的条件下，必然会束缚生产力的发展。"三级所有、队为基础"的制度，缺乏多样性和灵活性，不能适应农村经济发展的要求，不能调动广大农民的积极性。"先进"的公社制度没有释放预期的绩效，粮食生产出现滑坡。

## （五）家庭承包责任制时期

随着十一届三中全会的召开，改革开放启动制度创新首先是农村生产责任制。以 1978 年冬安徽省凤阳县小岗村农民的"包产到户"为开端，中国开始了又一次重要的土地制度变革，即将纯粹的土地集体所有制变成为土地集体所有、农民家庭承包的所有权和经营权相分离的土地制度。对农民自发的包产到户，中共中央经历了从不允许、允许例外、小范围允许到全面推广的过程。具体可分为以下三个阶段。

1. 1979~1983 年的土地制度变迁

这一阶段的土地制度经历了生产队——不联产责任制——联产责任制——包产到组——包产到户——包干到户，最后确立了土地的集体所有、农户家庭经营的基本形态。

土地的家庭承包经营制度并不是一开始就确立了的，最初实行的主要是包工到组和包产到组两种形式。前者是生产队按作业组完成的定额工时计算报酬，后者是按作业组承包的产量计算报酬。专业承包联产计酬是另一种形式的责任制，即在生产队统一经营的前提下，按劳动力的意愿和专长，社员有的承包粮食生产，有的承包畜牧生产，然后按产品的产量（承包的产量成了劳动量的产量标准），取得既定的劳动报酬。包产部分统一分配，超减产按事先约定分别实施奖罚。最具有深刻意义的是 1983 年前后，包干到户责任制的全面实行，将产量和

---

① 马寅初. 新人口论 [N]. 人民日报，1957-07-15.

劳动定额完全落实到农户，由农户自主经营，并按事先约定的办法进行分配。用农民的话说：包干到户"交够国家的，留够集体的，剩下的都是自己的"。包干到户的责任制形式，使土地的所有权和使用权真正得以分离，从而为家庭承包经营奠定了制度基础。农民对包干到户的选择，使农民家庭再次成为土地经营的基本单位。

2. 1984~1993 年的土地制度变迁

土地家庭经营的基本制度建立后，作为后续阶段的制度变迁，1984~1993 年土地制度变迁最主要的内容：其一就是以稳定的土地承包期限，巩固和完善制度创新成果；其二则是在土地集体所有、家庭经营的基本制度框架下，创新种种类型的次生土地使用权流转形态，努力挖掘和提高土地生产率，实现资源优化配置和制度激励。

该时期在土地的联产承包责任制这种普适制度框架之下，在坚持土地所有权不变的前提下，在土地使用权的制度安排上创新了多种模式和形态。比如"两田制"在大部分地区的实施，"规模经营"和股份合作在沿海发达地区和大中城市郊区的探索，"四荒"使用权在地多人少的西北地区和西南边远地区的实践等。

3. 1993 年以后的土地制度变迁

这一阶段土地制度变迁的主要内容是在稳定农户土地承包关系的基础上，做好以延长农户对土地经营的承包期限和允许土地流转为中心的制度完善工作。如2003 年 3 月 1 日开始实施的《中华人民共和国农村土地承包法》中明确规定："承包期内，发包方不得收回承包地。""承包期内，承包方全家迁入小城镇落户的，应当按照承包方的意愿，保留其土地承包经营权或者允许其依法进行土地承包经营权流转。""承包期内，发包方不得调整承包地。""土地承包经营权流转的主体是承包方。承包方有权依法自主决定土地承包经营权是否流转和流转的方式。"

这一阶段的制度变迁至今仍在持续中，制度变迁的主要政策除了强调土地承包期实行 30 年不变外，实事求是地讲，随着对土地家庭经营的认识深化，在理论和实践上，强化农户家庭对土地经营使用拥有权利的完整性有了更好的氛围。

## （六）土地制度变革的启示

总结上述我国土地制度变革的历史，我们可以得出以下三点启示：

1. 人地矛盾是土地制度变革的最大约束条件

在北美、欧洲等发达国家，相对于农村人口来说耕地比较丰富。我国的情况则不同，大部分人口在农村，土地是他们的基本生存资料。失去了土地就失去了生活根基。因此，中国土地制度变革，虽然经历了多次的争论、反复，但最终都选择平均分配土地（所有权或使用权）的方式。只有这样，才能保证每个农村居民具有基本的生活来源。这是农民推翻旧中国不合理的土地制度的动力，也是保证新中国社会稳定的基础。离开公平原则来改变土地所有制是很危险的。

2. 以土地产出率为核心的农业生产效率是衡量土地制度形式是否合理的主要标准

效率具有多种标准，在人地矛盾十分尖锐、资本稀缺的条件下，土地生产率和资本生产率是农业生产率的首要标准。实践证明，土地生产率和资本生产率与公平是一致的。在根据地，中共也据此试验农业生产合作社（集体农庄），但最终选择了"分户经营、边功互助"的体制。新中国成立后，经过了20多年的集体生产，最后农民仍然选择了分户经营的体制，并显示出前所未有的活力。这说明，离开效率标准，任何所有制变革都将失败。

3. 土地制度变革要尊重农民的自主权，尊重农民的首创精神

农民祖祖辈辈与土地打交道，是农业生产的主体，最清楚什么样的体制最能调动他们的积极性、最适合农业生产的客观规律。因此土地制度的发展要坚持自愿原则。当然，自愿不等于自流。政府部门要善于总结农民在实践中表现出来的创造性，加以升华、提炼，并用于指导全国农村工作。

# 五、土地制度与粮食生产绩效的实证分析

## （一）土地制度变迁对粮食生产的绩效分析

1. 1952~1988年土地制度创新对中国粮食生产增长的影响

一般地，农业生产函数为 $Q = f(X_1, X_2, \cdots, X_n; t)$；其中 $X_i$ 为 n 种不同投入。本书在考察我国粮食生产时用四种投入量：农业劳动力、粮食播种面积、资本数量和当年投入量。这里设：$Q_t = \partial_t M_t^{\beta_1} N_t^{\beta_2} I_t^{\beta_3} S_t^{\beta_4} e^u$

式中，令制度等因素参数 $\partial_t = \alpha_0 e^{\lambda t}$，$\lambda$、$\beta_1$、$\beta_2$、$\beta_3$、$\beta_4$ 为参数，$\beta_i$ 是产出对第 i 种投入的弹性，u 为扰动项，$\lambda$ 为指数增长率。

考虑到数据来源以及1979年的体制改革，所以分 1952~1980年 和 1978~1988年两个阶段来研究，中间有三年作为衔接调整。1952~1980年，主要采用经过调整后的联合国粮农组织 FAO 数字和中国科学院地理科学与资源研究所中自然资源数据库的数据：粮食总的产量 Q；劳动力人数 M；有效播种面积 N；资本

数量 I，考虑到新中国成立初期我国的资本投入中主要依靠牲畜，农用机械的运用较少，为了更能反映问题此处的资本数量 I 包括大畜生价值和农用机械的资本数量，当年投入量 S 即目前投入的饲料、种子、化肥及有机肥、农药、燃料能源及其他。结合国家统计局颁布的数字和 FAO 的有关数字[①]，对 1952~1980 年进行回归并剔除多重共线性，回归结果如表 2.5 所示。

表 2.5　1952~1980 年中国粮食生产回归分析引入/剔除的变量表

| 模　型 | 进入变量 | 移除变量 | 方　法 |
|---|---|---|---|
| 1 | II, SS, NN, t | . | 正向进入 |

表 2.6　1952~1980 年中国粮食生产回归分析拟合优度

| 模　型 | R 值 | 拟合优度 $R^2$ | 调整后的 $R^2$ | 估计标准误差 |
|---|---|---|---|---|
| 1 | 0.999 | 0.997 | 0.997 | 5.596E−02 |

表 2.7　1952~1980 年中国粮食生产回归方差分析

| 模　型 | 平方和 | 自由度 | 均　方 | F 值 | P 值 |
|---|---|---|---|---|---|
| 回归 | 26.364 | 3 | 8.788 | 2805.937 | 0.000 |
| 误差 | 7.830E−02 | 25 | 3.132E−03 | | |
| 总计 | 26.443 | 28 | | | |

表 2.8　1952~1980 年中国粮食生产回归分析结果

| 名　称 | 系　数 | 估计标准误差 | 标准化后的系数 | T 值 | P 值 |
|---|---|---|---|---|---|
| (Constant) | 0.672 | 0.121 | | 5.537 | 0.000 |
| NN | 0.409 | 0.009 | 0.508 | 46.765 | 0.000 |
| SS | 0.152 | 0.010 | 0.113 | 5.120 | 0.000 |
| II | 0.128 | 0.016 | 0.144 | 4.388 | 0.000 |
| TT | 0.006 | 0.012 | 0.156 | 6.563 | 0.001 |

根据表 2.7 和表 2.8 的分析结果有：

$$Ln\frac{Q}{M} = 0.672 + 0.006t + 0.409Ln\frac{N}{M} + 0.128Ln\frac{I}{M} + 0.152Ln\frac{S}{M}$$

$$(5.537) \quad (6.563) \quad (46.765) \quad (4.388) \quad (5.120)$$

$$R = 0.999 \quad F = 2805.937$$

本模型在对参数估计过程中施加了不变的规模报酬约束，这一方面是为了克

---

[①] 其中资本数量 I、投入量 S 部分年份数据根据各省当年数据汇总得来。

服劳动力人数 M 与 I、S 及 I 与 N 存在的多重共线性，另一方面是由于参数 $\partial_1$ 与规模报酬间存在的高度负相关，而且现实中我国农业生产规模几乎没有扩张，如果对规模报酬施加约束之后，就可以把制度等因素从要素投入的数量作用中分离出来，进而来考虑制度和技术因素对提高要素效率的影响。

由于规模约束的存在，笔者注意到 $\sum_{i=1}^{4} \beta_i = 1$，而 $\beta_2 = 0.409$，$\beta_3 = 0.128$，$\beta_4 = 0.152$，也可知 $\beta_1 = 0.311$。

按照上述方法对 1978~1988 年样本进行回归并剔除多重共线性，结果如表 2.9 和

**表 2.9 1978~1988 年中国粮食生产回归分析引入/剔除的变量表**

| 模 型 | 进入变量 | 移除变量 | 方 法 |
|---|---|---|---|
| 1 | SS，NN，II | | 正向进入 |

**表 2.10 1978~1988 年中国粮食生产回归分析拟合优度 $R^2$**

| 模 型 | R 值 | 拟合优度 $R^2$ | 调整后的 $R^2$ | 估计标准误差 |
|---|---|---|---|---|
| 1 | 0.879 | 0.773 | 0.676 | 4.574E-02 |

**表 2.11 1978~1988 年中国粮食生产回归方差分析**

| 模 型 | 平方和 | 自由度 | 均 方 | F 值 | P 值 |
|---|---|---|---|---|---|
| 回归 | 4.997E-02 | 3 | 1.666E-02 | 7.959 | 0.012 |
| 误差 | 1.465E-02 | 7 | 2.093E-03 | | |
| 总计 | 6.462E-02 | 10 | | | |

**表 2.12 1978~1988 年中国粮食生产回归分析结果**

| 名 称 | 系 数 | 估计标准误差 | 标准化后的系数 | T 值 | P 值 |
|---|---|---|---|---|---|
| （Constant） | 1.115 | 0.626 | | 1.782 | 0.118 |
| NN | 0.290 | 0.201 | 0.164 | 3.782 | 0.000 |
| II | 0.194 | 0.195 | 0.279 | 2.563 | 0.001 |
| SS | 0.208 | 0.171 | 0.669 | 1.271 | 0.000 |
| TT | 0.016 | 0.010 | 0.460 | 1.264 | 0.004 |

表 2.10 所示。

由表 2.11 和表 2.12 的分析结果可知：

$$\text{Ln}\frac{Q}{M} = 1.115 + 0.016t + 0.290\text{Ln}\frac{N}{M} + 0.194\text{Ln}\frac{I}{M} + 0.208\text{Ln}\frac{S}{M}$$

$$(1.782) \quad (1.264) \quad (3.782) \quad (2.563) \quad (1.271)$$

R = 0.879　　F = 7.959

同样可知 $\beta_1 = 0.308$。

由 $Q_t = \partial_t M_t^{\beta_1} N_t^{\beta_2} I_t^{\beta_3} S_t^{\beta_4} e^u$ 可得到：

$\partial_t = Q_t / M_t^{\beta_1} N_t^{\beta_2} I_t^{\beta_3} S_t^{\beta_4}$ 及 $\alpha = g - \beta_1 m - \beta_2 n - \beta_3 i - \beta_4 s$

表 2.13　制度变化（含技术进步）对粮食生产增长的贡献

| 年份 | 产出对投入的弹性 | | | | 年平均增长率（%） | | | | | |
|---|---|---|---|---|---|---|---|---|---|---|
| | $\beta_1$ | $\beta_2$ | $\beta_3$ | $\beta_4$ | 总产出 | 制度创新 | 劳力 | 播种面积 | 资产量 | 当年投入 |
| 1952~1978 | 0.311 | 0.409 | 0.128 | 0.152 | 2.324 | 0.402 | 1.788 | 0.5600 | 3.70 | 5.04 |
| 1978~1988 | 0.308 | 0.290 | 0.194 | 0.208 | 3.295 | 1.012 | 0.809 | -0.0047 | 4.05 | 6.01 |
| 1978~1984 | 0.308 | 0.290 | 0.194 | 0.208 | 3.692 | 1.411 | 0.829 | -0.0126 | 4.82 | 8.83 |
| 1979~1984 | 0.308 | 0.290 | 0.194 | 0.208 | 3.802 | 1.645 | 0.976 | -0.0102 | 4.01 | 7.12 |

表 2.14　制度变化对粮食生产增长的贡献

| 年份 | 产出对投入的弹性 | | | | 对产量贡献份额（%） | | | | | |
|---|---|---|---|---|---|---|---|---|---|---|
| | $\beta_1$ | $\beta_2$ | $\beta_3$ | $\beta_4$ | 总产出 | 制度创新 | 劳力 | 播种面积 | 资产量 | 当年投入 |
| 1952~1978 | 0.311 | 0.409 | 0.128 | 0.152 | 2.324 | 17.30 | 23.93 | 9.86 | 20.38 | 32.96 |
| 1978~1988 | 0.308 | 0.290 | 0.194 | 0.208 | 3.295 | 30.71 | 7.56 | -0.041 | 23.85 | 37.94 |
| 1978~1984 | 0.308 | 0.290 | 0.194 | 0.208 | 3.692 | 38.22 | 6.92 | -0.099 | 25.33 | 49.75 |
| 1979~1984 | 0.308 | 0.290 | 0.194 | 0.208 | 3.802 | 43.67 | 7.91 | -0.079 | 20.46 | 38.95 |

可以通过上述公式计算出 1978~1984 年制度创新对粮食生产增长的影响作用。

由表 2.13 和表 2.14 计算结果显示：

第一，1952~1978 年我国粮食产量增长中大部分靠要素投入增加贡献（81.04%~82.98%），只有 17.02%~18.96% 是制度、技术等因素做出的贡献，显然如果再剔除技术因素的贡献，则该时期的制度基本上是无效的。

第二，1978~1984 年粮食产量年平均增长 3.692%，其中各项制度创新所引致的粮食生产变化的贡献为 38.22%，由于制度创新也会带来技术进步，因此技术进步可以看作制度创新所带来的，而且 1978~1984 年尽管农业技术的发展与推广极具成效，但相对于农村巨大的制度创新而言仍是较小的，因此有推论认为 1978~1984 年粮食产量增长中制度贡献是 37.12%。若在更大的时期集中考虑制度变化，1979~1984 年，粮食生产年均增长 3.802% 中改革制度创新带来的贡献占 45.90%，显然制度创新在 1979~1984 年产生的影响作用比 1978~1984 年大 5.45

个百分点。

第三，1984 年农村制度安排已基本结束，新的制度均衡形成（到 1984 年底全国农村基本上已经实现了联产承包责任制），1985 年以后不再有联产承包责任制新制度变化的额外收益。将时期延长至 1988 年考察可以发现，1978~1988 年各项改革等制度创新所带来的贡献没有增加，反而比 1978~1984 年下降了 7.51 个百分点。因此 1985~1987 年粮食生产增长缓慢的原因就是在既定的制度环境和制度安排下，新的制度变化和制度创新所带来的能量已基本释放完毕，此时制度安排已达到新的均衡而不再有额外收益。

再取 29 个省（市）为样本，从横截面分析 1985 年情况的变化，得到：

$$LnQ = -1.083 + 0.324LnM + 0.12LnN + 0.171LnI + 0.295LnS$$

$$(3.23) \quad (0.999) \quad (1.62) \quad (2.75)$$

$R = 0.986$，系数 $\sum_{i=1}^{4} \beta_i$ 接近于 1。

拟合结果显示，1985 年化肥的弹性上升至 0.295，T 检验为 2.75，显示 1985 年粮食生产更大程度上依靠化肥的投入，化肥作用加大；土地投入却降为 0.12，贡献减弱还可以从 T 检验值小于 1 看出，而土地是 1979~1984 年对产出弹性仅次于劳动力的要素，由于土地联产承包责任制这一制度创新所释放出的生产力显示出该时期劳动、土地对产出的弹性都较大，但这两个弹性在 1985 年却都下降了，这就证明了制度变化对产出增长的作用在 1985 年明显降低，1985 年以后不再有生产责任制度变化的额外收益。综上所述，改革开放后 1979~1984 年是制度创新对中国粮食生产增长带来贡献最大的一个时期。

2. 制度因素对 1958~1976 年粮食生产波动的影响分析

1952~1986 年我国粮食产量的变化趋势：

$$Ln\hat{Q} = 9.559 + 0.02815t$$

$$R = 0.956 \quad DW = 1.308$$

其中，$\hat{Q}$ 为粮食产量。

结果表明 1952~1986 年，我国粮食平均增长 2.815%。由图 2.1 可见，我国粮食不同时期的产量变化趋势很不一致，1952~1957 年呈较稳定增长趋势，增长稳定性可从表 2.15 的相关系数及杜宾统计值看出；1958~1976 年起伏较大，杜宾统计值较小，存在某些制度因素的影响；1977~1986 年又有较大发展。因此单看平均增长率 3.72% 难以反映不同期粮食产量不同的平均增长速度。那么中国粮食产量为何增长不稳定呢？1958~1976 年产量起伏较大主要是由于该期制度不稳定，为此引入制度虚拟变量 D 来分析政治制度因素对粮食产量的影响程度，以 1958~

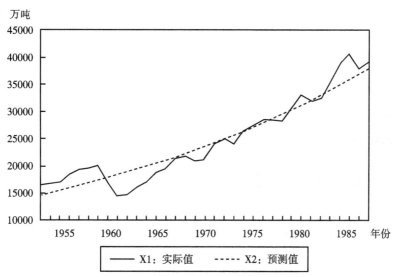

图 2.1 中国粮食总产量指数的实际值与计算趋势

表 2.15 各时期粮食产量年平均增长速度

| 时期 | 1952~1957 | 1958~1976 | 1977~1986 |
|---|---|---|---|
| 年平均增长率 | 0.0389 | 0.0349 | 0.0372 |
| R | 0.969 | 0.910 | 0.944 |
| DW | 1.939 | 0.828 | 0.864 |

1976 年粮食产量为样本。

从前面的分析可知公社化对粮食生产的冲击很大，出现 1959~1962 年的大滑坡，粮食产量首次出现负增长；随后"文化大革命"也波及粮食生产，1968~1969 年又滑坡，1972 年出现徘徊，不妨取 $D_1$ 作为分析 1959~1962 年、$D_2$ 作为分析 1968 年、1969 年、1972 年的制度虚拟变量，以每年粮食产量为样本，得到拟合结果：

$$Ln\hat{Q} = 9.635 + 0.02600t - 0.234D_1 - 0.123D_2$$
$$(10.25) \quad (-6.31) \quad (-2.56)$$

R = 0.9698   DW = 2.002

其中，$D_1$：1959~1962 年为 1，其他年为 0；$D_2$：1968 年、1969 年、1972 年为 1，其他年为 0。

计算结果表明虚拟变量的引入较好地反映了实际变化情况（图 2.2 可看出），$D_1$、$D_2$ 的系数为负值说明这几个时期粮食产量受到不利因素影响后出现了低于正常发展轨迹的下降趋势，可见社会政治等制度因素对粮食生产的影响也比较大。当然气候因素是引起粮食生产波动的第一因素，如若考虑气候因素更能反映粮食

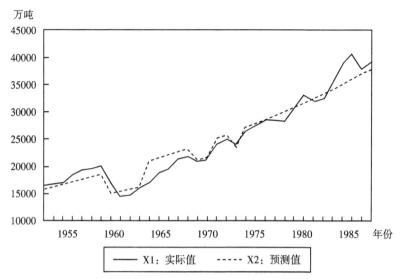

**图 2.2　粮食总产量实际值和考虑政治社会因素后的计算值**

波动变化。

3. 制度因素引起综合生产率的变动反映了粮食生产的变动

在这里取 FAO 的经验数字 $\beta_1 = 0.5$、$\beta_2 = 0.25$、$\beta_3 = 0.1$、$\beta_4 = 0.15$ 来计算:

$$\partial_t = Q_t / M_t^{0.5} N_t^{0.25} I_t^{0.1} S_t^{0.15}$$

及综合生产变动率:$\alpha = g - 0.5m - 0.25n - 0.1i - 0.15s$

计算结果(见图 2.3)显示综合生产率的变动确切地描绘出了粮食产量的变动,当综合生产率变动率处于上升阶段并达到波峰时,粮食产量的增长率也上升到波峰;当综合生产率变动率下降并滑至波谷时,粮食产量也下降并且其增长率也滑至波谷。

(1)1952 年土改后农业合作化推动了综合生产率的提高,生产发展较快,促进了粮食产量的提高。"一五"时期,全国上下以经济建设为中心,发展初级阶段的社会主义生产,粮食产量迅速提高。

(2)1958~1959 年大跃进,经济建设指导思想冒进;1966 年开始"文化大革命",对前期(1968~1969 年)及后期(1974~1976 年)形成较大震荡,制度变化破坏了农业生产力,综合生产率下降。1959 年综合生产率开始下降,粮食产量就滑坡,至 1988 年综合生产率每开始下降,粮食便减产或徘徊,1959 年、1960年粮食分别比上年减产 15%,减产幅度比一般减产的幅度大得多(这里也有气候的影响),可以说是由于制度安排变化引起综合生产率出现了负增长所致。

(3)1979~1984 年实行责任制和农价改革,制度创新效应使综合生产率大大

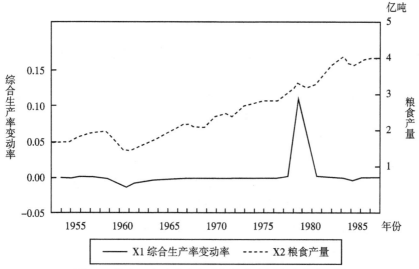

**图 2.3　综合要素生产率变动与粮食产量变动曲线比较**

提高，粮食产量 1984 年达到峰值。

可以发现我国粮食生产变动与综合生产率变动呈很高的正相关关系（1952~1980 年）。这符合上面所分析的结果。所以有拟合结果：

$$g_t = 0.05051 + 1.464 a_t$$

（2.309）（2.2198）

R = 0.865　DW = 1.86

式中 $g_t$ 为粮食产量的变动率，$a_t$ 为综合生产率的变动率。拟合的结果非常好，这表明综合生产率每提高 1 个百分点，粮食产量就提高 1.464 个百分点。同样对 1978~1988 年有拟合结果：

$$g_t = 0.110 + 0.644 a_t$$

（2.129）（7.99）

R = 0.94　DW = 0.92

结果显示综合生产率每提高 1 个百分点，粮食产量就提高 0.644 个百分点，总之，产出增长的变动在于制度因素引起综合生产率的变动。

综上所述，制度变化对粮食生产要素投入和粮食产量的影响很大，因此在世界贸易新形势下，实现粮食安全必须创造一个良好的制度环境，促使农民充分发挥劳动效率，提高综合生产率。

## （二）家庭联产承包责任制对粮食生产绩效的因素分析[①]

自 20 世纪 80 年代初开始，中国农地制度发生了一些根本性变革，即从土地集体所有、集体统一经营变为集体所有、农户家庭承包经营。20 多年来，农地家庭承包经营制度的内涵在不断丰富和完善，到目前为止归纳起来主要有 6 个方面的内容：①土地承包期 30 年不变；②实行"大稳定、小调整"；③提倡"增人不增地，减人不减地"；④允许农地使用权依法有偿转让；⑤预留机动地不能超过耕地总面积的 5%；⑥在有条件的地区实行土地适度规模经营。

本部分主要通过对农地的投入产出效率及其影响因素所作的实证研究来判断家庭联产承包责任制的绩效。

1. 分析框架和关键变量

（1）分析框架。在此，采用农户约束条件下的最大化行为来对影响农村土地制度效率进行分析。土地的产出效率不仅与农民在土地上的投入有关，而且还与影响农民生产积极性的因素有关，比如土地产权制度。

假设土地的生产函数为：$F = AF (T, K, L)$，其中 A 为技术，T 为土地的面积，K 为资本投入，L 为劳动投入。在一定的土地制度下，土地的产出不仅与土地的投入数量有关，而且与投入的效率有关。土地制度不仅影响投入的数量，而且影响投入的效率 A。

一些研究认为，土地产出具有规模效应。随着规模的扩大，农户所拥有不可分的机械等固定资产的利用率会提高，单位面积分摊的成本就会下降，因而土地的产出效率将提高。但是即使机械设备不可分，还可通过租借的方式来实现最优配置。另一些研究从理论上否认了土地的规模效应。认为土地规模对效率的影响主要是通过对成本的分摊来实现的，而小农的投入随土地面积的增加而同倍增加。

在交易费用为正的情况下，土地产权的初始配置对土地的效率有影响。在产权得不到有效保护的情况下，农户将选择减少自己在土地上的投资，并降低投资的效率。地权影响土地产出的机制基于稳定的地权有利于农民形成稳定的预期。如果土地不可以流转，生产能力高的人，不能够得到土地，就会限制其生产能力的发挥；非农就业机会多的人，没有太多的劳动力种植庄稼，如果不能转出土地，其在农业中的产出就会下降，而又必须承担农地上的负担；粮食的定购任务

---

[①] 廖洪乐等. 中国农村土地承包制度研究 [M]. 北京：中国财政经济出版社，2003.

和强制种植某种作物，限制了农民选择种植价值更高的作物；以前调整过土地和预期将来会调整土地，会影响农户的长期投资的积极性，因为地权不稳定将减少土地长期投资所带来的收益，进而造成农户的短期行为。

劳动力外出对土地的产出有正、负两方面的影响，但是总的影响不确定。一方面，外出的劳动力常常是生产能力较高的劳动力，外出将直接减少农业生产中的劳动力；另一方面，外出劳动力的非农收入可通过资金或资本替代劳动投入，从而增加农业产出。

（2）关键变量：①土地调整。土地调整对投入产出起着两方面的作用，不仅影响农民对土地稳定性预期和投入，而且可以缓解人地矛盾。中国农村土地调整有两种形式，一是大调整；二是小调整。在这里我们的大调整专指涉及该集体组织 100%的农户和 70%以上承包地的调整，其他的均为小调整。②土地流转。农村非农产业的发展和剩余劳动力大量向非农产业转移，加上我国实行稳定农户承包地的政策，促使了土地流转市场的形成。当地的经济条件和具体土地制度安排的差异对土地流转市场的发展具有非常重要的影响，农业比较收益低是农户不愿转入土地的主要原因，而非农就业机会少是农户土地供给愿意低的主要原因。③土地负担。土地负担涉及土地的利益分配，在一定程度上带有地租的性质，地方政府和农民在多大程度上拥有土地收益的支配权，直接影响各个主体的行为，并影响农民在土地上的投入数量和积极性。农民负担的范围包括显性负担和隐性负担，显性负担主要为国家征收的税费等，而隐性负担是指由于农产品的价格差异和粮食的定购任务造成的不等价交换。

2. 理论模型设定

土地制度不仅影响农户对要素的投入，而且影响投入品的产出效率。土地制度影响产出效率，即地权的配置效应。土地权利的不同界定、地权是否稳定，影响到土地上的资源如何配置。不稳定的地权不仅会使农户减少对土地的长期投资和投入数量，同时还会造成本应投入或投资在长期收益的资源投入到短期生产中。廖洪乐等对农户决策最大化问题的研究，有如下结论：①在其他条件不变的情况下，农户土地上的税收、负担和粮食的定购任务之比上升，则第一期的投资下降，因为不稳定的地权相当于对土地的随机税；②土地的交易成本越高，将减少土地耕种面积的选择；③土地自由转让的程度越大，土地转入和转出的交易成本下降，土地的交易增加；④相关农产品或非农产就业收入的增加，也将减少对土地当前的投入或投资。

根据上述分析，提出假设如下：

H1：土地的产出具有规模效应，随着土地面积扩大 1 倍，土地的产出增加大于 1 倍。

H2：土地的效率与地权存在关系，本书以土地是否可以自由流转、是否强制种植某种类型的作物、粮食征购数量、土地调整次数和预期是否进行土地调整来衡量。假设土地自由流转对土地产出有正影响，强制种某种作物对土地的产出有负的影响；粮食征购数量对土地的效率有负的影响；假设土地调整和预期将进行土地调整对土地的产出率有负的影响。

H3：劳动力外出对土地的产出存在正的影响。

3. 回归结果及分析

我们假设生产函数为柯布—道格拉斯函数，并对变量进行了细分，采用工具变量法，先估计投入和投资的决定方程，然后将其代入生产函数进行估计，从而得出总制度对效率的影响方程。

（1）投入和投资的决定。在我国的具体条件下，劳动一般不构成限制性因素。因此，影响我国粮食生产供给变化的主要是资本投入和土地。资本投入主要分为速效性投入（包括化肥、种子、农药等）和长效性投入（包括土地的改良和水利基础设施建设等）。

速效性投入如劳动力投入、化肥投入等决定因素，是由上几期和预期的农业收入、农产品价格等变量决定的，本次调查未获取上期的资料，而且短期投入易受到随机冲击的影响。长效性投入与土地制度密切相关，自农村实行联产承包责任制以来，粮食生产者的短期行为性很强，对具有长期性收益的土地基本建设投资缺乏积极性。长期投资分为与土地相关的投资，包括与土地相关的资本投资和劳动投资，还包括与土地不相关的固定资本投资。长期投资与农民预期在土地上长期投入的期望收益有关。土地承包期的长短、以前土地的调整情况、农民对未来土地调整的预期、互助的年龄和受教育程度、农民家庭的人口和收入状况、农地规模、信贷资金获得的难易程度等因素都有可能对长期投资产生影响。不稳定的地权可能会降低农民长期投资回报的预期，对土地长期投资的减少会使土地的产出下降，效率降低。

在此提出如下假设：

H4：家庭劳动投入与家庭平均的教育程度和非农就业机会有负的关系。

H5：资金投入（包括化肥和其他各种费用）与非农就业机会有正的关系。

H6：与土地有关的投入和投资与地权的稳定性有正的相关关系。

模型设定如下：

$$LnI_i = \beta_0 + \beta_1 LnAREA + \beta_2 LnS + \beta_3 LnBURD + \beta_4 LnAVEDU + \beta_5 LnFORCE$$

$$+ \beta_6 LnORD + \beta_7 LnADJ + \beta_8 LnMIGLAB + \beta_9 LnTO + \beta_{10} LnTI + \beta_{11-15} \sum_{i=1}^{5} D_i + u_i$$

其中，$I_i$ 为农户在土地上的各类投入、投资额；AREA 为土地面积；S 为家庭中的人口数；BURD 为农户家庭总负担；AVEDU 为家庭劳动力平均受教育程度；FORCE 为是否强制种植某种作物；ORD 为粮食征购量；ADJ 为土地调整次数；MIGLAB 为家庭外出劳动力的人数；TO 为是否转出土地；TI 为是否转入土地；$D_i$ 为省虚拟变量。

表 2.16　投入和投资的回归分析

| 项目 | Ln 劳动投入 | Ln 化肥投入 | Ln 投入费用 | Ln 机械投资 | Ln 土地上的固定投资 |
|---|---|---|---|---|---|
| 截距项 | 3.677150***<br>(16.241) | 5.518511***<br>(8.550) | 4.769539***<br>(17.990) | 1.040453***<br>(0.990) | 2.009672***<br>(2.363) |
| Ln 土地面积 | 0.580449***<br>(11.104) | 1.037870***<br>(7.052) | 1.045767<br>(17.300) | 1.542154***<br>(6.434) | 0.886890***<br>(4.573) |
| Ln 家庭人口数 | −0.019096<br>(−0.385) | −0.235246*<br>(−1.663) | −0.167264***<br>(−2.878) | −0.106602<br>(−0.766) | −0.133136<br>(−0.696) |
| Ln 劳动力平均教育程度 | −0.164752*<br>(−2.508) | −0.021278<br>(−0.114) | −0.063056<br>(−0.820) | 0.368003<br>(1.207) | −0.171756<br>(−0.696) |
| 劳动力外出 | −0.148214*<br>(−1.888) | 0.006379<br>(0.285) | 0.007406<br>(0.081) | 0.340499<br>(0.934) | 0.011991<br>(0.041) |
| 土地转入 | −0.164227<br>(−0.702) | −0.283783<br>(−0.426) | 0.221615<br>(0.810) | −1.1695666*<br>(−1.562) | −1.542429*<br>(−1.757) |
| 土地转出 | 0.079380<br>(0.721) | −0.337773<br>(−1.075) | 0.446908<br>(3.464) | 0.463970<br>(0.907) | −1.555180***<br>(−3.757) |
| Ln 粮食定购任务 | −0.013560<br>(−0.795) | 0.070867<br>(1.468) | 0.108897***<br>(5.493) | −0.301257***<br>(−3.832) | 0.326500***<br>(5.133) |
| 强制种植某种作物 | 0.205151*<br>(2.166) | −0.502157*<br>(−1.877) | 0.380824***<br>(3.466) | −0.844125*<br>(−1.937) | −0.399012<br>(−1.132) |
| Ln 负担 | −0.00258<br>(−1.476) | 0.002289***<br>(4.612) | −0.000280<br>(−1.371) | 0.004410***<br>(5.455) | 0.002362***<br>(3.611) |
| 大调整 | −0.144698*<br>(2.621) | −1.171741***<br>(−7.196) | −0.080300<br>(−1.201) | 0.221758<br>(0.836) | −0.888848***<br>(−4.142) |
| 小调整 | 0.139404*<br>(2.621) | 0.016365<br>(0.382) | −0.038594**<br>(−2.194) | −0.139722**<br>(−2.003) | −0.093918*<br>(−1.664) |
| 调整 $R^2$ | 0.3546 | 0.4421 | 0.5880 | 0.336 | 0.2746 |

注：括号内的数字是单侧 t 统计量的绝对值。*、**、*** 分别表示估计量在 0.1、0.01、0.001 的置信水平上显著异于零。

投入和投资的回归分析结果如表 2.16 所示。

由表 2.16 可得：

劳动投入：

$$LnI_1 = 3.6771 + 0.5804LnAREA − 0.0191LnS − 0.1647LnAVEDU$$
$$− 0.1482MIGLAB − 0.1642TI + 0.0794TO − 0.0136LnORD$$

$$+ 0.2051FORCE - 0.0026LnBURD - 0.1447ADJ1 + 0.1394ADJ2$$

化肥投入：

$$LnI_2 = 5.5185 + 1.0379LnAREA - 0.2352LnS - 0.0213LnAVEDU$$
$$- 0.0064MIGLAB - 0.2838TI - 0.3378TO + 0.0709LnORD$$
$$- 0.5022FORCE + 0.0023LnBURD - 1.1717ADJ1 + 0.0164ADJ2$$

投入费用：

$$LnI_3 = 4.7695 + 1.0458LnAREA - 0.1673LnS - 0.0631LnAVEDU$$
$$+ 0.0074MIGLAB + 0.2216TI + 0.4469TO + 0.1089LnORD$$
$$+ 0.3808FORCE - 0.0003LnBURD - 0.0803ADJ1 + 0.0385ADJ2$$

机械投资：

$$LnI_4 = 1.0405 + 1.5422LnAREA - 0.1066LnS + 0.3680LnAVEDU$$
$$+ 0.3405MIGLAB - 1.1696TI + 0.4640TO - 0.3013LnORD$$
$$- 0.8441FORCE + 0.0044LnBURD + 0.2218ADJ1 - 0.1397ADJ2$$

土地上的固定投资：

$$LnI_5 = 2.0097 + 0.8869LnAREA - 0.1331LnS - 0.1718LnAVEDU$$
$$+ 0.0120MIGLAB - 1.5424TI - 1.5552TO + 0.3265LnORD$$
$$- 0.3990FORCE + 0.0024LnBURD - 0.8888ADJ1 - 0.093918ADJ2$$

①农业生产中的劳动投入与家庭土地面积、强制种植某种作物和小调整次数存在显著的正相关关系，与家庭平均教育程度、家庭外出劳动力数量和大调整次数有显著的负相关关系。②农业生产中的资金投入（包括化肥和其他各项费用）与农户家庭外出劳动力数量（非农就业机会）的正相关关系不显著；机械投资与强制种植某种作物、粮食定购任务和小调整间存在显著负的相关关系。③土地上的固定资产投资与农户转入和转出土地、土地调整有显著的负相关关系，与家庭土地面积和负担有显著的正相关关系；农户家庭人口越多，化肥和其他投入的费用就越少，这意味着劳动力与化肥等生产要素间有明显的替代效应。④除影响劳动投入外，劳动力外出对土地上的其他各项投入没有明显影响。转入或转出土地对农户用于土地上的其他各项投入没有明显影响。有转入或转出土地的家庭，其用于土地上的固定投资越少。⑤此外，各省之间的各项投入存在显著的差别，这因为各地经济发展水平不同、土地制度安排不同、自然条件和社会条件不同、非农就业机会不同。

由上述分析可看出，本节提出的三个假设中，H4 被证实，H5 未被证实，H6 部分被证实。

（2）土地产出效率的计量分析结果。在计量分析中把投入和投资作为外生变量进行生产函数的估计，投入分别以土地的产出价值、产出净价值和劳动力生产率为被解释变量，模型设定如下：

$$LnY = \beta_0 + \beta_1 LnAREA + \beta_2 LnINP + \beta_3 LnLAB + \beta_4 LnMC + \beta_5 LnINV + \beta_6 LnORD$$

$$+ \beta_7 LnEDU + \beta_8 MIGLAB + \beta_9 BURD + \beta_{10} EADJ + \beta_{11} FORCE + \beta_{12} TO$$

$$+ \beta_{13} TI + \beta_{14} LnFRI + \beta_{15-18} TIAO + \sum \beta_i DUM_i + u_i$$

其中，Y 为土地产出价值、净价值和土地劳动生产率；AREA 为土地面积；INP 为农药、地膜、排灌费等投入；LAB 为劳动投入；MC 为机械投入费用；INV 为土地上固定投资；FRI 为化肥投入；ORD 为粮食征购量；EDU 为户主受教育的程度；MIGLAB 为家庭外出劳动力的人数；EADJ 为农民预期是否进行调整；FORCE 为是否强制种植某种作物；BURD 为农民负担；TO 为是否转出土地；TI 为是否转入土地；TIAO 为土地调整次数（包括大、小调整）；DUM 为省虚拟变量和作物虚拟变量。

地权因素用粮食征购数量、土地调整次数、预期是否将进行调整、是否强制种植某种作物、家庭是否转入和转出土地等变量来描述，回归结果如下（见表2.17）。

表 2.17　土地产出相关回归结果表

| 项目 | Ln 土地产出价值 | Ln 土地产出净值 | Ln 土地的劳动生产率 |
|---|---|---|---|
| 截距项 | 5.20649*** (21.858) | 5.650507*** (11.372) | 5.20649*** (21.858) |
| Ln 土地面积 | 0.753721*** (14.241) | 1.152597*** (9.410) | 0.753721*** (14.241) |
| Ln 劳动力投入 | 0.155112*** (4.072) | 0.285552*** (4.426) | −0.844888*** (−22.182) |
| Ln 户主受到的教育程度 | 0.070013* (1.482) | 0.057274 (0.676) | 0.070013* (1.482) |
| Ln 土地农药、机耕、排灌等投入 | 0.186876*** (5.726) | −0.003257 (−0.053) | 0.186876*** (5.726) |
| Ln 化肥投入 | −0.025198* (−1.972) | −0.229531** (−2.839) | −0.025198* (−1.972) |
| Ln 机械原价 | 0.002645 (0.341) | 0.017149 (1.311) | 0.002645 (0.341) |
| Ln 土地上的固定资本 | 0.001873 (0.185) | −0.004876 (−0.311) | 0.001873 (0.185) |
| 劳动力外出数量 | −0.050357 (−0.971) | 0.038153 (0.454) | −0.050357 (−0.971) |
| 土地转出 | −0.251416 (−1.490) | 0.119482 (0.824) | −0.165527 (−1.998) |
| 土地转入 | −0.251416 (−1.490) | −0.174874 (−0.506) | −0.251416 (−1.490) |

35

续表

| 项目 | Ln 土地产出价值 | Ln 土地产出净值 | Ln 土地的劳动生产率 |
|---|---|---|---|
| 强制种植某种作物 | 0.052871<br>(0.705) | 0.3000770**<br>(2.098) | 0.000096752<br>(0.705) |
| Ln 粮食定购任务 | 0.013062<br>(0.933) | 0.049719**<br>(0.2081) | 0.013062<br>(0.933) |
| 农业负担 | 0.000096752<br>(0.713) | 0.000114<br>(0.526) | 0.000096752<br>(0.713) |
| 土地第一轮大调整次数 | −0.110436*<br>(−1.752) | −0.170562*<br>(−1.595) | −0.110436*<br>(−1.752) |
| 土地第二轮大调整次数 | −0.238340**<br>(−2.859) | −0.154973<br>(−1.069) | −0.238340**<br>(−2.859) |
| 第一轮小调整次数 | −0.049426***<br>(−4.245) | −0.046539*<br>(−2.186) | −0.049426***<br>(−4.245) |
| 第二轮小调整次数 | −0.038604<br>(−0.426) | −0.124912<br>(−0.767) | −0.038604<br>(−0.426) |
| 预期将来是否调整 | −0.133666**<br>(−2.009) | −0.113275<br>(−0.866) | −0.133666**<br>(−2.009) |
| 调整 $R^2$ | 0.7626 | 0.6901 | 0.7022 |

注：①括号内的数字是单侧 t 统计量的绝对值；*、**、*** 分别表示估计量在 0.1、0.01、0.001 的置信水平上显著异于零。②表中未列出省和作物虚拟变量的估计值。

土地产出价值：

$$LnY = 5.2065 + 0.7537LnAREA + 0.1551LnLAB + 0.0700LnEDU + 0.1869LnINP$$
$$- 0.0252LnFRI + 0.0026LnMC + 0.00187LnINV - 0.0504MIGLAB$$
$$- 0.2514TO - 0.2514TI + 0.0529FORCE + 0.0131LnORD$$
$$+ 0.0001BURD - 0.1104DTIAO1 - 0.238340DTIAO2 - 0.0494XTIAO1$$
$$- 0.0386XTIAO2 - 0.1337\,EADJ$$

土地产出净值：

$$LnY = 5.6501 + 1.1526LnAREA + 0.28556LnLAB + 0.0573LnEDU - 0.0033LnINP$$
$$- 0.2295LnFRI + 0.0171LnMC - 0.00489LnINV - 0.0382MIGLAB$$
$$- 0.1195TO - 0.1749TI + 0.3001FORCE + 0.0497LnORD + 0.0001BURD$$
$$- 0.1706DTIAO1 - 0.1550DTIAO2 - 0.0465XTIAO1 - 0.1249XTIAO2$$
$$- 0.1133EADJ$$

土地的劳动生产率：

$$LnY = 5.2065 + 0.7537LnAREA - 0.8449LnLAB + 0.0700LnEDU + 0.1869LnINP$$
$$- 0.0252LnFRI + 0.0026LnMC + 0.0019LnINV - 0.0504MIGLAB$$
$$- 0.1655TO - 0.1749TI + 0.2514FORCE + 0.001LnORD + 0.0131BURD$$
$$+ 0.0001DTIAO1 - 0.1104DTIAO2 - 0.2383XTIAO1 - 0.0494XTIAO2$$

－0.1334EADJ

从上述结果可看出，第一轮大小调整、第二轮土地大调整和农户预期土地调整对土地的产出效率有显著的负影响。第二轮小调整次数对土地产出效率的影响不显著，是因为第二轮小调整的次数并不多。强制农民种植对土地的净产值有显著的正影响，这是由于近几年来强制农民种植的一般是附加值较高的产品，但须注意的是它对土地的劳动生产率并没有显著的正影响。与不转出土地的家庭相比，转出土地的家庭其土地产出效率低，反过来，这也是其转出土地的主要原因；转入土地的家庭其土地产出效率并不高于没有转入土地的家庭，而且其系数符号为负，但不显著。化肥等短期投入对土地产出率有显著的负影响，再增施化肥会进一步降低土地产出率；劳动投入对土地总产出和净产出有显著正影响，但对土地劳动生产率有显著负影响。

（3）通过上述计量分析，可以得出以下结论：①从各种要素的产出贡献来看，土地的贡献最大（这与前边动态数据所得的结论相符），其次是劳动投入的贡献和农药、排灌费、机耕费等的投入的贡献。产出的劳动力贡献较低是因为中国是劳动力过剩的国家，加上耕地规模较小，机械和资本投资对劳动力的替代效果并不明显。②土地的面积增加一倍，产出增加不到一倍，土地的产出不具有规模效应。在第二部分理论模型与样本说明中提出的假设 H1 被推翻。③化肥投入对土地产出和产出净值有正的影响，但产出弹性很小，而且参数不显著，可见自从联产承包制实施以来，化肥对产出作用已得到了充分的发挥，再增加化肥对产出的作用就不大了。④地权的影响：粮食定购数量对产出影响不显著，主要是因为粮食的定购任务占产出的总比例不大，边际影响不显著；土地大、小调整频率能降低土地的产出效率；预期是否调整土地对土地的产出有显著的负影响；农民负担对土地的效率有负的影响，负担越重，产出效率越低，但并不显著[①]。

土地的转入或转出对农户的土地产出和产出净值没有明显的影响，因为转入和转出的因素比较复杂。如转入的原因包括非农就业机会较少，转出的原因包括土地负担过重或外出经商，有转出的家庭存在较多的就业机会，他们宁愿放弃一些非农收入。

## （三）土地制度变迁的绩效评价

中央历来重视农业问题，从 20 世纪 50 年代起就把实现农业现代化作为最重

---

① 张玉周. 粮食生产与土地制度变迁——我国土地制度绩效分析［J］. 郑州轻工业学院学报（社会科学版），2008（3）.

要的战略目标之一提出。四个现代化更是把农业现代化作为基础。粮食产量是衡量农村工作成败的基本指标。决定粮食产量的因素很多，主要有土地质量、种子质量、生产工具和农民的劳动积极性等，而这些因素只有在合理的制度下才能充分发挥其功能。因此，制度因素对粮食生产来说至关重要。作为农村经济制度主体的土地制度的合理安排必将对粮食生产产生巨大而深远的影响。我国农村先后经历了土地改革、合作化经济（初级社、高级社、人民公社化）和家庭联产承包责任制三个阶段。现以家庭承包责任制为界线分析土地制度绩效，以便为今后的土地制度创新提供依据。

1. 家庭承包责任制之前土地制度绩效评价

由上述土地变迁的历史回顾可知，改革开放前我国经历了土改和合作化经济两个时期，由于土改时期较短，并且前边已对其进行了评价，故本部分主要评价合作化经济。我国的农业合作化道路虽然走了一段弯路，付出了很大代价，但也取得了一定的成就：

（1）通过合作化道路把个体农民的土地私有制改造成了集体所有制，避免了新中国成立初期小农的两极分化。

（2）部分地区发展起一定的集体经济，有些公社、大队和生产队办起了社队企业，1978年共有152.4万个，产值493.1亿元，从业人员2826.6万人。全国积累的集体财产估计在8000亿元左右（不包括水利工程、供销社、信用社的财产），这些企业和财产对当地农村经济的发展，在不同程度上起了积极作用。

（3）在当时国民经济一穷二白、农机工业等于零的情况下，中央政府既没有消极等待，也没有摸着石头过河，而是有目的、有计划地一方面在城市大力发展农机工业，另一方面在农村组织大规模的土地改良，同时建立了以农业科学院为核心的各级农业科研技术体系，为实现农业现代化创造条件。新中国成立后到1980年的30年中，我国劳动人民在土地改良和农业基础设施的建设方面，做出了辉煌成就。农田灌溉面积由1952年的29938万亩增加到1978年的67447.5万亩，增加了1.25倍。同期农机总动力由18万千瓦增加到1750万千瓦，增加了651.77倍①。这就大大改善了农业生产条件，为20世纪70年代末以及后来的粮食丰收提供了土地质量方面的保证。

（4）农业科技方面。从20世纪60年代开始，各级政府都建立了自己的农业科研机构。省有农科院，县有农科所，社队有农技站。各生产大队的农技站都已经能自己培育种子了。各种病虫害也能自己防治。70年代中期，我国的农业基础设施和耕地改良工作已经基本完成。随着工业的发展，全国大部分农村已经实

---

① 资料来源：历年统计年鉴。

现了机械化或半机械化，加上化肥开始在农业生产中推广施用，粮食产量实现了历史性的飞跃。1976 年粮食生产喜获丰收，产量突破 5 万吨，比 1949 年提高了 3 倍。一直到 1980 年，粮食产量都在 5 万吨以上。

当然我国农业生产合作社的曲折历程为我们提供了宝贵的经验：

（1）农村合作制的发展必须适应生产力的性质和水平，符合国情和农村客观实际，不能急于求成。

（2）要尊重农民的意愿，确立其在合作经济组织中的主体地位。农村合作经济组织是农民群众的经济组织，只有真正做到"民办、民管、民受益"，确立农民在组织中的主体地位，才能提高其生产的积极性和主动性，发挥其主人翁作用，合作经济组织也才能有强大的生命力。主要应做到以下几点：首先，要为农民利益着想；其次，坚持门户开放，进退自由原则，尊重农民自己的选择，不能有任何强制；最后，要在政策引导，在农民对合作经济组织的认识逐步提高的基础上，循序渐进地发展，不能急于求成。

（3）农民是小生产者，其本质是劳动者，而劳动者的私有财产是不能变相剥夺的。这是建立以服务为宗旨的合作组织的基本前提。

（4）合作经济组织是商品经济和市场经济的产物，不能把合作制度与商品经济和市场经济对立起来。合作经济组织的产生，一般有三种背景：第一种是在商品经济发展中，为了对抗大企业的垄断和中间商的盘剥产生的各种组织；第二种是在生产要素缺乏的情况下，组合起来形成生产能力，我国 20 世纪 50 年代的互助组和初级农业生产合作社就是在这种背景下建立的；第三种是商品经济和市场经济使社会分工日益发展，同时又要求各行业密切联系，在社会分工的条件下，形成了合作组织。

（5）人民公社的历程告诉我们，对规模经济的追求要适度。农业合作经营与家庭经营相比存在着管理成本。管理成本的大小，决定了合作经营是否比家庭经营更有效益。从理论上讲，农业中集体生产的效率取决于其所获得的技术性规模效应与它本身所需管理成本的差额。技术性规模效应的根源在于生产要素的不可分割性，一方面农业要素的不可分割性不像工业那样显著，其规模效应要小得多；另一方面，我国很多地区仍处于畜力耕作阶段，能体现规模效应的生产工具机械化水平有限。因此，技术规模效应不会太高，而合作经济必然有管理成本，其因诸多原因，如产权模糊、内部机制不健全、农业劳动分散监督困难等，大大增加。过分追求规模经济，导致管理成本增加超过技术的规模效应，必将带来规模不经济。

20 世纪 50 年代中期合作化从方向上讲，组织个体劳动者走合作化道路完全正确，在一定时期促进农民积极性的发挥，推动了粮食生产的发展。但采取政治运动的方式来搞合作化,严重违背了自愿互利原则、违背了经济规律,因此造成了 1956 年以后生产的下降,则不能肯定。此外,把集体劳动、产权落实到个人,实行按劳分配和按股分红相结合的合作社定义为初级社,确立为半社会主义性质,而把财产归堆、否定了按股分红的合作社算为高级社,一律实行集中劳动,实行"大锅饭"式的分配体制,实际上违背了合作社原则。财产归堆,否定个体劳动者的产权,实际是对个体劳动者的剥夺,更不能肯定。这样,合作化终于变成了集体化,实际是要过渡为国有制。该问题不仅严重压抑了群众的积极性,而且为以后重走合作制道路设置了障碍,其教训是深刻的。如果当时走到初级社这一步稳定下来,不批判家庭承包,按农民意愿办,不否定入股分红,我国农村生产力的发展肯定要比现在好,也不会发生集体化后产权不清的问题。

总之,20 世纪 50 年代初的合作化前期要肯定;中期以后,由于指导思想上存在"左"的错误,走了很长时间的弯路,偏离了合作制原则,不能肯定。

2. 家庭承包责任制绩效评价

(1) 家庭承包责任制的经济效应分析。家庭承包责任制,虽然没有改变土地的所有权性质,但在土地使用权方面却发生了实质性的变化。农户通过承包方式获得了独立经营集体公有土地的权利。这种权利引起了对财产关系具有重要意义的三个变化。

一是农户逐渐成为独立的财产主体。其原因是:农户虽然没有土地所有权,但拥有土地产出的大部分劳动产品的所有权。上缴国家和集体的数量是相对稳定的,农户既是消费单位,又是生产单位,"交够国家的,留足集体的"之后,农户追求更多的劳动产品不只是为了满足消费,也是为了拥有更多的私有生产资料。这样,获得更多劳动产品的机会,就是积累更多私有生产资料的机会,而更多的劳动产品也只有在规模不断扩大的私有生产资料中才能更好地实现。重新产生并不断增加属于农户的私有生产资料,成为家庭承包责任制这种体制的必然结果,也是不断激发农户积极性和创造性的根本动力。

二是农户从集体土地的一个经营层次发展为独立的经济实体。"包干到户"取代"包产到户"以后,分配制度是"交够国家的,留足集体的","剩下的全部都是自己的",既包括生产费用、简单的再生产费用,也包括扩大再生产的积累资金。集体不再对农户分配消费品,经营费用的垫付和生产性固定资产的添置都成为农户的经济职能。从这个意义上说,在农业生产领域内,集体已不再是一个经济核算单位,农户反而成了一个独立的、完整的经济核算单位。尽管集体组织也为农户生产提供产前、产中和产后服务,但这种服务与被服务之间的关系完全是一种商品交换关系,而不是对集体土地经营权的分割。

三是农户获得了对自己劳动力的支配权。劳动者从计划经济体制的束缚中解放出来，既使得农业劳动更加适应农业生产的自然规律，也为农村分工分业的发展创造了条件。粮食生产具有季节性、分散性的特点，农户可以根据农业生产的特点灵活地安排劳动时间和劳动种类，也可以根据比较利益原则选择其他的就业机会。据统计，在农村中，从事非农产业的劳动力由 1985 年的 6714 万人，增加

表 2.18　1980~2000 年农村产出和农村劳动力状况

| 年份 | 农村社会总产值（亿元） | 非农产业总产值（亿元） | 农林牧渔业总产值（亿元） | 农林牧渔业劳动力（万人） | 非农产业劳动力（万人） | 农村居民消费水平（元） |
|---|---|---|---|---|---|---|
| 1980 | 6337 | 1976 | 4360 | 29808 | — | 178 |
| 1981 | 6849 | 2208 | 4642 | 30678 | — | 199 |
| 1982 | 7678 | 2512 | 5166 | 31153 | — | 221 |
| 1983 | 8370 | 2830 | 5567 | 31645 | — | 246 |
| 1984 | 9883 | 3634 | 6249 | 31685 | — | 283 |
| 1985 | 11322 | 4858 | 6464 | 30352 | 6714 | 347 |
| 1986 | 12586 | 5902 | 6682 | 30468 | 7522 | 376 |
| 1987 | 14725 | 7206 | 7069 | 30870 | 8130 | 417 |
| 1988 | 15682 | 8337 | 7346 | 31456 | 8611 | 508 |
| 1989 | 16813 | 9239 | 7575 | 32441 | 8498 | 553 |
| 1990 | 17680 | 9529 | 8151 | 33336 | 8673 | 571 |
| 1991 | 21472 | 13020 | 8452 | 34186 | 8906 | 621 |
| 1992 | 25129 | 16140 | 9898 | 34037 | 9765 | 718 |
| 1993 | 35318 | 25626 | 9693 | 33258 | 10998 | 855 |
| 1994 | 40942 | 30416 | 10526 | 32690 | 11964 | 1118 |
| 1995 | 41430 | 29759 | 11671 | 32335 | 12707 | 1434 |
| 1996 | 48393 | 35624 | 12769 | 32260 | 13028 | 1768 |
| 1997 | 60388 | 36624 | 23764 | 32435 | 13527 | 1876 |
| 1998 | 61467 | 36950 | 24517 | 32626 | 13825 | 1895 |
| 1999 | 61891 | 37372 | 24519 | 32912 | 13985 | 1927 |
| 2000 | 64701 | 39785 | 24916 | 32798 | 15165 | |

注：产值按 1990 年不变价格计算。
资料来源：历年《中国统计年鉴》。

到 2000 年的 15165 万人（见表 2.18）。

家庭承包责任制的推行，调动了农民生产的积极性，使陷入崩溃边缘的农村经济摆脱困境，促进农业生产力连上几个台阶，推动了农村经济的飞跃发展。根据林毅夫估计，在 1979~1984 年农业产出增长的 42.23% 中，家庭承包责任制改革的贡献率约为 43.67%。如果说 20 世纪 50 年代的土地改革是土地所有制的第一次革命，是土地所有权的革命，使土地从封建社会的生产关系的束缚中解放出来。家庭承包责任制改革则是土地所有制的第二次革命，是土地使用权的革命，

使土地从计划经济体制的束缚中解放出来。

家庭承包责任制的推行，更重要的意义还在于解放了农村劳动力，使农村劳动力从农业生产中解放出来，推动了农业内部各行业的全面发展和城镇非公有制经济的发展。

（2）有效地激励了劳动效率。家庭承包责任制是在集体经济内部以家庭承包经营为基础的"统分"结合的生产关系，并发展到近几年的农民自主生产、自定土地转包流转关系，承包制使每个农民在整个过程中明确责、权、利，有效地激励了农民劳动效率。具体分析如下：

设粮食生产函数是典型函数：Q = Q（L），其中 L 是农业劳动。开始产出随劳动增加而增加，到峰值后若其他投入没有增加，劳动再增加只能产生负效益，即劳动边际产出：

$$MP = \frac{\alpha Q}{\alpha L} > 0，当 L < L_E；MP = \frac{\alpha Q}{\alpha L} = 0，当 L_E < L \leqslant L'_E；MP = \frac{\alpha Q}{\alpha L} < 0，当$$

$L > L_E$。具体如图 2.4 所示。

责任制之前是生产队集体生产，投入劳动多但效率较低，设产出为 $Q_1$，劳动投入为 $L_3$；责任制后农户分散经营，积极性上升，投入劳动 $L_1$，便可获得产出 $Q_1$，同时由于"交足国家集体的、剩下归自己"的诱因作用，激励生产函数上移到 $Q_2 = Q_2(L)$，是生产诱因使劳动品质改进表现了技术进步所致。此时劳动 $L_1$ 可获 $Q_2$ 产量，产量增量 BC = $Q_2 - Q_1$ 即为诱发效果（诱因效果），事实上农民发现增加劳动仍可获得好处，自然愿意增加劳动至 $L_2$，此时 $L_2$ 的产出为 $Q'_2$，比以前原有的 $L_3$ 产出 $Q_1$ 净增产量 $Q'_2 - Q_1$（即 C'D），其中 C'B'是诱因效果，B'D 是由于增加劳动所致，可看作规模效果。诱因效果是在农民认为好的制度安排下政策实行后发生作用；规模报酬固然可因规模扩大而获内部规模经济，但只有在所有要素投入均按同比例增加时才能出现，假如其他投入无法增加，只有劳动大幅增加，不能带来规模效益。中国 20 世纪 80 年代的情况就是受耕地、资金等投入限制，无法展开规模效果。责任制后生产规模变小（$L_3 \rightarrow L_1 \rightarrow L_2$），由于激励效果 C'D 作用，到 1984 年农业生产发展迅速，表明靠集约性劳动、从事内涵再生产同样获得高产，制度创新带来了农业的快速增长，也带动了中国经济较快增长，1978~1984 年全国粮食产出从 3.05 亿吨猛增至 4.07 亿吨。土地生产率也迅速提高，由 1979 年的每公顷 1332.0 元，上升到 1984 年的每公顷 2432.4 元，1995 年的每公顷 12514.0 元[①]。

与改革以前相比，粮食产出不仅在绝对量上得到很大提高，而且这种增长是

---

① 中华人民共和国农业部：中国农业发展报告（1996）[M].北京：中国农业出版社，1996.

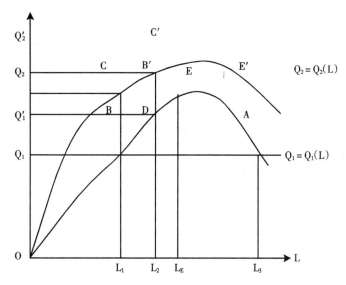

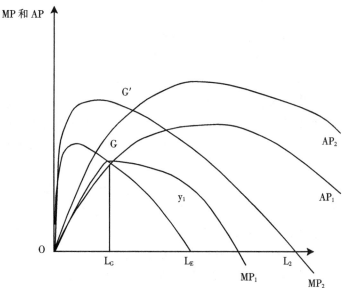

**图 2.4 家庭联产承包责任制对粮食生产的可能影响作用**

建立在效率提高的基础上。粮食综合要素生产率指数从 1978 年的 87.9 上升到 1988 年的 154.3，提高了近 1 倍。劳动生产率迅速提高，由 1979 年的 378.6 元/人，增加到 1984 年的 674.4 元/人，1995 年的 1980.8 元/人，增长了近 5 倍[①]。

（3）家庭承包责任制已达到新的制度均衡。家庭责任制激发农民的劳动积极

---

① 中华人民共和国农业部：中国农业发展报告（1996）[M]．北京：中国农业出版社，1996．

性，随着农业技术的不断提高，再加上其前一阶段土地改良及基础设施的基本完成，粮食产量得到大幅度的提高，年增长速度为3.72%。1984年农村制度安排已基本结束，新的制度均衡形成，1985年以后不再有联产承包责任制新制度变化的额外收益。粮食产量在1984年达到高点，随后增长缓慢。粮食生产增长缓慢的原因就是在既定的制度环境和制度安排下，新的制度变化和制度创新所带来的能量已基本释放完毕，此时制度安排已达到新的均衡而不再有额外收益。当然之后伴随着技术进步、粮价、粮食流通体制的改革，粮食产量在1998年突破5亿吨大关，但随后至今粮食产量又开始下滑。土地下放以后，粮食生产反复发展，至今连续减产的原因是多方面的，主要有以下五点。

一是农业机械设备破坏严重。土地下放以后，农村集体经济迅速瓦解，农民的集体主义观念被打破，随之而来的是绝对平均主义和自私自利的小农意识。为了"公平"分配几分钱，农民们把生产队十几年来购置的农业机械如柴油机、打麦机、拖拉机、收割机等按废铜烂铁卖掉。耕作方式又回到了牛耕手种时代，从而大大降低了粮食生产的科技成分。

二是农田水利设施遭到破坏。土地下放，不仅没有带来水利建设的发展，就连原有的水利设施也遭到了破坏。为了多种块地，农民们连自家地头的抗旱排涝渠都种上了庄稼。一有天灾，这些设施就再也起不到任何作用。

三是农业科技推广体系瓦解。20世纪六七十年代建立了多个农业科研技术机构，培养了农业技术员。土地下放以后，随着农业科技体系的瓦解，原来的农业技术员都一一跳出农门。这样，一旦出现了病虫害，就无法做到及时有效的防治。

四是化肥施用量过大，导致耕地肥力下降，土地板结。土地下放时，适逢化肥供应大大改善。农民为了提高粮食产量，盲目地施用化肥。由于没有农业技术人员的指导，在化肥施用上出现了恶性循环。从《中国农村统计年鉴》上可以观察到，尽管最近粮食产量逐年下降，但化肥的施用量却直线上升（见表2.19和图2.5）。1980年化肥施用量是1.27千万吨，1998年已经上升到4.08千万吨，2003年的4.41千万吨，2013年的5.91千万吨，粮食产量则由1980年的32.06千万吨，到1998年的顶峰51.22千万吨，2003年的43.07千万吨，2013年的

表2.19 1978~2013年化肥施用量与粮食产量

| 年份 | 1978 | 1979 | 1980 | 1981 | 1982 | 1983 | 1984 | 1985 | 1986 |
|---|---|---|---|---|---|---|---|---|---|
| 化肥施用量（万吨） | 884 | 1086.3 | 1269.4 | 1334.9 | 1513.4 | 1659.8 | 1739.8 | 1775.8 | 1930.6 |
| 粮食产量（万吨） | 30477 | 33212 | 32056 | 32502 | 35450 | 38728 | 40731 | 37911 | 39151 |

续表

| 年份 | 1987 | 1988 | 1989 | 1990 | 1991 | 1992 | 1993 | 1994 | 1995 |
|---|---|---|---|---|---|---|---|---|---|
| 化肥施用量（万吨） | 1999.7 | 2141.5 | 2357.1 | 2590.3 | 2805.1 | 2930.2 | 3151.9 | 3317.9 | 3593.7 |
| 粮食产量（万吨） | 40298 | 39408 | 40754.9 | 44624 | 43529 | 44265.8 | 45649 | 44510 | 46661.8 |
| 年份 | 1996 | 1997 | 1998 | 1999 | 2000 | 2001 | 2002 | 2003 | 2004 |
| 化肥施用量（万吨） | 3827.9 | 3980.7 | 4083.7 | 4124.3 | 4146.4 | 4253.8 | 4339.4 | 4411.6 | 4636.58 |
| 粮食产量（万吨） | 50453.5 | 49417.1 | 51229.5 | 50838.6 | 46217.5 | 45263.7 | 45706 | 43070 | 46947 |
| 年份 | 2005 | 2006 | 2007 | 2008 | 2009 | 2010 | 2011 | 2012 | 2013 |
| 化肥施用量（万吨） | 4766.2 | 4927.7 | 5107.8 | 5239 | 5404.4 | 5561.7 | 5704.2 | 5838.9 | 5911.9 |
| 粮食产量（万吨） | 48402.2 | 49804.2 | 50160.3 | 52870.9 | 53082.1 | 54647.7 | 57121 | 58958 | 60193.8 |

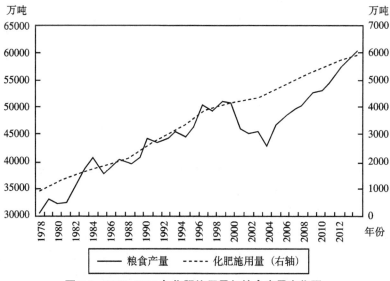

图 2.5　1978~2013 年化肥施用量与粮食产量变化图

60.19 千万吨。

　　五是森林、药材等自然资源遭到掠夺性开采。随着土地下放的深入，山坡树林也被化整为零。为了发财致富，也为了应付种种名目的农业税、提留款等，农民对自然资源进行了掠夺性开采，从而增加了水土流失等自然灾害的发生。

　　除此之外还有一些经济原因，如农业生产资料价格大幅度上涨，农业成本加大；为农业服务的单位为了经济效益，拼命从农民身上搜刮钱财；农业比较效益低下，导致农民对农业的投入减少等。

3. 家庭联产承包责任制的局限

从总体上看，家庭承包责任制仍然适应粮食生产的自然特点，适应我国农业的技术水平，适应我国农村现实的社会经济状况。但是，由上述实证分析可知，目前新的制度变化和制度创新所带来的能量已基本释放完毕，此时制度安排已达到新的均衡而不再有额外收益。这说明，家庭承包责任制还有不完善的地方，具体表现在如下方面：

（1）集体所有权的界定不明晰。我国现行的农地制度所有权界定不清已是一个不争的事实，其主要体现在：虽然中国农村的土地归农民集体所有，这在《宪法》、《民法通则》、《土地管理法》、《农业法》等重要法律中，都有明确规定，但是，"集体"是指哪一级，法律规定较为含糊，如在《宪法》中，被笼统界定为集体所有，在《民法通则》中被界定为乡（镇）、村两级；而在《农业法》和《土地管理法》中则是乡（镇）、村或村内农村集体经济组织。这样，在实践中则会导致土地产权关系纠纷。同时，土地相关法规仅仅规定了土地所有权的归属，而对土地所有权的内涵、地位、界限、法律形式、实现方式等均没有相应合理的规定，至于土地所有权主体的经济地位、法律地位、财产地位及其职能范围、行为方式等，更没有明确的规范。土地所有权界定不清，使得集体土地无法得到有效的保护。

（2）土地承包经营权的弱势地位。土地承包经营权作为一种新型权利，是伴随着我国农村家庭联产承包责任制的建立应运而生的。然而由于农村经济体制改革是一个逐步深化的过程，涉及方方面面的利益关系，因此，给承包经营权的界定带来了一定难度。在新《农村土地承包法》颁布实施之前，土地承包经营权属于契约规定的债权性质，而不是法律赋予的物权。因此，在执行过程中主要是作为一种政策手段在运行，这就为有关行政部门利用手中权力，任意对土地进行调整提供了便利，增大了操作的灵活性，导致土地承包关系不稳定。据有关资料显示，到 1999 年底，在已开展延包工作的村组中，有 57 个队的村组对原承包地作了调整，其中 17 个队的村组作了大调整。充分表明土地调整是现阶段农地制度变迁中的普遍现象。截至 1990 年，承包户平均土地经营规模为 847 亩，每户承包地平均为 82 块，而到 20 世纪 90 年代中期，户均规模下降到 8.35 亩，每户平均 97 块，目前这种格局并未改变[①]。由此引发的预期不足常导致农户对土地投入不够，为追求短期经济效益，还可能会采取粗放式经营，以致地力下降。

---

① 印堃华，邓伟，孟裙峰，周维颖.我国农地产权制度改革和农业发展模式的思考［J］.财经研究，2001（2）.

（3）健全而有效的土地流转机制尚未形成。任何稀缺资源只有按效益原则进行配置，才能发挥其应有价值。土地资源的优化配置是一个动态过程，其实质是土地产权在各个产权主体之间的流转，从经济学的角度而言，我国目前尚未形成作为启动土地使用权流转的市场中介和金融动力，土地流转受到土地市场发育状况的限制。同时，我国现行的家庭分散承包经营的格局，导致土地使用权的平均化和土地经营主体细小化、零碎化，极大地阻碍了土地适度流转与合理集中。同时在现行土地经营格局下，土地除政府征用外，基本上没有集体所有权形态的流动。而单个农户土地使用权调整只能通过转包和集体下达调整命令来进行，这种经营格局显然是与土地市场机制的建立和土地自身的商品属性格格不入的。加上有关土地使用权流转的制度供给不足，致使目前的土地流转行为呈现一种无序状态，市场机制难以形成。据初步调查显示：到 2011 年底，全国各省（自治区、直辖市）土地承包经营权流转面积达 2.07 亿亩，仅占农户承包耕地总面积的16.2%左右，签订流转合同 2258.8 万份，签订率 60%[①]。

（4）缺乏良好的组织基础。从我国现实情况来看，保障农民土地产权实现以及维持土地有效流转的载体——农民组织制度始终没有真正建立起来；而从本质上讲，土地产权是土地经营的出发点与内在动力，土地流转是土地配置的实现过程，而土地产权实现及土地经营制度运行则取决于代表农民利益的组织载体的形成与完善程度。没有适合于农户行使土地权利和保护农民土地产权的组织体系，土地资源就无法优化组合，同时也摆脱不了土地经营与其他产业比较利益上的悬殊差别，从而导致农户家庭土地经营活动动力的残缺。从我国现实情况来看，中国农村的组织体系始终是以两个链条网络维系的：一是行政链，这种行政组织不是从保护农民利益角度设置的，而是政府控制农村的基层机构；二是宗族血缘关系链，这种以家庭为代表的单元显然是分散的，从而不可能自发形成一种组织力量与城市及不合理的利益格局相抗衡。

# 六、我国土地制度创新的政策建议

制度变迁是制度的替代、转换与交易过程，作为一种"公共物品"，制度同其他物品一样，其替代、转换与交易活动也都存在种种技术的和社会的约束条件。制度变迁可理解为一种效益更高的制度（"目标模式"）对另一种制度（"起

---

[①] http：//www.nctudi.com/news_show.php?news_id=20306&page=0.

点模式")的替代过程。在这个过程中,实际制度需求的约束条件是制度的边际替代成本(机会成本)。制度变迁还可以理解为一种更有效益的制度的生产过程,在这个过程中,实际制度供给的约束条件是制度的边际转换成本。同时,由于经济活动既包括人和物之间的替代和转换活动,又包括人与人之间的交易活动,在这个意义上讲,制度变迁还可以被理解为制度的交易过程,实际的制度交易的约束条件是制度的边际交易成本。

经济学界有一系列对于制度变迁的分类方法,其中比较著名的是林毅夫提出的诱致性制度变迁和强制性制度变迁。诱致性制度变迁是指现行的制度安排的变更或替代,或是新制度安排的创造是由个人或一群人在响应获利机会时自发倡导、组织和实行。诱致性制度变迁必须有某种在原有制度安排下无法得到的获利机会。其特点可以概括为:营利性,即只有当制度变迁的预期收益大于预期成本时,有关群体才会推进制度变迁。自发性,诱致性制度变迁是有关群体(初级行动团体)对制度不均衡的一种自发性反应,自发性反应的诱因就是潜在利润。渐进性,诱致性制度变迁是一种自下而上,从局部到整体的制度变迁过程,制度的转换、替代、扩散都需要时间。从外在利润的发现到外在利润的内在化,其间要经过许多复杂的环节。强制性制度变迁指的是由政府法令强制推行的变迁。与诱致性制度变迁不同,强制性制度变迁可以以纯粹内在于不同选民集团之间对现有收入进行再分配而发生。强制性制度变迁的有效性受许多因素的制约,其中主要有统治者的偏好和有限理性、意识形态刚性、官僚政治、集团利益冲突和社会科学知识的局限性、国家的生存危机等。

诱致性制度变迁和强制性制度变迁实际上描述的是两种极端的制度变迁方式,它们并不是截然对立的。起初是诱致性的制度变迁的制度供给,最终需要国家在法律上的认可和支持;起初是强制性的制度变迁,会不断引致出一系列来自市场的制度变迁需求,从而更进一步诱致制度变迁。

我国农村实行土地承包责任制已经 20 多年了,实践证明,土地承包责任制是合乎广大群众愿望和生产力发展要求的制度安排。家庭承包经营责任制对粮食生产的积极作用主要有两种:一种是从它在局部地区开始建立到全国各地普及为止所表现的普及效应,以往大多数研究计量、评价和讨论的主要是这种作用。所谓家庭承包经营责任制的作用是"一次性的",实际上指的是它的普及效应。另一种作用或许更重要,即家庭承包经营责任制的激励机制唤醒农民劳动热情的作用,可称为它的激励效应,上面的分析已表明了这一点。1984 年全国各地基本上建立起家庭承包经营责任制时这种作用开始逐渐消失。那么,进一步完善土地制度,进行制度创新,充分发挥其积极作用已成为面临的新课题。

## （一）土地制度创新的必要性分析

土地制度对粮食生产的影响实际上是通过土地制度对农民投入的影响来实现的。当土地制度发生变动时，农民会改变对粮食生产的投入来对之进行反应。而且有效率的制度会促进技术进步，技术进步也会推动制度不断地发生变革，以适应技术发展的要求。1985 年以后我国粮食生产出现徘徊，粮食生产发展出现困境是农村内部和外部多种原因共同作用的结果。

从外部看，农村改革直接涉及的是国民经济深层结构中经济利益格局的重大调整，而应当同步进行的城市经济体制改革却严重滞后，导致传统城乡利益的合理调整未能取得实质性进展，曾经有所改善的工农关系和城乡关系因出现新的不平衡而使矛盾再度激化，从而挡住了农村改革继续向纵深推进的重要通道。同时，国家宏观经济政策的城市倾向和工业倾向的再度升级，致使本来就比较脆弱的农业基础因严重缺乏投资补偿而变得更加脆弱，这也是造成粮食生产徘徊的重要原因。

从内部看，实行家庭联产承包责任制以来，在取得巨大成功的同时，如前所述其局限性也是显而易见的。粮食生产者的短期行为性很强，对具有长期性收益的投入缺乏积极性。

正如本书第三章分析："1984 年农村制度安排已基本结束，新的制度均衡形成（到 1984 年底全国农村基本上已经实现了联产承包责任制），1985 年以后不再有联产承包责任制新制度变化的额外收益。"土地承包制一方面通过启动生产要素的合理重组，极大地调动了农民的生产积极性，有力地促进了粮食生产的高速增长；另一方面，由于自身的不完善和外部环境的不利变化，必然地产生了一些逐渐暴露的障碍性隐患，对粮食生产的进一步发展产生消极性影响。为了促进粮食生产的进一步发展，需要对土地制度进行完善和创新。

## （二）我国土地制度改革的实践

我国农村发生的由土地集体经营制度向土地承包制演变的制度转变，其诱致性十分明显，主要表现为这一制度变迁主要是由传统制度中的潜在收益引致的制度变迁需求所推动的。传统的土地集体经营制度虽然合乎当时正统的意识形态，但它具有严重的外部性特征。每个劳动者在不拥有排他性产权的土地上从事生产，他在土地上的投入要取得足额的回报就缺乏制度保障，其应得的收益很容易被他之外的成员分享；而要保证每一个劳动者用心、尽力经营土地，就必须付出高额的监督费用。追求产出最大化的农民很自然地有着改进这一制度的需求。早在合作社运动的高潮时，一些地方的农民就提出并进行了包产到户的制度创新实践。但是，要完成这一制度变迁的供给，面临着来自政治、意识形态方面的障碍，农民自己无法克服。当国家政治上发生的调整为制度创新提供获利机会时，包产到户很快在全国蔓延开来，朝向家庭联产承包责任制发展。由于赋予农户从事家庭经营土地的权利，从而确立了以家庭为单位的农业经营体制，劳动者生产、经营和劳动计量在家庭单位中进行，其生产的成本与收益趋于一致，因此自动建立起"多劳多得"的激励机制，极大地克服了集体经营制度下农业生产面临的外部性问题的困扰，取得了以外部性内在化收益和降低监督费用带来的收益为主要内容的巨大潜在收益。由此可知，我国土地所有制的改革应包括两个方面：一是在土地公有制前提下明确界定共有权的边界，确定所有制主体，规范所有者职能；二是土地公有制前提下明确使用权的职能，明确使用权边界，使土地使用权具有更大的灵活性，发挥激励作用。

当然，土地承包制并没有也不可能完全克服外部性。比如，在这种制度下，农户承包的土地仍然受根据人口变动进行土地调整的影响，农户承包土地的期限仍然由国家政策决定等。这些都或多或少地造成农户在土地上投入的不对称回报和不稳定预期。实际上一些地方出现的"两田制"、规模经营、土地股份合作制和"四荒地"拍卖等土地制度创新实践，正是为了追求上述潜在的收益而发生的，它们从现实的角度说明了现行土地承包制存在着改进的收益来源和获利机会。"两田制"对口粮田的安排，是为了取得来自公平和保障上的收益，对责任田的安排则是为了取得规模经济收益和市场配置收益。规模经营是为了取得规模经济收益。土地股份合作制通过对土地实物和土地价值分离，试图在兼顾效率和公平的基础上实现规模经济。大面积的"四荒地"拍卖在取得规模经济收益的同时，由于是通过拍卖而不是发包的形式赋予农户的土地权利，因此，它较之承包制更加强化了土地利用的激励机制，在更大程度上可以取得外部性内在化收益。

## （三）土地制度创新的原则、思路与方向

随着我国加入世界贸易组织，逐步融入全球一体化的竞争中，我国的农业面临新形势。我国人口中 80%是农民，他们仍然与土地有不可分割的联系，在市场化改革的今天，没有广大农村参与的市场经济是不可想象的。土地制度关系到千百万人的切身利益，对社会影响尤其深远。土地制度的进一步创新更应慎重和切合实际。

1. 土地制度创新应遵循的原则

（1）土地制度创新要保障粮食安全。粮食安全实质上是粮食生产的安全，只要粮食生产不出现大的问题，粮食安全就不会出大的问题[①]。目前我国粮食发展正进入一个新的历史时期：①市场化进程的加快，导致粮食因比较利益偏低而在市场竞争与资源配置中所处的不利地位日渐明显；②随着我国加入世界贸易组织，粮食不可避免地受到国际上低成本、大规模、高技术含量、高效率农产品及粮食涌入的冲击；③随着粮食和主要农产品供给短缺时代的结束，供给充裕和低水平相对过剩时代的到来，粮食发展必须迎接质量和效率提高的双重挑战。1998 年我国粮食产量达 5.1 亿吨，此后粮食产量连续下降，2000 年下降了9.09%，2003 年则下降了 5.77%（见表 2.20）。我国是发展中国家，如大量进口粮食会陷入尴尬、被动的境地，也会加重财政负担。在这种新的形势和背景下，粮食安全和粮食生产能力日益受到重视。

**表 2.20　1998~2003 年粮食产量及增长速度**

| 年份 | 1998 | 1999 | 2000 | 2001 | 2002 | 2003 |
|---|---|---|---|---|---|---|
| 粮食产量（亿吨） | 5.12 | 5.08 | 4.62 | 4.53 | 4.57 | 4.31 |
| 环比增长速度（%） | — | −0.76 | −9.09 | −2.06 | 0.98 | −5.77 |

家庭承包责任制激发农民的劳动积极性，使得粮食产量得到大幅度的提高。随着土地制度在全国范围的推行，到 1984 年农村制度安排已基本结束，新的制度均衡形成，1985 年以后不再有联产承包责任制新制度变化的额外收益。

由前面的分析可知，土地制度对粮食生产的影响实际上是通过土地制度对农民的投入的影响来实现的。当土地制度发生变动时，农民会改变对粮食生产的投入来对之进行反应。自农村实行联产承包责任制以来，粮食生产者的短期行为性很强，对具有长期性收益的土地改良和土地基本建设投资缺乏积极性。而且随着化肥施用量的增加，化肥对产出的作用已得到了充分的发挥，再增加化肥对产出的作用就不大了。因此，进行土地制度创新是促进粮食生产和确保粮食安全需要。

（2）土地制度创新要保证土地产出率。我国人口多，人均耕地少。用仅占世界 7% 的耕地养活占世界 1/4 的人口，这始终是我国社会经济发展的压力。首先，从农产品需求方面看，每年新增的 2000 万人口，非农业人口的不断增加，城乡食品结构中蛋禽肉比重的提高（见表 2.21），都增加了对粮食需求的压力。其次，

---

[①] 吕苟青. 粮食安全问题的辩证思考 [J]. 山西省参阅材料，2004（9）.

从农产品供给方面看，城镇化和非农产业的发展不断地减少耕地，农业技术进步缓慢，农业投资严重不足，都对粮食生产和供给增加了压力。在粮食需求方面，除了提倡节约粮食，减少浪费外，城镇化和非农业人口的增加、食品结构的改善，这些符合社会发展方向所增加的需求具有客观必然性。因此，要平衡粮食供求关系，只能在有限的耕地上不断增加粮食供给，即我国的粮食生产要不断追求高的土地产出率。由于土地的投入对土地的产出率有很重要的影响，土地制度对土地产出率的影响很大。所以为了保证粮食的高产量，土地制度创新也要保证高的土地产出率。

**表 2.21　主要动物性食物与粮食之间的转换率**

| 时期 ＼ 名称 | 猪肉 | 牛羊肉 | 家禽 | 鲜蛋 | 水产品 | 动物油 | 奶 |
|---|---|---|---|---|---|---|---|
| 1982~1988 | 2.84 | 1.78 | 1.78 | 2.13 | 1.07 | 1.07 | 0.71 |
| 1989~1993 | 2.90 | 1.81 | 1.81 | 2.18 | 1.09 | 1.09 | 0.73 |
| 1994 年以后 | 2.96 | 1.85 | 1.85 | 2.22 | 1.11 | 1.11 | 0.74 |

资料来源：曹甲伟. 小康阶段我国安全人均粮食占有量研究［D］. 中国农业科学院硕士学位论文，2003.

2. 土地制度创新的思路

回顾 20 世纪 80 年代中后期人们对我国土地制度的争论，面对土地承包制的缺陷，理论界曾有人对土地承包制的绩效性和发展前途持怀疑态度。一种观点认为，我国农村应实行土地的国有永佃制，即宣布农村国有化的同时，赋予农户永佃权。这种观点试图通过这一虚一实的改革，打破农村土地的社区壁垒，给农户更加稳定的土地产权，从而建立起能促进土地投入和土地流转、集中的产权制度。还有一种观点主张实行土地私有制。这种观点比前一种观点更进一步，主张摒弃土地公有制这一虚名。上述两种观点事实上都承认，农村土地承包制存在着一定程度的外部性问题和不能取得规模经济收益的问题等；并且都认为，要建立起能够进一步克服外部性、促进农户进行土地投入的激励机制，以及建立起能够降低交易费用、促进土地流转和集中、促进土地规模经营的土地市场，就必须赋予农户更加完整、充分、稳定的土地权利。不同的是，主张国有永佃制的人把建立这种权利的希望寄托在永佃权上；主张私有制的人认为只有土地私有才能最好地满足上述要求。

从制度变迁的收益与成本分析，越来越多的人逐渐认识到，我国农地制度建设最经济有效的路径是进一步完善土地承包制。这是因为，就制度变迁的收益看，实行国有永佃制或私有制虽然能够取得外部性内在化收益、市场配置收益、土地规模经济收益等各类收益，但并不像原来主张这两类观点的人所想象的那么大。农村家庭承包责任制的实行，由于确立了农户对土地的承包权，因此，已经取得了人民公社制度下土地集体经营制度中潜藏的大部分外部性内在化收益，实行永佃制或私有制可能取得这类收益已十分有限；何况通过进一步强化土地承包权也能够挖掘这类有限收益。至于市场配置收益和规模经济收益，实行土地承包制以后，我国的土地制度已经能够较好地对工业化、城市化、市场化等外生条件变化带来的获利机会作出有效反应，这两类收益取得程度的关键制约因素已不再是土地制度本身而是制度外的外生条件。而就制度变迁的成本看，无论是私有还是名义上的国有化，任何试图触动集体所有制的变革，其成本较之保留这一制度形式的制度变迁都要大。尤其是私有化，不只要面对来自意识形态的障碍和改变制度变迁路径的成本，而且即使成功地实施了这种改革，农村土地私有制也会与城镇已经得到巩固的土地国有制形成制度摩擦。

从土地制度创新的实践来看，一些地方出现的"两田制"、规模经营、土地股份合作制、"四荒地"拍卖等制度创新实践，主要响应了外生条件变化带来的获利机会，即为了追求规模经济和市场配置收益而发生的，而制约这些收益取得程度的关键因素是工业化、城市化、市场化水平和其他外生条件。那么，很自然地渐进的、区域不平衡的工业化、城市化、市场化进程中，这些制度创新实践就不可能创造出具有普遍意义的、能够彻底取代土地承包制的土地制度创新形式。土地制度创新实践及其经验说明，土地承包制虽然有进一步改进的潜力，需要进一步完善，但它仍然是其他制度创新形式不可超越的。土地制度创新实践更加深刻的启示是，土地承包制能够对不同的社会经济条件做出有效反应，具有很好的现实适应性，进而呈现出多样性特色的一项基本制度安排。

理论逻辑和实践经验都说明，我国农村土地制度建设的着眼点是完善土地承包制，更确切地说是完善有关土地承包权的制度。而具有普遍意义的土地承包物权化变迁趋向，正是适应现实要求发生的，是制度变迁的理论逻辑在实践中的具体体现，它清楚地说明了进一步完善土地承包权制度的具体方向，即我国土地承包制合乎逻辑和实践要求的改进和创新方向是将土地承包权物权化。

土地承包权物权化，概括起来包括土地承包权的法定化、固定化、长期化、可继承化和市场化。所谓法定化，是指对农户土地承包权的规范、界定和保护，由主要依靠政策手段的做法过渡到依靠法律手段来规范的做法上来，通过我国的民法建设和农地制度立法，用具有严格物权法意义的农地使用权来取代含糊不清的土地承包权，并最终将农户的土地权利法定为农户对土地的当然权利。所谓固定化，是指实行"增人不增地，减人不减地"的政策，对土地不再做行政性调整，把土地承包权最终完全固定在具体的土地上。所谓长期化，是指农地使用权的期限应当符合农地利用和农业主产效率的要求，在一些地方或在适当的时候，不妨采取无期限的农地使用权。所谓可继承化，是指农地使用权可按照法定继承顺序让渡。所谓市场化，是指依靠农地使用权的流转，建立跨自然村、村和乡等行政区界的土地市场。只有最终实现具有上述意义的土地承包权物权化，才能进一步挖掘外部性内在化收益，促进土地规模经济收益的取得，从根本上完善现行农地制度。

### 3. 土地制度创新的方向

对于当下的我国农村来说，迫切需要在先前变革的基础上进行农村土地制度的系统变革。改革的总体目标应是保证土地的合理分配及有效利用，不断提高土地利用率和生产率，其核心和主体是构建完善有效的地权机制及全面配套的制度创新，通过协调人地关系中人与人的关系，最终实现土地的合理有效利用。

我国的农地制度改革应分两阶段进行：第一阶段在保持现有的土地集体所有家庭经营使用制度的基础上，进一步稳定和完善土地承包制，促进土地的合理流转与集中，并建立健全土地金融制度和土地税收制及相关政策。这一阶段主要采取渐进式的改革方式。第二阶段采取激进与渐进相结合的方式，通过合作社的形式将农民组织起来，从而使要素实现优化组合和合理配置，最终建立市场化的农村土地制度。

（1）保持家庭经营。"民以食为天，食以粮为本"，粮食是关系国计民生的特殊商品，它同人类的生存和发展息息相关。粮食是人类最重要的生活必需品，在人类的生产活动中具有极其重要的地位。粮食生产过程是有生命的动植物利用阳光、空气、水分、风力和各种养分的过程。在这个过程中，"生物对环境所表现出的主动的选择性反应不同于非生命体所表现出的那种被动的、直接的反应。机械的、物理的、化学的反应是由外部提供的物质和能量所决定，而生物体的反应则是取决于生物体内部的机能状况，并且是在自身的调控机制的作用下进行的"。随着科学技术的进步，人类可以局部改变生物内部的构造和生物所需要的外部环境，但人类绝不可能否定生命运动的特性，也无法完全改变生物所需要的外部环境。这就决定了粮食生产具有这样的特点：

第一，粮食生产是不可间断的生命连续过程的结果，各个生产环节只有继起性。在其生产中，各种生物的生长有各自的季节和周期，生长的各个阶段有较严格的间隔和时限，只能由一个阶段到另一个阶段依次而又间断地进行。

第二，粮食生产活动有严格的时间性和明显的地域性，其生产期间和劳动时间具有较大的差额，因此其劳动支出具有不均衡性。

第三，在光照条件下，由于农田的不可叠加性，使得粮食生产活动具有空间上的广阔性。

粮食生产的这些特点，决定了粮食生产只能在广阔的空间中进行，并且随着季节的变化而松紧交错。而且各季节的劳动支付具有不均衡性。因此很难准确计量和监督每个生产环节上劳动者的劳动数量、劳动强度和劳动质量,只有靠劳动者的自觉性。同时,农业的劳动成果无法立即表现出来,而是体现在最终的收获物上,很难区分各个劳动者的贡献份额。这些也是家庭经营在农业生产中长期存在的根本原因。

(2)发展合作经济。第一,合作经济是长远目标。随着社会分工的发展,粮食生产与高度发达的社会化服务紧密相关。在产前服务方面,涉及农机具供应、原材料的供应和信贷服务等;在产后服务方面,涉及农产品加工,农产品贮存和运输、销售等;在产中服务方面,涉及耕地、播种、灌溉、中耕等生产环节。农业社会化服务体系的发展,是家庭经营能在社会化生产条件下延续下来的关键因素。西方农业发达国家的实践证明,合作社在发达国家的农业社会化服务中占有十分重要的地位。根据国际劳工组织(1994)定义,合作社是一个自愿组织在一起的民主的组织形式,是一个具有共同目标的协会。目前国际上公认的合作社有六条原则:入社自由、民主管理、资本报酬适度、盈余返还、合作社教育、合作社之间应加强合作。在这些原则的指引下,西方发达国家的合作社不断发展壮大,在农村经济中发挥着巨大作用。据统计,法国由合作社收购的牛奶占50%以上,谷物占71%。原西德农业合作社控制了全国奶制品市场的79%,谷物市场的55%,蔬菜市场的42%[①]。

国外农业发展的历程告诉我们,合作化对粮食生产和土地的产出率是非常有效的,对农业生产产生了极大的推动作用。通过对我国土地制度变迁的回顾及土地制度的实证分析可知,土地改革后期的合作化运动中,初级社极大地促进了粮食生产的发展,高级社和人民公社时期农民进行的土地改良和农业基础设施的修建对后来粮食产量的提高打下了坚实的基础。可见合作社经济在适当的范围内对粮食生产的发展有很大的促进作用。因此,借鉴国际及我国的合作运动发展的经验,并结合我国目前的土地制度,在土地使用权上引导农民走合作化道路,发展合作经济应是我们的长远目标。

第二,合作经济的走向。合作社应由多户群众自愿优化组合,以其所持有的土地、资金等其他方式入社,并由他们选出一个威信高,有种养、经营专长,办事公道的"能人"当社长,再选出理事会、监事会共同管理合作社的事宜。这是一个地地道道的经济实体,关系入社成员利益的大事、大项目要共同研究、决定;在成员都受益的一些大的建设项目上(如道路、水利设施等)联合起来共同出资出力;在农作物的管理上互帮互助;农产品的销售,联合起来闯市场;经营

---

① 韩俊. 关于农村集体经济与合作经济的若干理论与政策问题 [J]. 中国农村经济, 1998 (2).

上共同商量。但家庭承包经营性质不变，土地等生产资料的归属不变。农民入社、退社自由，不强迫，不搞行政命令，不搞"一刀切"。总的原则是"政府引导、能人牵头、多户联合、优化组合"和"民办、民管、民受益"。

我国农村经济在整体上处于欠发达状态，各地的自然条件、经济发展水平、社会文化传统不同，因此各地应结合自身的特点来发展合作社。但是我们必须清醒地认识到，农村改革的主体是农民，推动改革的力量是农民自己。发展新合作社经济，要将农民的积极性调动起来，使农民成为推动农村改革的主导力量，让农民得实惠，让农民自主选择参与广泛的社会经济管理。

### （四）进一步完善家庭承包责任制

1. 进一步完善家庭承包责任制应注意的问题

（1）土地所有制创新的总趋势——微观效率和宏观效率的统一。新中国成立以后，我国先实行土地个人所有，后又进行合作化运动。使个人权利和社会利益在民主的基础上得到平衡发展。但是，20 世纪 50 年代末开始的人民公社化运动，加上"文化大革命"运动，片面强调国家利益和社会利益，否定个人利益和权利。因此，我国的土地所有制的发展与欧陆各国的土地产权制度演变的路径是不同的。但是，由于我国人地矛盾特别突出，因此，个人权利和社会利益之间合理地平衡，在充分调动个人积极性的基础上兼顾社会利益和长远利益的思想仍是我国土地产权制度改革的基本方向。我国农村土地集体所有制，为提高土地利用的宏观效率创造了制度条件。家庭承包责任制又为发挥个人积极性，提高微观效率奠定了制度基础。农村土地所有制改革应当在规范、完善集体所有和个人使用这一制度上下功夫。但是，长期以来我国过分强调社会整体利益，片面强调宏观效率的倾向，农户个人利益容易受到侵犯。因此，在保证农地利用符合社会利益的前提下，要保障农户的土地利用权力，在充分符合社会利益的前提下，要保障农户的土地利用权力，以充分提高微观效率，也是土地所有制改革和完善的重要内容。

（2）土地规模经营的渐进性和长期性。从理论上讲，当农业生产由人畜力耕作为主，过渡到以使用农业机械为主时，决定农地规模经营的主要因素不再是人畜力，而是农机的作业能力。此时，土地规模经营大体上要由以人畜力耕作为主的"人畜力满负荷"阶段过渡到以机械耕作为主的"管理能力满负荷"阶段。过渡的关键是农业劳动力转移和生产要素相对价格的变化。农业发展的实践证明，农业劳动力转移及其生产要素相对价格发生变化，往往是一个渐进的过程，这也决定了土地规模经营渐进性和长期性。再加上农业的天然弱质性、农地的流动性较差以及我国各地经济发展水平差异较大等原因，我国土地规模经营只能依靠市场机制，在相当长的时期内逐步形成。因为只有市场机制才能通过价格准确地反映土地、资本、劳动力的稀缺程度，让农户自己根据市场条件去选择具体的规模经营形式，逐步实现"人畜力满负荷"的土地规模经营，再通过资本对劳动力的替代，过渡到机械化耕作的土地规模经营阶段。

同时我们也应注意到，土地规模经营有利于提高劳动生产率，不利于提高土地生产率。而且在相当长时期内，我国国情决定了土地生产率是衡量土地利用效率的主要指标。因此，我国土地规模经营只能在保证土地生产率不断提高的前提下逐步提高劳动生产率。其中关键是农业技术的进步和劳动力的逐步转移。这也是一个长期、渐进的过程。在这个过程中，政府的职能不是在条件不具备时，人为地缩短这个过程，而是通过创造性的工作，形成有效的社会化服务体系和完善的土地交易市场，使农户的经营规模随劳动力的转移而逐步扩大。

（3）土地制度创新的主体——农民。制度变迁理论告诉我们，制度创新的主体有两种，一种为政府或其代表——精英分子，另一种为普通劳动者。从提高效率的角度看，我国现阶段的制度创新，政府或其代理人作为主体采取构造主义方式进行土地制度创新，所设计的改革方案往往不利于提高微观效率。因为政府或个别专家进行土地制度创新存在两方面的局限性：一是政府或个别专家很难获取土地制度创新的全部信息，因此难于设计出适合各地情况的具体制度安排。因为政府不是神，而是由某些人组成的集团。二是基层组织特别是乡镇、村与农户之间在根本利益一致的前提下还存在某些利益上的矛盾。乡镇政府和村委会不仅直接从农户的收获中提取收入，而且还参与土地资源的分割。在处理这个矛盾时，乡镇政府和村委会往往倾向于提取更多的收入和控制更多的土地资源。因此，政府或其代理人往往脱离了农民群众的客观需要，不利于提高微观效率。相反，农民作为主体具有明显的优势。一是家庭承包责任制承认了农民的经济主体地位，他们本身是土地制度创新的首要得益者，因而只要有利于提高微观效率，他们就具有创新的动力。二是农民是农业生产的主体，最清楚什么样的制度安排能适应生产特点。因此，从提高效率的角度看，创新的主体应以农民为主。

当然，这并不意味着政府或其代理人无所作为。农民作为主体也有局限性，往往从个体利益出发，某些制度创新并不符合最大多数农民利益，农民自发创新往往较粗糙、不实际、不规范。这就要求政府把能代表最大多数农民利益的制度创新提炼、升华，通过典型示范的方式加以宣传、推广，并纳入法制化轨道。同时，政府要更多地从宏观效率与微观效率协调统一的角度进行宏观管理创新。

2. 进一步完善家庭承包责任制的对策

第一，稳定土地承包权，就是要稳定已形成的土地承包关系，特别是那些果园、桑园和"四荒地",不要因为土地收益提高了而解除或变更合同。防止乡村集体为了追求农业外集体收益,随意处置农户的承包土地,任何以集体名义进行的土地处置都应当取得当事农户的同意。

第二,完善农村土地制度立法,依法保障农民的土地权利。在后包产到户阶段,农民作为承包土地经营的主体地位得到进一步的巩固和强化,农民对土地的承包经营权也得到事实上的保障,在社区内部,农民对土地成员权的观念也更加强化。另外,随着各地经济结构变化的差异拉大,不同社区在土地问题上的表征也不一样,由于农地的经济重要性在不同社区的程度不一,农民对土地的权利及其功能的需求也不一样。尽管社区之间土地权利需求的差异在拉大,但是各地在土地制度上仍有一些共性的、带有基本性的问题有待解决,如土地所有权的主体到底是谁,是自然村、行政村还是整个村社的农民集合体?集体和每个农户之间到底如何分割土地权利和义务?村社内部的成员资格按什么原则来界定?在土地权利的行使上,哪些应通过政府权力来实现,哪些应该由土地产权的功能来实现?这些问题为土地政策的完善留下了很充分的制度空间。迄今为止,我国还没有一部专门规范农村土地财产关系的农村土地制度法律。完善土地承包制,必须以法定的形式赋予农民长期而有保障的土地使用权,使农户土地权利的法律依据更加明确化,让农户树立起土地权利意识和依法保护自己土地权利的法律意识。

第三,改革和完善农村的租税费体系。我国农村租税费体系极不规范,存在的突出问题是租税费不分。这一方面使许多征收具有很大的随意性,很容易形成农民过重的经济负担;另一方面使许多本来具有税收性质的征收,混淆为集体提留和收费,造成农民的纳税意识极为淡薄。在改革中,对于集体提留应明确区分租和费,并把社区管理和公益事业所需费用以及国家税收从土地承包义务中剥离出来。在此基础上制定适宜的地租政策。

第四,加快工业化、城市化进程,促进农村人口向城镇转移。在今后相当长的时期里,市场配置收益和规模经济收益将是我国土地制度建设面临的最重要的潜在收益,而工业化和城市化将是决定这两类收益取得程度的一个重要的外生条件。

第五,建立健全农村社会保障体系。农村社会保障体系的建立和完善,能够弱化和部分替代土地的保障功能,从而有利于减少土地制度朝向效率方向演进的成本。所谓农地的"保障功能"就是农地对农民来说,是"衣食之源,生存之本";土地本身所具有的承载功能、养育功能和资源功能,转化为农民的就业保障、生活福利和伤病养老保险的可靠手段。这种农地的保障功能,就其社会经济属性而言,本是农业社会自然经济的产物,是农村社会生产力水平低下条件下单一农业结构的反映。目前农业和农村经济正在由自给半自给经济向商品经济转化，由单一的农业结构向多元化农村产业结构转化，农村社会生产力有了较大的发展。但是撇开意识形态的滞后性不说，在目前小规模的家庭经营尚有较强的生命力，而非农就业的岗位和收入尚不稳定的情况下，绝大多数农民不愿轻易转让和放弃土地，这是有其现实理由的。如果说，目前国有企业的一些根本性改革之所以难以深化，关键之一是没有社会保障体系的配套改革和建设，那么目前土地制度改革之所以面临困境，也同农地仍然是农民的生活福利保障手段有很大的关系。农村社会保障在相当长的时期内仍将以家庭保障为主。目前农民家庭既是农业生产经营单位，又是生活消费单位，还是养老和失业保障单位，而农村社区的扶持能力还极其有限。我们的目标是要弱化农地的保障功能，促进土地市场发育。农民以农地作为生活保障和养老保险手段，是社会生产力发展水平较低和各方面承受能力薄弱的表现。只要农村尚无能够替代农地保障功能的手段和机制，农民就不愿放弃土地，解决这个问题的途径，除了加快农业剩余劳动力转移速度，加快农村工业化城镇化步伐以及尽可能增加农民收入，在此基础上逐步实行个人储蓄养老保险以外，还必须建立农村社会保障体系（包括农村社会保险、社会救济、社会福利、优抚安置、社会互助，以及发展和完善农村合作医疗制度等），逐步替代农地的保障功能。

第六，强化农村土地管理，国家一方面要公正地保护农户的土地权利和土地经济秩序，通过立法实践巩固改革成果；另一方面要完善土地利用规划管理、土地用途管制、农地农用限制、土地保有量控制、土地征用等管理措施，对土地产权做出符合公共利益、宏观利益、长远利益的限制和干预。

# 七、小　结

通过上述分析，本章可以得出以下主要结论：

第一，粮食生产要素稀缺性绩效分析表明：土地是决定粮食产出量大小的关键稀缺资源，土地制度安排是影响粮食生产的关键因素。农村土地制度具有特殊性：一是农村土地制度受自然力和社会生产力双重制约；二是农村土地制度是最原始的经济制度；三是农村土地制度在经济制度中的地位在生产力发展的不同阶段不相同。

第二，有效率的农地制度应当具备以下特征：一是能够保证土地的可持续利用；二是能够保证有限的农地资源和劳动力、资本按照物质技术关系的客观要求，进行合理配置，获得最大的粮食产出；三是能够保证有限的农地资源在农业产业之间、单位和个人之间进行合理配置，不仅使农地具有最大产出，而且与社会需求结构相协调；四是应当是责任权利有机结合的，既能激励土地有效、合理利用，又能约束和惩罚破坏、浪费农地的行为；五是应当使农地和农地产出的分配符合公平原则。

第三，从我国土地制度变革的历史可以得出几点启示：一是人地矛盾是土地制度变革的最大约束条件；二是以土地产出率为核心的农业生产效率是衡量土地制度形式是否合理的主要标准；三是土地制度变革要尊重农民的自主权，尊重农民的首创精神。

第四，目前家庭承包制制度创新所带来的能量已基本释放完毕，此时制度安排已达到新的均衡而不再有额外收益，主要存在的问题有：一是集体所有权的界定不明晰；二是土地承包经营权的弱势地位；三是健全而有效的土地流转机制尚未形成；四是缺乏优化的组织基础。

第五，土地制度创新应遵循的原则：一是土地制度创新要保障粮食安全；二是土地制度创新要保证土地产出率。我国农村土地制度创新的着眼点是完善土地承包制，更确切地说是完善有关土地承包权的制度。改革的总体目标应是保证土地的合理分配及有效利用，不断提高土地利用率和生产率，其核心和主体是构建一个完善有效的地权机制及全面配套的制度创新，通过协调人地关系中人与人的关系，最终实现土地的合理有效利用。

第六，进一步完善家庭承包责任制应注意的问题：一是土地所有制创新的总趋势——微观效率和宏观效率的统一；二是土地规模经营的渐进性和长期性；三是土地制度创新的主体——农民。

第七，进一步完善家庭承包责任制的对策：一是稳定土地承包权；二是完善农村土地制度立法，依法保障农民的土地权利；三是改革和完善农村的租税费体系；四是加快工业化、城市化进程，促进农村人口向城镇转移；五是建立健全农村社会保障体系；六是强化农村土地管理。

# 第三章 适度规模化经营是粮食生产可持续发展的重要引擎

1978 年我国家庭联产承包责任制的实施极大地刺激了农民的生产积极性，为 20 世纪 80 年代粮食的大幅度增产做出了巨大贡献。但是，从家庭联产承包责任制实施到现在的几十年间，由于多次重新划分土地使得土地经营规模狭小：2012 年我国农业从业人员人均耕地面积为 6.38 亩，仅为世界平均水平的 38.67%，相当于韩国的 52.17%，日本的 23.63%，甚至只有美国的 0.7%，法国的 1.88%。土地小规模经营的局限性和落后性也逐渐暴露出来。例如，农业现代化水平落后，土地的耕作收益低下已经无法满足农民致富的需求，农地耕作边际收益呈现递减的趋势，土地撂荒、半撂荒现象在某些地方比较突出。原因是随着我国社会主义市场经济高速发展，家家包地，人人种田的土地分散经营模式已经不适应现代农业发展的需要。随着城市化的推进，小规模粮食生产的比较效益低下，粮食生产者积极性不高，更多农村劳动力选择外出务工，只有留守妇女、儿童及老人务农，形成了农村的所谓"三八六一九九"部队。而且，近年来随着粮价的波动，粮食生产逐渐成为社会各界十分关注的问题，在此背景下，探索粮食生产规模化经营对推动粮食主产区规划建设具有重大理论意义和现实意义。

## 一、粮食生产适度规模化经营研究现状

### （一）国外研究现状

规模经营作为经济问题早在 18 世纪末就被提出了，但是直到 20 世纪初学界才开始把规模经营作为独立经营实体并且从微观经济学的角度来进行系统的研究。研究的内容主要集中在探索规模经营与经济效益之间的关系、规模经营的评价指标和评价方法以及在不同条件下的适度规模经营等方面。

  农业产生规模经济的基础在于农业报酬递减和要素的不可分性。早在 17 世纪，英国著名经济学家威廉·配第在其著作《政治算术》中首先提到了"报酬递减规律"的雏形。后来的亚当·斯密在其名著《国富论》中也提到规模收益和专业化分工可以大大提高劳动生产率，并分析出在农业中存在报酬递减现象[1]。18 世纪中叶，法国农业经济学家魁奈研究农业规模经营问题，认为大规模农业生产与小规模农业生产相比具有更大的优越性。1770 年英国经济学家阿瑟·杨在其著作《农业经济论》中，论证了农业生产中生产要素之间的配合比以及经营收益和生产费用之间的关系。其研究结论是资本主义大规模农业生产比传统的小规模农业生产具有更大的优越性，所以应按"追求利润"原则，大力发展以雇用农业工人为主的大型资本主义农场经济[2]。德国的经济学家戈特洛布·冯·尤斯蒂在 18 世纪后半期把合并分散耕地地块作为其农业改革方案的主要内容。

  目前农业规模经营理论伴随着分工理论、专业化理论以及现代统计分析方法的发展而逐步得到充实、完善和发展。目前已经逐渐发展成为一个相对比较完整的体系，同时也形成了农业生产经济学规模经济论、农业经营学规模经济论、发展经济学农业规模经济论以及农业经济学规模经济论等众多流派。农业生产经济学规模经济论和农业经营学规模经济论主要从实证分析和定量分析的角度来研究农业生产要素之间的最佳利用和优化组合，从而论证出农业企业最优或适度的经营规模。相比而言，发展经济学农业规模经济论和农业经济学规模经济论主要是从理论上研究农业规模经济问题，主要研究农业企业规模结构及其变化、农业技术结构变革以及农业企业规模结构的变化对经济社会发展产生的诸多影响等。但是也有学者认为粮食生产规模效益非常有限，世界银行研究人员（1995）的一项研究表明，如果农场规模扩大至超过拥有一台中型拖拉机的家庭农场可以管理的规模，那么它不会取得任何规模效益。美国学者普罗斯特曼等（1996）利用中国、巴西等十几个发展中国家的数据进行的实证研究表明：粮食生产的规模报酬相当有限，存在规模不经济的问题，即使存在规模经济其作用也是十分有限。他们同时指出，美国较高的农业生产率来源于动态资源优化配置而不是规模效益和资本密集，其原因在于美国是资本和土地资源丰富而劳力资源相对缺乏的国家，其用资本（机械化）替代劳动力（使农场规模扩大）是经济的。但是，在人口普遍过多，资本和土地要素相对稀缺的发展中国家采取美国农业的管理方法是行不通的。

---

① 亚当·斯密. 国民财富的性质和原因的研究 [M]. 北京：商务印书馆，1990.
② 西奥·多舒尔茨. 改造传统农业 [M]. 北京：商务印书馆，1999.

## （二）国内研究现状

国内对农业规模经济理论的研究与国外相比起步较晚，初步农业规模经济理论直到改革开放之前才初步形成。1978 年以后，伴随着家庭联产承包责任制普遍推行以及学术思想的大解放，农业适度规模经营问题逐渐成为理论界研究的热点。理论界研究的主要内容包括什么是规模经营、为什么要规模经营、怎么实现规模经营三方面的问题，并最终形成了两种代表性的相反的理论观点：第一种理论观点赞成农业适度规模经营，认为农业大规模生产与小规模生产相比优势更为突出，为适应生产力发展的需要，应该用大规模生产取代小规模生产，通过合作化和集体化逐步扩大农业生产规模，提高资源配置效率，从而获得规模经济效益并促进农业生产的快速增长。因此，推行农业规模经营势在必行，但要适时适度，因地制宜。第二种理论则相反，强烈反对农业适度规模经营，认为目前中国尚不具备农业土地大规模经营的基础条件，政府应加强对农业的宏观调控功能和支持保护力度，引导农民争取农业的外部规模经济，从而促进农业的健康快速发展。

随着这两种理论的发展，越来越多的学者意识到农业的规模经营不仅要有规模，还要适度。张春霞（1996）提出，在推进农业规模经营的过程中，必须始终把握住"适度"二字，既要积极又要慎重，切不可盲目冒进[1]。程东阳（1998）认为，任何一个生产单位都有其适度的生产规模，即在这个规模上的产品平均成本低，大于或小于适度规模的生产都是不经济的。那种认为经济规模"越大越好"的观点是不能成立的[2]。并且卫新等（2003）尝试着用定性和划"标准线"的方式来确定适度规模经营在实际农业生产中的含义[3]。李莉（2007）认为，"应该用人均土地面积或户均土地面积作为衡量土地规模经营的计算指标，而且土地规模经营是在现有技术条件下的规模经营，它是动态变化的，而不是一个常数。也就是说，在不同的技术条件下，土地规模经营的数据不同"[4]。这些学者只是指出了"度"的存在及其性质其对农业生产发展的重要性等，但都没有对适度经营规模给出更为确切的定义。

在多数学者倡导我国农业、粮食生产适度规模经营的同时，也有一些学者

---

[1] 张春霞. 农业的规模经营必须始终把握"适度"二字 [J]. 福建学刊，1996（2）.
[2] 程东阳. 走出农业规模经营认识上的误区 [J]. 社会主义研究，1998（6）.
[3] 卫新等. 浙江省农户土地规模经营实证分析 [J]. 中国农村经济，2003（10）.
[4] 李莉. 论土地规模经营的内生条件 [J]. 贵州财经学院学报，2007（2）.

从自己的角度出发，坚持我国的家庭小规模经营是有效率的，对寄希望于适度规模经营能够解决我国的粮食安全问题持怀疑态度。林善浪（2000）认为，"土地经营规模对粮食总量的供给不一定有促进作用"，"小规模经营的耕地生产率比大规模经营的耕地生产率高"，"那种认为规模经营更有利于稳定粮食生产的说法，是不能成立的"。土地适度规模经营与土地生产率的关系，"还要进一步研究和调查"。"随着土地经营规模的扩大，生产费用随之降低，因而规模经营有利于低生产成本"的观点"还需要具体分析"。"劳动生产率随着土地规模的扩大而提高，土地生产率随土地规模的扩大而降低"。罗必良（2000）则认为，"支持农业规模经营的主要论点与所谓规模效益有关。但是，实际的研究表明，农业生产的规模经济效益并不明显，农业上的规模经济效益只有在某种非常特殊的情况下才有可能出现"。并进一步提出，"农业并不是一个存在显著规模经济的产业，在发生向土地投入以增加土地产出的过程中，并没有产生对土地不同经营规模的内在要求。或者说，土地产出率与经营规模没有必然联系"①。但是，这些学者提出质疑的最终目的还是反对采用"一刀切"的强制手段在全国推行适度规模经营，希望能够因地制宜，尊重市场规律和农户的自由选择。

改革开放以来，国内一些学者逐渐认识到农业规模经营的重要性和必要性，小生产方式与规模经营矛盾是农业现代化的绊脚石，提出要尽快推行土地规模经营。李红和苏杰忱（2000）认为在家庭经营规模不变的情况下，借助合作和社会服务网扩大交易活动的规模也能获得规模效益，同样能够实现家庭经营规模经济。郑景骥（2001）认为家庭经营是合作经济的一个经营层次，乃合作经济体系中的一个单元。不能把家庭经营作为解决农民温饱问题的权宜之计，我国农业的家庭经营，并非单纯的小农经济式的家庭经营，而是农业合作经济体制中的家庭经营，它不妨碍农业的现代化。郭振宗和杨学成（2005）的文章提出将现有的各种农业微观基础按照农业企业化的概念分为企业化经营农户、农业准企业和农业企业的三元发展模式，并认为企业化组织会按照企业化经营农户、准企业、企业的次序不断由低级形式向高级形式演进②。

以上这些文章只是当时参与讨论中的一部分，近年来的研究大都对农业家庭经营持肯定态度，并基于目前我国在家庭经营上遇到的问题出谋划策。杨玲总结概括了前人的观点，鲜明地提出了"适度规模的家庭经营是我国农业微观基础改造的目标模式"，指出这样"既从农业生产的客观实际出发，又坚持了市

---

① 罗必良. 农地经营规模的效率决定 [J]. 中国农村观察，2000（5）.

② 转引自钱贵霞. 粮食生产经营规模与粮农收入的研究 [D]. 中国农业科学院博士论文，2005.

场改革的取向，可以比较小的改革成本达到构建符合市场经济体制需要的农业微观基础"①。

# 二、粮食生产适度规模经营的理论基础

## （一）厂商理论

西方经济学理论认为由于规模经营的专业化分工、谈判优势和单位固定成本降低等原因，引起了规模经济。规模经济现象同样适用于农业生产，只不过农业生产绩效并非随着生产规模的增大而无限制提高。此处利用产品产量来表示生产规模，通过产品的生产成本与价格的比较来说明规模效益的实现。

假定某地区采用相同生产技术，土地、资本、劳动力资源配置相同，粮食单产水平相近，粮食产量与粮食播种面积大致呈线性相关趋势，因此使用粮食产量表示生产规模。根据要素生产的可分割性，可以把粮食生产投入分为固定成本和可变成本。固定成本指不随粮食产量变化而变化的投入，如农机具、农田水利设施等。可变成本是指与粮食产量密切相关的投入，如种子、农膜、化肥、农药等。采用相同的生产技术和单产水平相近，因此单位产量投入的可变生产要素的比例可视为固定不变。在此条件下单位产量的平均可变成本（AVC）的值维持在一个固定水平上，只有平均不变成本随着产量的增加而下降，直至此条件下的最大生产能力。具体如图 3.1 所示。

图 3.1 中，平均可变成本 AVC 是一条平行于横轴的直线，固定值为 $C_1$；不变成本 TFC 因其所投入要素的不可分割，一次投入为固定值，其值为（$C_2 \sim C_1$）。平均固定成本随着产量的增加呈下降趋势，当 $Q = Q_2$ 时，在此固定投入的生产能力达到最大，单位产品固定成本为（$C_1 \sim C_0$）。当粮食产量使得生产规模扩大到超过当时固定投入生产能力时（$Q > Q_2$），则需要追加固定投入，采购农业机械，扩建农田水利设施，这使得总固定投入 TFC 达到一个新的值，新的平均成本曲线出现在原曲线 AC 上方。在新的不变生产要素投入的这一时点，无论粮食生产规模最后是否达到该固定生产要素的最大生产能力，这部分投资都成为了不可逆转的交付，成为沉没成本。

---

① 杨玲. 适度规模的家庭经营是我国农业微观基础改造的目标模式 [J]. 乡镇经济，2007（2）.

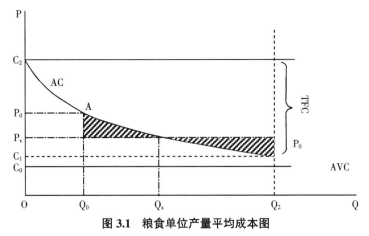

**图 3.1　粮食单位产量平均成本图**

资料来源：根据高鸿业《西方经济学》（2007 年版，中国人民大学出版社，第 286 页）第五章成本论长期成本曲线修改而成，为说明问题需要，仅用平均成本曲线的左半部分。

如图 3.1 所示，产品平均成本随着生产规模的增大而逐渐降低；直至 $Q = Q_2$ 时，单位产品的平均成本降到最低点 $C_1$，同时，粮食生产收益逐渐增加，$[O, Q_2]$ 区间为规模经济区域。假定国内市场的粮食最低收购价为 $P_0$，平均成本曲线 AC 与 $P_0$ 相交于 A 点，对应的生产规模为 $Q_0$，此时单位产品平均成本与市场价格 $P_0$ 相等，生产者利润为零。当生产规模处于 $Q_0$ 和 $Q_2$ 间的任意一点，单位产品的生产成本都小于市场价格。例如，当生产规模确定为 $Q_x$ 时，单位产品的生产成本为 $C_x$，生产者利润为销售额减去生产成本，为图 3.1 中阴影部分。只要生产规模在 $(Q_0, Q_2)$ 区间内变动，单位产品生产成本不会超出 $(C_1, P_0)$ 的范围，生产者利润总是大于零的，都将出现规模效益。

在 $Q = Q_2$ 时，产品的平均成本降到最低点 $C_1$，此时达到最优规模，这个规模状态下的经营就成为最佳规模经营。但在现实生活中，由于外部经济条件的影响，各种生产要素的发挥总是在不断变化的，这导致最佳生产规模 $Q_2$ 的不断变化，使得最佳经营规模的实现成为一个理想的目标。但是只要将经营规模保持在 $(Q_0, Q_2)$ 区间内，总是可以获得规模效益的，而规模经营区间的实现也是现实可行的。我们将 $(Q_0, Q_2)$ 称为规模经济区间，将区间内的规模称为适度规模，在此规模区间内的经营称为适度规模经营。

## （二）边际收益递减规律

经济学上的边际收益递减规律是指如果一定量的产品需要两种以上的生产要素来生产，那么当固定其他生产要素的投入量，而持续追加其中一种生产要素时，追加的最后一单位生产要素所增加产量而产生的收益是递减的。土地边际生产率也同样遵循该规律，若其他投入要素维持不变，随着土地投入的增加，土地边际生产率也出现递减现象。当边际劳动生产率小于边际土地生产率时，就需要增加土地投入量，直到边际劳动生产率与边际土地生产率相等为止，此时土地投入量为最佳投入量，土地达到最适的经营规模。

### （三）适度规模经营理论

根据要素投入方式的不同，可以把粮食生产适度规模经营分为外延式规模经营和内涵式规模经营两层含义。内涵式的规模经营是通过整合现有农业资源，提高其使用效益来实现的规模经营。例如在没有土地流转发生的情况下，农民自发产生的合作，或者采用新的生产技术，改变原来就拥有的各种资源的配置方式提高产量。外延式的规模经营是通过扩大土地、农机设备等要素的数量来实现的规模经营。例如家庭农场经营、股份合作制经营、企业化经营等，这些生产的经营规模都是建立在土地流转、土地的规模经营上的。

## 三、粮食生产适度规模经营的必要性分析

### （一）粮食生产适度规模经营是确保我国粮食安全的客观需要

1. 我国农户粮食生产的现状

（1）粮食生产产量呈现波动性特征。改革开放以来，我国粮食产量呈现波动上升的趋势，详见表 3.1 和图 3.2。

表 3.1　1978~2013 年我国粮食产量及增长情况表

| 年份 | 粮食产量（万吨） | 增长（%） | 人均粮食（公斤） |
|---|---|---|---|
| 1978 | 30477 | — | 316.6 |
| 1979 | 33212 | 8.97 | 340.5 |
| 1980 | 32056 | −3.48 | 324.8 |
| 1981 | 32502 | 1.39 | 324.8 |
| 1982 | 35450 | 9.07 | 348.7 |
| 1983 | 38728 | 9.25 | 376 |

| 年份 | 粮食产量（万吨） | 增长（%） | 人均粮食（公斤） |
|------|------------------|-----------|------------------|
| 1984 | 40731 | 5.17 | 390.3 |
| 1985 | 37911 | −6.92 | 358.2 |
| 1986 | 39151 | 3.27 | 364.2 |
| 1987 | 40473 | 3.38 | 370.3 |
| 1988 | 39404 | −2.64 | 354.9 |
| 1989 | 40755 | 3.43 | 361.6 |
| 1990 | 44624 | 9.49 | 393.1 |
| 1991 | 43529 | −2.45 | 378.26 |
| 1992 | 44266 | 1.69 | 379.97 |
| 1993 | 45649 | 3.12 | 387.37 |
| 1994 | 44510 | −2.50 | 373.46 |
| 1995 | 46662 | 4.83 | 387.28 |
| 1996 | 50454 | 8.13 | 414.39 |
| 1997 | 49417 | −2.06 | 401.74 |
| 1998 | 51230 | 3.67 | 412.5 |
| 1999 | 50839 | −0.76 | 405.82 |
| 2000 | 46218 | −9.09 | 366.1 |
| 2001 | 45262 | −2.07 | 355.89 |
| 2002 | 45711 | 0.99 | 356.96 |
| 2003 | 43067 | −5.78 | 334.29 |
| 2004 | 46947 | 9.01 | 362.22 |
| 2005 | 48401 | 3.10 | 371.26 |
| 2006 | 49746 | 2.78 | 379.89 |
| 2007 | 50150 | 0.81 | 380.61 |
| 2008 | 52850 | 5.38 | 399.13 |
| 2009 | 53082 | 0.44 | 398.7 |
| 2010 | 54641 | 2.94 | 408.66 |
| 2011 | 57121 | 4.54 | 425.15 |
| 2012 | 58957 | 3.21 | 436.5 |
| 2013 | 60193 | 2.10 | 443.46 |

由表 3.1 和图 3.2 可以看出，改革开放以来，我国粮食产量呈现波动上升的趋势。我国粮食产量的变化大致可以分为四个阶段：第一阶段，1978~1984 年，粮食产量大幅度提高阶段。粮食产量由 1978 年的 30476.5 万吨，迅速提高到 1984 年的 40730.5 万吨，年平均增长量为 1709 万吨，年均增幅达到 4.95%。第二阶段，1984~1998 年，粮食产量在波动中逐步上升。到 1998 年粮食产量达到 51229.5 万吨，使得我国粮食产量首次突破 5 亿吨大关。14 年来，粮食产量年均

**图3.2 1978~2013年全国粮食产量图**

注：由于数据可得性及测算软件原因，仅显示到2006年。

资料来源：中经网统计数据网。

增长1.65%。第三阶段，1998~2003年，粮食产量连年下降。此阶段内，除2002年的粮食产量较上年略有增加，其他年份粮食产量均较上年下降。其中，2000年全国粮食产量比上年减少了4621.1万吨，减幅达9.1%，减幅之大为历史罕见。到2003年，我国粮食产量为43069.5万吨，比1998年减少8160万吨，减少了15.9%，年均递减3.4%。第四阶段，2003~2013年，为恢复性增长阶段。在此期间，粮食产量增产17126万吨，年平均增长量为1712.6万吨，年均增幅3.63%，低于1978~1984年的持续大幅增长阶段，远高于1984~1998年在周期性波动中逐步提高的阶段。2013年，全国粮食产量再创历史新高，达到60193万吨，成功实现十连增。

（2）农户粮食生产的比较利益低。农户粮食生产的比较利益是从事粮食生产的农户与其他劳动者的收入或效益。改革开放以来，随着市场化的推进，农业特别是粮食比较利益偏低的现象越来越明显。20世纪80年代中后期以来，特别是近年来，随着化肥、农药等农业生产资料价格上涨和人工成本上升，农民种粮成本大幅增加。无论是与第二、第三产业相比，还是与第一产业中的其他种植项目相比，农户从事粮食生产的比较效益都较低。特别是在第二、第三产业较为发达的地区，农户的非农收入比重逐渐增加，种粮收入比重日趋下降，粮食生产的"副业化"、"兼业化"情况日益突出。

20世纪80年代中后期以来，农户种粮比较利益下降，农民收入增长缓慢，城乡收入差距逐渐扩大，2009年城乡居民人均收入之比为298.97：100。比较利益的悬殊是80年代以来我国农村第二、第三产业迅速发展、农村劳动力大规模转移流动的动力，也是近年来我国农业徘徊、农民种粮积极性下降的主要症结。

（3）家庭联产承包责任制对粮食生产的作用已达到均衡。家庭联产承包责任制能够激发农民的劳动积极性，一定程度上促进了粮食生产的发展。但随着新的制度均衡形成以及技术进步、粮价、粮食流通体制的改革，联产承包责任制的额外收益逐步减弱。家庭联产承包责任制的实质是将集体土地的所有权与使用权相分离。集体土地的所有权不变，集体拥有调整农民农地使用权的权利，而农民只拥有土地的使用权。由于对土地缺乏稳定的预期，农民在根据市场供求和所拥有土地的具体情况来安排生产时，对于做出增加对土地的投入的决策会更加谨慎。

2. 我国未来粮食供求能力分析

（1）粮食供给能力分析。一是耕地资源逐年减少。近年来，我国耕地面积受自然灾害损毁、生态退化、非农建设占用以及农业结构调整等多方面的影响呈逐年减少的趋势。2010 年底，全国耕地面积仅为 18.2 亿亩。目前，我国人均耕地面积仅为 1.38 亩，约为世界平均水平的 40%，其中还有 2/3 为质量相对较差的中低产田。而且随着工业化、城镇化进程的逐步加快，耕地仍将会继续减少，这些都使得我国粮食播种面积扩大的空间极为有限。粮食播种面积是影响粮食产量的重要因素，对比图 3.2 和图 3.3 可知，从 1985 年起，粮食产量的波动趋势与粮食作物播种面积图形的波动趋势完全一致。这说明，在技术条件变化不大的情况下，我国未来粮食产量增产空间也极为有限。

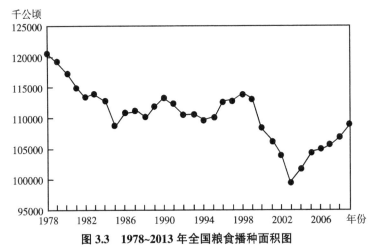

**图 3.3　1978~2013 年全国粮食播种面积图**

注：由于数据可得性及测算软件原因，仅显示到 2006 年。
资料来源：中经网统计数据网。

二是农业基础设施薄弱。我国对农业基础设施建设投资的长期不足，导致我国现有的农田水利工程大都老化失修，设施配套不全，农田整理、水利排灌、旱作节水等粮食生产的基础环节都相当薄弱，严重地削弱了我国的粮食生产能力。

1989 年以来，我国成灾占受灾面积的比例就一直在 46.3%~62.9%波动，最低比重产生于 1990 年，最高比重在 2000 年，并且这个比例并没有很明显的上升或者下降趋势。如果我国的基础设施建设继续维持在当前水平，农业抗灾能力没有改变，随着地球温室效应的显现，自然灾害发生的频率增加，我国的粮食生产稳定及增产空间将受到严重破坏。

三是水资源严重短缺。我国水资源拥有量低、水资源分布极不均衡，且水、土地资源分布不匹配。我国人均水资源的占有量约为 2200 立方米，不到世界平均水平的 28%，平均每年农业生产缺水达到 200 多亿立方米。虽然我国东北地区和黄淮海地区粮食产量占全国的 53%，商品粮占全国的 66%，但是这些地方的水资源更为短缺，华北平原和黑龙江三江平原很多地区已经出现超采地下水灌溉的情况。再加上受全球气候变暖的影响，今后我国旱涝灾害特别是干旱缺水状况日益严重，这必然会给粮食生产带来不利影响，从而对我国中长期粮食安全构成极大威胁。

四是自然灾害频发。我国是世界上自然灾害最严重的国家之一，干旱、洪涝、霜冻、冰雹等自然灾害的频繁发生对粮食生产造成了很大的影响。据统计，每年因自然灾害平均要损失 2000 多万吨粮食。2002~2008 年，我国受灾面积占耕地面积的平均比重为 35.8%。特别是 2009 年的西南干旱对当地农业生产乃至人民生活都造成了巨大的危害和影响。

（2）粮食需求分析。未来，随着工业化、城镇化进程的逐步加快、人口数量的增加以及人民生活水平的逐步提高，对粮食需求将会现呈刚性增长的趋势。

20 世纪 90 年代后，城乡居民的生活水平显著提高，人均口粮消费数量逐渐减少。农村居民的人均口粮消费从 1983 年的 260 千克降至 2012 年的 178.1 千克，年均降幅为 2.4%，城镇居民的人均口粮消费则从 144.5 千克降至 74.8 千克，平均年降幅达 3.2%。另外，居民对猪牛羊肉、家禽、水产品、蛋奶等副食品消费量持续增加。如表 3.2 所示。

根据有关研究，中国饲料中饲料粮约占 74%，城乡居民对猪牛羊、禽蛋、牛奶类副食品需求的增加，实质上是间接增加了粮食的需求。根据国际上通用的饲料转化率标准，结合我国喂养畜禽和鱼的习惯，饲料转化率可以定为：猪肉1：4、牛羊肉 1：2、禽 1：2、蛋 1：2、鱼 1：1、奶类 1：0.376。禽畜产品市场需求的上涨带动了禽畜产品产量的上涨，从而引导饲料用粮的迅速增长。随着我国人均收入的继续增加，市场需求引导的禽畜产品产量继续增加，饲料用粮占国内粮食总需求的比重也将持续增加。

表 3.2　1983~2012 年人均农产品消费量

单位：千克

| 年份 | 粮食 | | 猪牛羊肉 | | 家禽 | | 水产品 | |
|---|---|---|---|---|---|---|---|---|
| | 农村 | 城市 | 农村 | 城市 | 农村 | 城市 | 农村 | 城市 |
| 1983 | 260.0 | 144.5 | 10.0 | 19.9 | 0.8 | 2.6 | 1.6 | 8.1 |
| 1990 | 262.1 | 130.7 | 11.3 | 21.7 | 1.3 | 3.4 | 2.1 | 7.7 |
| 2000 | 249.5 | 82.3 | 14.6 | 20.1 | 2.9 | 7.4 | 3.9 | 11.7 |
| 2009 | 189.3 | 81.3 | 15.33 | 24.2 | 4.8 | 10.5 | 5.3 | 15.9 |
| 2012 | 178.1 | 74.8 | 16.0 | 28.6 | 5.2 | 11.1 | 6.2 | 17.3 |

资料来源：中经统计数据网。

工业用粮主要用于酒精、白酒、啤酒、味精的生产。随着低碳能源理念的传播和国际传统能源价格的上涨，可以预见未来酒精需求量将会上涨。考虑到其他生物能源转化方式的日渐成熟，工业用粮的需求量将有相当大的上升空间。

可见，即使城乡居民口粮消费量在逐渐减少，但占粮食消费需求比重更大的饲料用粮及工业用粮需求的急速上涨，将大大刺激国内粮食的需求量。

（3）粮食的供需分析。2008 年 7 月讨论通过的《国家粮食安全中长期规划纲要》认为目前我国粮食安全总体形势是好的，粮食供需关系基本平衡。但是如上分析，未来随着工业化、城镇化发展、人口增加和人民生活水平提高，粮食消费需求呈刚性增长；耕地减少、水资源短缺、气候变化等因素对粮食生产的约束日益突出，我国粮食供需将长期处于紧平衡状态，粮食安全面临严峻挑战。

## （二）粮食生产适度规模经营有助于提高土地生产率

农业经济活动中，当投入的劳动、资本要素总量不变时，土地经营规模越小单位面积上投入的劳动和资本越多，土地生产率就越高；土地经营规模越大则单位面积上投入的劳动和资本越少，土地生产率就越低。但并不能就此简单地认为土地生产率跟土地规模呈反比，因为还存在一个土地生产率与土地经营规模之间的配置比例是否合理的问题。只有在劳动和资本的效用得到充分释放的情况下，继续扩大土地经营规模会导致土地生产率的下降，形成土地资源的闲置和浪费。经营规模的扩大，有助于农户采用新的农业生产技术和农业机械，从而提高粮食产量。当然经营规模狭小，并不意味着投入的劳动和资本越多。精耕细作和粗放管理的生产收入差的绝对值不大，经营规模过小将会使得粮食收入较低，导致粮食生产者把生产重心放在别处，对土地进行粗放式管理。

根据美国学者对菲律宾农地规模与生产率之间关系的研究，粮食种植面积与土地生产率的关系不是完全的正函数关系,也不是完全的反函数关系。当种植面积小于4公顷时,土地生产率随着生产面积的增加而呈上升趋势;当种植面积超过4公顷后,生产率将会随着种植面积增加而下降。目前,我国农户的粮食生产规模远远小于4公顷,农地经营规模与农业生产率的关系处于正相关阶段。因此,现阶段我国通过扩大土地经营规模,消除土地细碎化的负面影响,可显著提高粮食产量。

## (三) 粮食生产适度规模经营有助于提高劳动生产率

适度规模经营可以降低生产要素的不可分割性带来的单位生产成本,从而推动技术进步。由于粮食生产要素中的种子和化肥的投入量与土地规模呈正相关关系,所以是粮食生产单位成本中固定不变的那一部分。然而,有些生产要素却不能根据土地规模自由调整投入规模,例如劳动力。粮食生产由于其经济再生产和自然再生产相互交织的根本特性,使得劳动时间与生产实践不一致,劳动力必须根据自然环境的变化而适时投入。无论粮食生产经营规模如何,都需要在固定时间投入,只是劳动延续时间不同而已,这造成小规模的粮食生产经营在劳动力投入上的严重浪费。以2009年的水稻生产为例,每亩水稻需要用工量11.1个,然而这11.1个用工是散落在约100天的水稻生产周期当中的,单个劳动力在一季水稻中的闲暇时间至少为88天,这在无形中增加了粮食生产的机会成本。

农户粮食生产适度规模经营则能充分利用劳动力,降低粮食生产中实际劳动成本。而且当土地面积达到足够规模时才能实现劳动分工的合理化、专业化。土地的规模越大,劳动分工越细,专业化程度越高,越有利于提高劳动生产率。农业发展的实践说明,劳动力平均占有的耕地面积与农业劳动生产率显著正相关。目前我国劳动生产率低下,很大程度上与劳动力平均占有耕地面积狭小有关。

## (四) 粮食生产适度规模经营有助于提高粮食的商品化率

农户粮食生产适度规模经营虽然不能提高粮食的有效供给量,但是可以提高粮食的商品化率。从微观上看,粮食的商品率和有效供给量的变化方向密切相关,对于单个农户来讲,经营规模越大,粮食有效供给量越多,商品率也越高;反之,经营规模越小,粮食的有效供给量越少,商品率越低。但是从宏观上看,粮食商品率和有效供给量并不存在这种关系,全社会的粮食有效供给量只取决于全社会粮食播种面积和土地生产率。假定土地生产率不变,无论是大规模经营还是小规模经营,全社会粮食的有效供给量还是不变的。如果实行小规模经营,粮食商品率比较低，但是并不影响全社会的粮食有效供给量；反之大规模经营，农户的粮食商品率提高了，与小规模经营唯一不同的是更多人通过市场渠道获得粮食，而不是自给手段，因此全社会的粮食有效供给量是不会发生变化的。

## （五）粮食生产适度规模经营有助于降低成本、提高比较利益

目前我国粮食生产的人工成本较高，有关数据显示，2004~2008 年我国每亩稻谷的人工成本占总成本的 43%以上，由此可知降低人工成本无疑是降低总成本的重要手段。农户粮食生产经营规模过小的情况下，农业机械将长时间闲置，不能完全替代劳动力投入，达到降低人工成本的作用。粮食生产适度规模经营的情况下，为了提高商品粮的产量，降低生产成本，农户必然会考虑购买和使用农业机械代替劳动力。例如，2008 年中国、日本、美国平均每个农业经济活动人口耕地面积分别为每人 0.3 公顷、2.1 公顷、63.7 公顷。平均每千公顷耕地上拖拉机的使用量分别为 7.1 辆、26.9 辆、461.2 辆，平均每千公顷耕地上收割机的使用量分别为 2.6 辆、3.7 辆、237 辆。只有当粮食生产规模足够大时，粮食种植收入才能达到某种规模，农户也才会投入资本改善农业基础设施。只有这部分不可分解的生产要素投入形成沉没成本后，在一定程度上才能牵制粮食生产者撤出粮食生产队伍。适度规模经营一定程度上有助于防止生产的随意性，形成一支稳定的粮食生产队伍。

如图 3.4 所示，$P_0$ 为国内市场的粮食最低收购价，当生产规模为 $Q_x$ 时，粮食生产成本为 $C_x$，此时粮食销售收入为 $P_0OQ_xF$ 的面积，扣除生产成本 $C_xOQ_xE$，粮食生产者的纯收入为 $C_xEFP_0$，即图上的阴影部分。可知，在生产技术不变，且固定投入不变的条件下，粮食生产规模越大，粮食生产者获得的利润越多。这有助于粮农形成稳定的收入途径，促使专业粮食生产者的出现。

## （六）粮食生产适度规模经营有助于宏观调控

农户粮食生产小规模经营的条件下，农户对于粮食生产的投入一般属于能够分解的要素的投入，具体为种子、农药、农膜、化肥、非粮食生产专用的耕作工具等。小规模生产下的农户不会贸然选择购买使用农机具来代替劳动力，这使得我国粮食生产行业进出门槛都很低，而且农户可以根据粮食价格的波动甚至只是自身食用需要自由选择种植粮食作物的类别，调整粮食生产规模。从宏观上讲，这降低了粮食生产的稳定性，不利于对于我国目前粮食生产状况的整体把握和宏观调控。

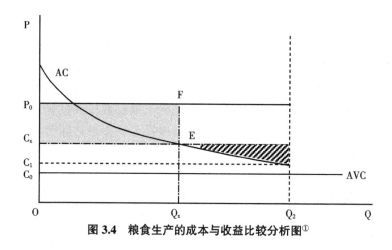

图 3.4　粮食生产的成本与收益比较分析图[①]

# 四、粮食生产适度规模经营的实证分析

## （一）粮食生产效率的测算

1. 农户粮食生产效率测算的理论依据

美国著名的经济增长理论研究专家丹尼森把经济增长因素分为生产要素投入量和生产要素生产率两大类，并认为要素生产率的提高对总增长率的贡献已大大超过要素投入量增加所作的贡献。规模经济是影响行业生产率的重要因素之一，规模经济使所有生产要素同比例增加进而引起生产率的提高。

生产的帕累托最优状态是指当各种不同生产要素的边际收益在经济活动中相等时，总收益实现最大化的状态。在农业生产上就是指当用等量资本购买劳动力和土地时，只有当劳动的边际收益等于土地的边际收益时，农业生产的总收益才可以实现最大化。根据帕累托最优原理，当边际土地收益等于边际劳动收益时，边际土地生产率就等于边际劳动生产率。其中，边际土地生产率用边际土地租金衡量，边际劳动生产率用边际劳动工资衡量。因此为了最有效率配置资源，达到

---

① 资料来源：根据高鸿业《西方经济学》（中国人民大学出版社 2007 年版，第 286 页）第五章成本论长期成本曲线扩展修改而成，为说明问题需要，仅用平均成本曲线的左半部分。

农业生产的帕累托最优状态，必须使边际劳动生产率与边际土地生产率相等。当边际劳动生产率小于边际土地生产率时，土地要素用量不足，如果此时不改变劳动投入，就应该增加土地的投入，也就是土地需要适度规模经营；如果增加土地投入，则意味着劳动要素投入过量，需要减少劳动力的投入。同理，当边际土地生产率小于边际劳动生产率时，说明土地要素投入过量，或者劳动要素投入不足，应增加劳动投入，或者减少土地投入。如果边际劳动生产率等于边际土地生产率，那么此时土地和劳动要素的投入均为最适投入量，实现帕累托最优。

本书就根据帕累托最优理论，计算并比较我国农户粮食生产的边际劳动生产率及土地边际生产率，评价我国目前粮食生产劳动力及土地资源配置情况。以此说明我国粮食生产目前面临的问题到底是需要适度规模经营，还是土地和劳动的投入比例正合适，或者是劳动要素投入不足。

2. 农户粮食生产效率测算的变量选择和数据来源

边际土地生产率等于土地投入引起农业增加值的增值除以边际土地租金，边际劳动生产率等于劳动投入引起的农业增加值的增值除以边际劳动工资。本书在计算边际劳动生产率时，没有直接使用统计数据中的农业增加值，而是先计算出劳动对农业增加值的贡献率，再乘以统计数字中的农业增加值的增值。同样，计算边际土地生产率时，先计算出土地对农业增加值的贡献率，然后用该贡献率乘以农业增加值的增值，得到的数据才是对应于土地面积增加而产生的农业增加额。在确定贡献率时，采用了美国农业经济学家 D.盖尔·约翰逊的分析方法，D.盖尔·约翰逊在 *Economic Reform in the People's Republic of China* 一文中运用投入品和资本的价值以 1952 年相应的价格作为权数，土地权数为 25%、劳动力权数为 50%、当前投入权数为 15%、农业资本品权数为 10%的方法来分析中国农产品产量增加的因素。

由经济学理论可知，在生产要素自由流动条件下，土地的边际租金就等于土地平均租金。因此本书直接用土地平均租金代替土地边际租金来计算边际土地生产率。土地平均租金用农村家庭经营费用支出近似代替。农村家庭经营费用支出包括农村居民家庭在第一产业、第二产业和第三产业上的全部生产投入，不包括农村居民家庭购买生产性固定资产的支出，其数值应大于土地平均租金。同理，边际劳动工资也就是农业劳动力平均工资，此处，用农村居民人均纯收入近似代替农业劳动力平均工资数据。事实上，农村居民的人均纯收入不仅包括农业生产带来的收入，还有从事第二、第三产业的收入，所以农业劳动力平均工资真实值肯定小于计算值。在劳动的自由竞争市场上，边际劳动工资等于边际土地生产率，高估边际劳动工资必然导致边际土地生产率真实值大于估算值。

通过上述分析可以得出边际生产率的具体计算公式，如下：

$$边际土地生产率 = \frac{农业总产值增加值 \times 劳动贡献率}{耕地面积 \times 土地租金} \qquad (3.1)$$

$$边际劳动生产率 = \frac{农业总产值增加值 \times 劳动贡献率}{农村从业人员 \times 农村居民家庭人均年纯收入} \qquad (3.2)$$

收集历年统计年鉴的数据，分别代入式（3.1）和式（3.2），计算结果如表 3.3 所示。

**表 3.3　中国的边际劳动生产率**

| 年份 | 农业增加值（亿元） | 农业年增加值（亿元） | 农村居民家庭人均年纯收入（元） | 劳动贡献率（%） | 农村从业人员（万人） | 边际劳动生产率（%） |
|---|---|---|---|---|---|---|
| 2000 | 14944.70 | — | 2253.42 | 50.00 | 47962.14 | — |
| 2001 | 15781.30 | 836.60 | 2366.40 | 50.00 | 48228.94 | 4.84 |
| 2002 | 16537.00 | 755.70 | 2475.60 | 50.00 | 48526.85 | 4.14 |
| 2003 | 17381.70 | 844.70 | 2622.20 | 50.00 | 48971.02 | 4.41 |
| 2004 | 21412.70 | 4031.00 | 2936.40 | 50.00 | 49695.28 | 19.46 |
| 2005 | 22420.00 | 1007.30 | 3254.93 | 50.00 | 50387.26 | 4.56 |
| 2006 | 24040.00 | 1620.00 | 3587.00 | 50.00 | 50976.81 | 6.94 |
| 2007 | 28627.00 | 4587.00 | 4140.36 | 50.00 | 51435.74 | 17.62 |
| 2008 | 33702.00 | 5075.00 | 4760.62 | 50.00 | 52025.64 | 17.39 |
| 2009 | 35226.00 | 1524.00 | 5153.17 | 50.00 | 52599.30 | 4.98 |
| 2010 | 40534.00 | 5308.00 | 5919.00 | 50.00 | 53243.93 | 5.62 |
| 2011 | 47712.00 | 7178.00 | 6977.00 | 50.00 | 53685.44 | 6.04 |
| 2012 | 52377.00 | 4665.00 | 8232.86 | 50.00 | 53857.88 | 6.85 |

资料来源：中经统计数据网。

**表 3.4　中国的边际土地生产率**

| 年份 | 农业增加值（亿元） | 农业年增加值（亿元） | 土地平均租金（元） | 土地贡献率（%） | 耕地面积（千公顷） | 边际土地生产率（%） |
|---|---|---|---|---|---|---|
| 2000 | 14944.70 | — | 654.27 | 25.00 | 128233.10 | — |
| 2001 | 15781.30 | 836.60 | 695.97 | 25.00 | 127615.80 | 23.55 |
| 2002 | 16537.00 | 755.70 | 731.01 | 25.00 | 125930.00 | 20.52 |
| 2003 | 17381.70 | 844.70 | 755.38 | 25.00 | 123392.20 | 22.66 |
| 2004 | 21412.70 | 4031.00 | 923.92 | 25.00 | 122444.30 | 89.08 |
| 2005 | 22420.00 | 1007.30 | 1189.70 | 25.00 | 122082.70 | 17.34 |
| 2006 | 24040.00 | 1620.00 | 1242.31 | 25.00 | 121775.90 | 26.77 |
| 2007 | 28627.00 | 4587.00 | 1432.69 | 25.00 | 121735.20 | 65.75 |
| 2008 | 33702.00 | 5075.00 | 1704.53 | 25.00 | 121716.00 | 61.15 |
| 2009 | 35226.00 | 1524.00 | 1700.11 | 25.00 | 121985.00 | 18.37 |

| 年份 | 农业增加值<br>（亿元） | 农业年增加值<br>（亿元） | 土地平均租金<br>（元） | 土地贡献率<br>（%） | 耕地面积<br>（千公顷） | 边际土地生<br>产率（%） |
|------|-----------|-----------|-----------|--------|-----------|-----------|
| 2010 | 40534.00 | 5308.00 | 1705.63 | 25.00 | 121719.26 | 18.25 |
| 2011 | 47712.00 | 7178.00 | 1712.35 | 25.00 | 121801.21 | 19.02 |
| 2012 | 52377.00 | 4665.00 | 1726.82 | 25.00 | 121702.17 | 18.76 |

资料来源：中经统计数据网。

3. 农户粮食生产边际土地生产率和边际劳动生产率分析

观察表 3.3 和表 3.4 可知，即使在考虑到两个数据都被高估的情况下，2000~2012 年，我国边际土地生产率远远大于边际劳动生产率。这说明目前相对于劳动力这种生产要素而言，我国土地要素投入不足，远低于劳动力的投入，应该增加土地的投入或者减少劳动力的投入。减少劳动力的投入可采取把劳动力转移到其他行业，或增加土地投入就地消化部分劳动力，间接减少劳动力的投入。粮食生产规模经营能为农村剩余劳动力向第二、第三产业转移奠定雄厚的物质基础，从而促进农村劳动力转移。

## （二）粮食生产适度规模经营的测度

很多学者从对比分析国际经验、分析我国农业生产土壤、光照等自然资源水平、分析农作物生产结构、分析农户收入与经营规模等角度对粮食适度规模经营的"规模"进行测度。因为本书的研究对象是全国的粮食生产，不是通过计算得到某个全国通用的值，而是侧重经营规模的测度方法选择，各地可以根据实际情况将各种数值指标代入计算公式，得到更切合实际的规模建议。

1. 粮食生产适度规模经营的规模测度方法和数据选择

我国粮食生产目前面临的最大问题是劳动力和土地比较效益低，农民的种粮积极性不高。与经济作物的种植不同，土地的比较效益只能通过提高粮价来解决。粮食生产具有特殊性，提高粮价必然导致生产资料价格的提高，从而推动全社会物价的上涨，导致成本推动型的通货膨胀，因此稳定粮价是复杂的系统工程。当然，也可以通过提高土地的复种、间种手段，通过良种的采用和推进先进的粮食生产技术来提高粮食产量，提高土地收益率。但是这些途径不是潜力有限就是需要建立在其他配套措施落实的前提之下，因此，我们应将目光转移到提高劳动力的比较效益上。

根据前文分析，劳动力吸收不充分是造成我国劳动力比较效益低下的主要原因，只有当粮食生产收益大于或等于外出务工收益时，农民才会选择留下来经营土地。按此思路,本书依据生产粮食的日工作收益大于或等于外出务工的日工作收益、农民的年收入预期大于或等于外出务工的年收入预期两个标准来测算粮食生产适度经营规模。在此规模下,农民愿意种植粮食,并能成为稳定的粮食生产从业人员队伍中的基本单位。

本书以 2012 年河南省信阳市新县郭家河乡村民李某的粮食生产数据和有关调查的数据为依据进行测算。

2. 建立在日收益相等基础上的适度规模测算

李某种植的优质水稻,2012 年的亩产量为 1100 斤,市场价格为 0.9 元/斤,因此每亩水稻收入为 990 元,加上每亩补贴 90 元,总收入为 1080 元。水稻生产的总费用为 332 元,包括种子费 60 元、化肥 125 元、农药 20 元、机播 30 元、机收 60 元、排灌费 37 元。扣除成本后,优质水稻的种植收入为每亩 748 元。通过调查并换算,水稻生产中投工共 9 个,其中育秧管理 1 个,日常管理 3 个,脱粒、晒藏 5 个。因此李某种植粮食平均日劳动报酬为 83.1 元,高于其外出务工 50 元/天的工资标准。然而,李某的这 9 个工的投入分散在整个粮食生产周期内,如果我们将投工数量从 9 个扩展到劳动力被拴在土地上的时间段,按照 100 天计算,平均每个劳动日报酬骤减为 7.48 元,不到外出务工劳动日报酬的 1/7,农民当然选择放弃粮食生产。

在一个粮食生产周期内(以 100 天作为计算标准),当生产粮食的日工作收益大于或等于外出务工的日工作收益时,如果某个生产规模使得农户粮食生产的日均劳动报酬大于或者等于 50 元/天,农户就愿意种粮。可计算出此条件下农户生产规模为 $50 \times 100/753 = 6.64$ 亩。也就是说,当生产规模大于 6.64 亩时,农民每日平均收入大于外出务工日均收入;小于 6.64 亩时,农民每日平均收入小于外出务工日均收入,选择外出务工。此处,6.64 亩成为农民选择留下种粮的临界规模。

3. 建立在年收益相等基础上的适度规模测算

计算农户种粮年收益时必须考虑农户土地的间种和复种情况,如果按双季稻方式生产,每亩土地的年劳动报酬为 $748 \times 2 = 1496$ 元。根据信阳市政府规定,信阳市 2012 年的最低工资标准为每月 800 元,即每年 9600 元。2012 年信阳市在职职工年平均工资为 19609 元,农民进城务工的平均工资一般低于平均水平,可以将农民的进城务工预期年工资水平定位于 9600~19609 元。当农民的年收入预期大于或等于外出务工的年收入预期时,农民才会放弃外出务工,因此可以计算出该临界值为 (9600~19609) /1496=6.4~13.1 亩。

实际耕作过程中,农业生产春秋两季的自然周期特征造成了农业用工的不均衡,手工劳动条件下,一个农民大概只能完成大约 5 亩土地的收播工作。现代农业机械技术的使用却可以大大提高劳动生产效率，使得规模经营得以实现。当然，农户可以自行购买农业机械，但较大的一次性资金投入成为农机推广的障碍。这种条件下，催生了一种新颖的生产形式——专业的农业服务机构。例如在计算例子中，李某家也并没有花钱购买收割机械，而是以每亩 70 元的价格雇用了专业收割队。不仅节约了劳动时间，还降低了往年雇用人工收割产生的费用。

# 五、粮食生产适度规模经营的制约因素

## （一）土地流转机制不完善

目前我国农户经营分散、零碎，甚至在同一适宜性的连片土地上众多农户的种植模式各不相同。农户生产技术和生产门路不同导致难以调整农用地结构，先进的农业生产技术难以施展，土地资源没有得到优化配置。引进先进的农业技术设备、延长农业产业链、实现农业产业化，就要求适度规模经营。适度规模经营是与农村土地流转交织在一起的，没有农村土地流转，就无法做到土地集中，那么适度规模经营就成为一纸空谈。因此，农业土地使用权的合理流转是农业规模经营推进能否获得成功的关键。由于缺乏合理的土地流转机制，我国有部分地区该转让的土地不能及时转让，造成粗放经营、效益低下。有些地方虽然实现了流转，但由于缺乏法律依据，往往是各自自由转让，容易造成经济纠纷。我国土地分等定级与估价工作刚刚起步，缺乏相应的价格评估、补偿机制，缺乏对转让土地的合理经济补偿标准和规定，被流转出去的土地得不到应有的价格补偿，挫伤了农户流转土地的积极性。而有能力进行规模经营的农户和想投资于农业的企业，因缺乏完善的价格评估补偿机制，担心因土地流转机制不健全投资后出现麻烦。土地流转机制不健全，农村土地使用权的合理流转受到了限制，这无疑对推进土地规模经营增加了更大的困难。

## （二）农村剩余劳动力转移不彻底

现有的体制增加了农村劳动力流动的成本和风险，导致劳动力资源的不合理配置，又使进城民工遭受歧视，其权益受到侵害，拖欠农民工工资的事屡屡发生。同时农民缺乏生活保障和安全保障、其子女的安置难等一系列问题成为阻碍农村剩余劳动力转移的重要因素。

## （三）农民适度规模经营积极性不高

推行适度规模经营，调动农民的积极性是关键。目前我国的适度规模经营并没有得到大规模的发展，一方面是由于适度规模经营得以实现的相关配套措施没有落实，例如土地流转制度不完善、剩余劳动力没有转移出去，农民期望保持现有状态，不愿意推行适度规模经营。另一方面，也有农民受传统观念影响较深的原因，具体表现为：农民对土地有很深厚的感情，即使家庭青壮年劳动力外出务工，留守的老年人虽无力种地，宁可粗放经营也不愿把自己的承包地转让出去；适度规模经营能否在一个地方迅速地推行，在很大程度上取决于当地能否有几个思想开放、愿意尝试新鲜事物的带头人。但是由于整体文化素质较低、思想较为保守，这样的带头人往往不好找。

# 六、粮食生产适度规模经营的实现途径

## （一）粮食生产土地适度规模经营应遵循的原则

### 1. 农户粮食生产适度规模经营要因地制宜

推行适度规模经营必须坚持自愿的原则。一方面因为实践不能超越土地规模经营形成的自身的经济机制；另一方面，作为独立商品生产者的农民有选择经营方式和经营规模的权利。根据农地规模经营产生和发展的驱动机理，农地规模经营是地方政府主导，多方利益集团博弈的结果。农地经营制度的安排与农民密切相关，农民是农业生产的主体，农民会用自己的行动来表示对政府制定制度的赞成或反对。地方政府若不考虑农民的利益，将产生巨大的博弈成本。只有农地规模经营制度的推行符合农民意愿时，行政引导才可能为农民所认可，才会调动农民的积极性，从而取得有效的成果。

### 2. 农户粮食生产适度规模经营需要必要的行政干预

市场经济下，农户作为独立的商品生产者，有权根据自身的经济情况、自身的能力和微观经济收益情况，选择经营方式和经营规模。但是农业土地规模经营涉及农民利益的重新调整问题，所以适当地加以行政引导必不可少。

## （二）粮食生产适度规模经营推行的主要区域是粮食主产区

粮食主产区是指气候、地理、土壤、技术等条件适合种植粮食作物，并具有一定经济优势的地区。我国粮食主产区主要包括河北、内蒙古、辽宁、吉林、黑龙江、江苏、河南、山东、湖北、湖南、江西、安徽和四川，这些省份的生产结构和布局以粮食为主，粮食在生产和社会经济中都占有十分重要的地位。

粮食生产适度规模经营的推行不应该"眉毛胡子一把抓"，而应以粮食主产区为切入点，只要粮食主产区的粮食生产得到了保障，在很大程度上就保障了我国粮食产量。盛来运等（2004）对粮食主产区农民增收问题进行实地调查及实证分析，发现主产区土地的产出弹性为 0.786，大于非主产区（0.644），也就是说，农作物播种面积每增加 1%，主产区农户户均的种植业纯收入增加 0.786%[1]。证明主产区土地产出弹性大于非主产区，主产区在粮食生产方面有优势，粮食主产区的优势在于粮食生产。具体来说，粮食主产区的优势主要在于以下三个方面。

一是资源条件比较优越。我国的粮食主产区相较于东西部一些非粮食主产区，在光、热、水资源、土壤肥力、地形平整等方面条件优越。13 个粮食主产区涵盖了松嫩平原（吉林）、江汉平原（湖北）、太湖平原（江苏）、三江平原（黑龙江）、鄱阳湖平原（江西）、辽河平原（辽宁）、成都平原（四川）、洞庭湖平原（湖南），大多数处于平原或浅丘地区，气候湿润或半湿润，雨量充沛，光、热、水资源条件较好，土壤松软，有机质含量较高，易于耕作和水土保持，适合农作物生长。

2007 年底，我国耕地面积为 121735.2 千公顷，其中粮食主产区 78074.2 千公顷，占全国总耕地面积的 64.13%。全国农民人均占有耕地 0.429 公顷，粮食主产区农民人均占有耕地稍高，为 0.457 公顷。粮食主产区耕地有效灌溉面积占到全国的 70.14%，农业发展条件优势较为明显（见表 3.5）。

表 3.5 2008 年粮食主产区农业生产基本资源情况

| | 农业从业人员（万人） | 耕地面积（千公顷）* | 农作物总播种面积 | 粮食播种面积（千公顷） | 粮食总产量（万吨） | 有效灌溉面积（千公顷）* |
|---|---|---|---|---|---|---|
| 全国总计 | 28363.8 | 121735.2 | 156265.9 | 106792.6 | 52870.9 | 56518.3 |
| 主产区总量 | 17096.6 | 78074.2 | 107398.2 | 76716.9 | 39917.5 | 39639.8 |
| 占全国比重（%） | 60.28 | 64.13 | 68.73 | 71.84 | 75.50 | 70.14 |

资料来源：《2008 年全国农业统计提要》；* 为 2007 年数据，来源于《中国统计年鉴（2008）》。

[1] 盛来运，阎芳. 种粮？不种粮？——关于粮食主产区农民增收问题的调查分析 [A]. 第四届中国经济学年会入选论文，2004.

二是粮食综合生产能力较高。主产区粮食产量以及粮食播种面积占全国相应值的比重在近 29 年内呈现上升趋势，且两个指标波动趋势密切相关，但粮食产量的比重却始终大于其播种面积占全国的比重，如图 3.5 所示。1980 年 13 个粮食主产区粮食播种面积占全国总量的 65.61%，2008 年达到 72%。1980 年主产区粮食产量占全国总产量的 66.66%，2008 年该指标已达到 75%。2006~2008 年，13 个粮食主产区粮食产量累计比上年增产 4474.3 万吨，比全国累计增产量还要多 5.6 万吨，有效弥补了其他省份粮食产量减少的份额。在图 3.6 中可以明显看出，粮食主产区的粮食产量在全国所占比重有了明显的上升趋势，随着我国粮食生产区域化布局加快，优势产区集中度明显提高。

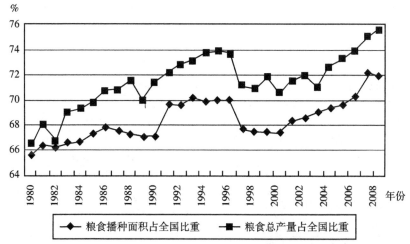

图 3.5　1980~2008 年粮食主产区粮食产量及粮食播种面积占全国比重变化

资料来源：中经统计数据网。

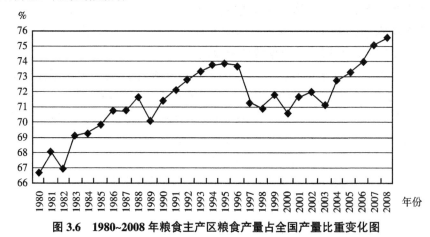

图 3.6　1980~2008 年粮食主产区粮食产量占全国产量比重变化图

资料来源：中经统计数据网。

粮食主产区具有较大的粮食生产潜力。2008 年我国粮食主产区在耕地面积占全国耕地面积 64.13%的情况下，农作物播种面积占到全国的 68.73%，粮食播种面积占到全国粮食播种面积的 72%，而粮食总产量则达到全国总产量的 75.50%；粮食主产区谷物播种面积、总产量分别占全国的 73.38%和 75.50%，每公顷产量较全国平均水平高 321.6 千克；小麦播种面积、总产量分别占全国的 78.92%和 84.33%；玉米播种面积、总产量分别占全国的 75.11%和 77.97%；豆类播种面积、总产量分别占全国的 79.00%和 78.58%，每公顷产量较全国平均水平高 283.3 千克；薯类播种面积、总产量分别占全国的 45.74%和 50.08%，每公顷产量较全国平均水平高 725.5 千克（见表 3.6）。由此可见，粮食主产区粮食综合生产能力较非粮食主产区具有较大的优势，是我国粮食生产的重要基地。

**表 3.6　2008 年各粮食种类在全国及粮食主产区生产状况**

| | | 粮食 | 1. 谷物 | A 稻谷 | B 小麦 | C 玉米 | 2. 豆类 | 3. 薯类 |
|---|---|---|---|---|---|---|---|---|
| 全国 | 播种面积（千公顷） | 106792.6 | 86248 | 29240.9 | 23617.1 | 29863.8 | 12118 | 8426.8 |
| | 总产量（万吨） | 52870.9 | 47847.3 | 19189.4 | 11246.4 | 16591.5 | 2043.8 | 2980.4 |
| | 每公顷单产（千克） | 4950.8 | 5547.1 | 6562.5 | 4762 | 5555.7 | 1686.6 | 3536.8 |
| 粮食主产区 | 播种面积（千公顷） | 76716.9 | 63289.2 | 20276.7 | 18639 | 22431.3 | 9573.8 | 3854 |
| | 占全国比重（%） | 71.84 | 73.38 | 69.34 | 78.92 | 75.11 | 79.00 | 45.74 |
| | 总产量（万吨） | 39917.5 | 36819.2 | 13859 | 9484.5 | 12936.9 | 1606 | 1492.5 |
| | 占全国比重（%） | 75.50 | 76.95 | 72.22 | 84.33 | 77.97 | 78.58 | 50.08 |
| | 每公顷单产（千克） | 5364.2 | 5869.2 | 7233.8 | 4024.0 | 5401.7 | 1969.9 | 4262.3 |
| | 单产增加量（千克） | 413.4 | 321.6 | 671.3 | −738 | −154 | 283.3 | 725.5 |

资料来源：《2008 年全国农业统计提要》。

小麦和玉米的每公顷单产与其他粮食作物单产高于全国水平的情况相比，明显低于全国水平，但其总产量占全国的比重明显大于其播种面积占全国的比重，这三个数据的矛盾有可能是数据统计偏差造成的。

三是生产技术水平比较高。与全国平均水平相比，粮食主产区在机械化水平、现代化水平、农资使用量上表现出较高的水平。我们将粮食主产区以及全国粮食生产机械化水平单列出来，如表 3.7 和表 3.8 所示，粮食主产区各个指标的累加值都在全国累加值的一半以上。综上可知，粮食主产区每公顷平均产量远远高于全国平均水平，仅 2008 年粮食主产区平均产量达到每公顷 5364.2 千克，超过全国平均水平 8.35%。其中，辽宁、吉林、江苏、山东、湖南五个省精耕细作，每公顷产量超过 6000 千克。

综上所述，我国粮食主产区在粮食生产上具有明显的优势，保证粮食主产区的粮食生产能力对于保障我国粮食安全起着重大作用，所以粮食适度规模经营的推广建议在粮食主产区执行。

表 3.7　2005 年粮食主产区主要作业项目农业机械化水平

单位：千公顷

| | 机耕面积 | 机播面积 | 机械植保面积 | 机收面积 |
|---|---|---|---|---|
| 全国总计 | 65217.3 | 47049.5 | 41320.1 | 34141.2 |
| 13 主产区合计 | 50366.1 | 38804 | 31677.6 | 29075.4 |
| 占全国比重（%） | 77.23 | 82.47 | 76.66 | 85.16 |

资料来源：《2006 中国农业统计年鉴》。

表 3.8　2008 年粮食主产区农业现代化水平

| | 农用塑料薄膜用量（吨） | 农药使用量（吨） | 农用柴油（万吨） | 农村用电量（万千瓦时） | 化肥施用量（折纯量，万吨） |
|---|---|---|---|---|---|
| 全国总计 | 2079062 | 1672259 | 994153.9 | 54004257 | 5239.2 |
| 主产区总量 | 1273674 | 1166189 | 993459 | 28519758 | 3592.9 |
| 占全国比重（%） | 61.26 | 69.73 | 99.93 | 52.81 | 68.58 |

资料来源：《2008 年全国农业统计提要》。

## （三）农户粮食生产适度规模经营的实现模式

### 1. 内涵式适度规模经营模式

内涵式规模经营的核心是整合农业资源，通过提高现有土地、劳动力、设备以及技术的使用效率从而获得最大的经济效益。其实现模式主要有广大农户主动合作模式和依托政府力量实行的农户内涵式规模经营模式。

（1）广大农户主动合作模式。通过整合农业自愿，可以扩大农户的主动合作，如在购买农业生产资料、播种、收割、病虫害的防治等方面开展合作。这种自愿合作的前提是土地没有发生流转。内涵式的规模经营模式以土地的相对集中为条件，一般适用于非农产业发展有一定基础、集体经济力量较强大的经济发达地区或外出务工人员较多、剩余劳动力转移比较充分的农村地区。

内涵式规模经营不涉及土地流转，适用范围更加广泛。其优点在于：一是由于内涵式规模经营是以农户自愿为基础的主动合作，因此有利于农户之间的沟通与协作，减少因农业生产经营造成的利益纠纷；二是能够适应农时的需要，满足了农业生产季节性强的要求；三是有利于推广先进的农业技术，增加农业生产；四是有利于节约农产品交易成本和农业生产成本，有效地解决市场信息不对称，从而提高交易效率①。

（2）依托政府力量实行的农户内涵式规模经营模式。内涵式规模经营需要依托政府力量进行。政府需要进行农业基础设施建设，推广先进的农业科学技术，为农民从事生产经营活动创造良好的条件。政府需要通过经济手段鼓励农民合作生产，如提供优惠贷款或农业生产资料，鼓励农户合作和联合使用土地。需要政府通过土地整治法令，加强对农业用地的规划和整理，把分散的土地合并成成片土地，把农户的小块土地归并为大块地。同时还需要政府提供市场信息和技术服务，创造良好的市场环境，并搭建农产品交易平台以利于农产品的交易和流通。农户内涵式规模经营对于当地致富带头人的要求非常高，并且需要村集体经济组织和村党委的支持。

2. 外延式规模经营模式

外延式规模经营是通过扩大土地、农机设备等要素的数量而实现的规模经营，其实现模式分为家庭农场模式、合作社经营模式、股份制经营模式、企业经营模式等。

（1）家庭农场经营模式。家庭农场经营模式是一种比较原始的规模经营形式，其占规模经营的大多数。家庭农场模式是擅长农业种植技术并具备一定资金实力的农民通过各种形式承包土地实行规模经营。家庭农场经营模式具有保留了家庭经营的强大优势和灵活性强的优点。其优势在于能够克服小规模农户经营造成的农业生产率低下的矛盾，能增加农业生产效率，提高农民收入。但是该模式的推行是以土地自由流转为前提的，由于目前我国关于土地流转的法律法规还很不完善，会导致农民一些行为的短期性和不稳定性，农户间经常发生纠纷等情况，从而影响该模式的推广。

（2）合作社经营模式。合作社经营模式是利用农民专业合作社经营的优势，从而提高集体收益和农民收入的一种经营模式。该模式又表现为三种形式：一是按土地的级差以不同的价格从不愿意种田的农户手中承包土地；二是"以服务换经营权"的方式从兼业农户手中取得土地生产经营权；三是利用大型机械的优势，为农户提供代耕、代育秧、代收和代售等方面的有偿服务。

合作社经营模式是通过租赁承包或以服务换取经营权的方式获得土地使用权。该模式能提高粮食综合生产能力和土地综合利用率。合作社经营模式一方面有利于减少普通农民在种粮上的投入，可把更多的精力投入到第二、第三产业，增加农民收入。另一方面合作社也会因提供了社会化服务而获得相应的收益。但是，合作社经营模式需要在具体的经营过程中不断完善合作社内部的合

---

① 丁春福. 关于农村土地适度规模经营问题的思考 [J]. 农业经济，2003（3）.

作机制。

（3）股份制经营模式。股份制经营模式是在土地承包经营权不变的前提下，把农民土地承包经营权按照一定比例转化为相应的股权，成立农业股份有限公司，按照股权比例分配经营收益的土地合作经营形式。其特点有：一是股权式入社。实行土地入股和资金入股相结合的方式，按照依法管理和专业管理相结合的管理方式，在利润分配时按股权实行二次分红。二是实行一体化经营。实行统一种植、统一育秧、统一收割、统一管理、统一销售的一体化经营模式。三是全方位支持。在良种选购、技术支持、农资供应、病虫害防治等方面提供全程指导和服务，并享有良种补贴、农机具补贴、粮食直补、农业风险保障等多种政策支持①。

股份制经营模式可以实现土地的集约化、长期化和标准化经营，从而达到集体、股东等各方收益的最大化。一方面有利于更好地落实土地承包政策，使农民能够分享土地增值权收益；另一方面有利于承包农户获得土地承包权收益和股份分红，从而激励他们增加对土地的物质技术投入。股份制经营模式的缺陷在于：如何充分调动集体和各股东的积极性、如何完善股份合作的内部机制等。从未来的发展趋势看，这是值得推广的一种规模经营模式。

（4）企业经营模式。企业经营模式是指农民把土地委托给村集体经济组织，农业企业通过向村集体经济组织租赁获得土地，建立农业生产基地。企业经营模式通常采用企业+基地+农户的形式，以现代农业的操作模式实现农业的规模经营，大多数农民与企业签订农业订单，并接受企业的技术指导，而少数有技术的农民在基地上成为农业工人。

企业经营模式的优势是农业企业凭借其雄厚的资本实力、灵活的经营机制、科学的管理方式，能有效地推动现代农业的发展，同时还能解决部分农民的就业问题。企业经营模式的劣势在于农民组织化程度低，缺乏代言，组织与企业追求利润最大化之间常常出现矛盾，从而难以达到双赢的效果。

3. 适度规模经营的两种模式比较

内涵式和外延式适度规模经营各具特色，内涵式规模经营的核心是通过提高现有土地、劳动力、设备和技术的使用效率，高效整合农业资源，从而获得最大的经济效益，但需依托政府力量实行。外延式规模经营是通过扩大土地、农机设备等要素的数量而实现的规模经营。其中，家庭农场模式是规模经营形成时一种比较原始的经营形式；股份制经营从未来的发展趋势看，是值得推广的一种规模经营模式；合作社经营模式需要在具体的经营过程中不断完善合作社内部的合作

---

① 马爱京. 江苏推进粮食生产适度规模经营路径选择 [J]. 现代农业, 2001 (2).

机制；企业经营模式则需要农民与企业之间建立较为平等的合作关系，从而实现双赢的效果。

## （四）农户粮食生产适度规模经营的保障条件

### 1. 建立完善的农地流转机制

土地的流转和集中是推进土地规模经营和农户粮食生产适度规模经营的前提条件。我国 2003 年 3 月 1 日颁布实施的《农村土地承包法》规定：农民享有长期稳定的土地承包经营权，在承包期内不允许随意调整和收回承包土地，但是允许农村土地进行有偿、合理的流转。

由此可知，土地流转的实质是在坚持土地公有制前提下，实现集体经济组织对土地的所有权与农户法人财产权的相互分离，从而使土地使用权的分配更符合效率原则，鼓励土地使用权有偿合理流动。因此，农村土地合理有序流转应该按照"自愿、有偿"的原则依法进行。目前应采取以下措施：①为确保土地流转的合法、公平和公正，有效保护农户利益，应该建立规范、有序的农村土地流转市场；②综合采取股份合作、租赁、转包、委托代耕等多种模式，实现多途径、多形式的土地流转；③要通过签订土地合同、依托中介组织出具委托书等形式完善土地流转手续，从而合理确定土地的租金及承包年限，明确双方的权利和义务。

### 2. 促进农村剩余劳动力的转移

扩大农业规模经营，农业劳动力的合理有序转移是农户适度规模经营的前提。目前，减少现有农村劳动力的绝对数量，有效促进农村剩余劳动力的合理有序转移，应从以下六方面着手：①要提高认识。各部门都要从农村经济社会发展的战略和全局出发，认识到农村剩余劳动力合理有序转移的重要性，并制定出农村剩余劳动力合理有序转移的长期规划，从而有计划、有组织、有步骤地开展农村剩余劳动力合理有序转移工作。②要提高农民的待遇。通过加大各级政府投入，将农民工纳入劳动力就业管理和培训范围，逐步提高农民工素质。同时鼓励企业和农民工签订中长期劳动合同，从而实现农民工的持续稳定就业。③要建立中介组织。通过中介组织为外出打工人员提供信息咨询。④要适当改变或调整现行土地政策，鼓励、引导和动员有条件的农民脱离农业到第二、第三产业就业，鼓励他们自主创业。⑤要加快城市化建设的步伐，尤其是加快中小城镇的发展，这一方面能提高中小型城市大量吸纳农村剩余劳动力的能力，另一方面还能缓解大城市的就业压力。⑥要综合采取补贴、减负等多种措施，努力提高农民收入，提升农民向城市合理有序转移的经济实力。

### 3. 完善农村保障体系

建立多方位的农村保障体系，调动农民实践适度规模经营的积极性。全方位、多层次的农村保障体系，主要包括农村社会保险、社会互助、新型农村合作医疗、社会救济、社会福利以及优抚安置等，以保障农民生活和生产的安全，让无力或者无心的农民从粮食生产中解放出来，放心主动地将土地流转出去。在我国目前的条件下，建立健全全方位、多层次的农村社会保障体系是一个循序渐进的过程，不可能一蹴而就。目前我国的农村社会保障体系构建重点是农村养老保险、新型农村合作医疗、大病救助以及农民最低生活标准等方面，目的是保障农民最基本的生产生活。同时采取农民自助为主与互济为辅相结合，社会基本保障与家庭保障、集体保障、企业保障相结合的方式，逐步淡化农村土地的保障功能，建立健全全方位、多层次的农村社会保障体系，从而为农业土地生产要素的自由流动创造保障条件，提升土地资源的配置效率。

### 4. 培育适度规模经营带头人

在我国推进农户适度规模经营是一项复杂的系统工程，涉及农村经济社会的持续稳定发展，这就要求培养一批具有市场意识、创新意识、营销意识和管理意识的适度规模经营带头人，引导和组织农民逐步推进农户适度规模经营，为此不仅需要农业部门加强适度规模经营相关知识的宣传和教育，更要提高农民的素质，使其在市场意识的引导之下主动接受适度规模经营，并根据本地自然、经济等条件对适度规模经营的模式做出选择和创新。目前需要从以下三方面着手：①通过不断加大政府投入，逐步改善农村基础教育的办学条件，加强农村基础教育，提升农村人口的文化素质；②针对农业产业化、市场化以及农业产业结构调整的发展需要，通过开展培训、专题讲座、开辟专栏等形式有计划、有组织地加强农民实用技术、市场知识及农业制度创新的培训，提高农民的专业技能、市场意识和创新能力；③大力发展农村职业教育。为了适应农村经济的发展和推进土地适度规模经营，应大力发展农村职业技术教育，为农村提供高素质的劳动力。

# 七、小　结

通过上述分析，本章可以得出以下结论：

第一，改革开放以来，我国粮食产量呈现波动上升的趋势。随着市场化的推进，农业特别是粮食比较利益偏低的现象越来越明显。家庭联产承包责任制能够激发农民的劳动积极性，在一定程度上促进了粮食生产的发展，但目前家庭联产承包责任制对粮食生产的作用已达到均衡。

第二，未来随着工业化、城镇化发展以及人口增加和人民生活水平的提高，粮食消费需求呈刚性增长，而耕地减少、水资源短缺、气候变化等因素对粮食生产的约束日益突出，我国粮食供需将长期处于紧平衡状态，粮食安全面临严峻挑战。

第三，农户粮食生产适度规模经营有助于确保我国粮食安全，提高土地生产率、劳动生产率、粮食的商品化率、比较利益和降低成本，并且有助于宏观调控，因此发展粮食生产适度规模经营势在必行。

第四，目前制约我国推行农户粮食生产适度规模经营的主要因素有：土地流转机制不完善、农村剩余劳动力转移不彻底、农民适度经营积极性不高。

第五，实现我国农户粮食生产适度规模经营的主要模式有：广大农户主动合作模式和依托政府力量实行的农户内涵式规模经营模式；家庭农场模式、合作社经营模式、股份制经营模式、企业经营模式等的外延式规模经营。内涵式规模经营的核心是通过提高现有土地、劳动力、设备和技术的使用效率，高效整合农业资源，从而获得最大的经济效益，但需依托政府力量实行。外延式规模经营是通过扩大土地、农机设备等要素的数量而实现的规模经营。

第六，实现我国农户粮食生产适度规模经营的保障条件：建立完善的农地流转机制、促进农村剩余劳动力转移、完善农村保障体系、培育适度规模经营的带头人。

# 第四章　粮食补贴政策是粮食生产可持续发展的强大动力

粮食不仅是人们日常生活的基本必需品，而且是一个国家经济健康发展和政治稳定的重要战略物资，具有不可替代性。但是由于粮食生产受到自然和市场双重风险的制约，所以粮食产业具有弱质性，比较利益相对较低下。同时，粮食供给弹性大而需求弹性小，因此很难通过市场调节供给与需求的大致平衡。因此，世界上许多国家特别是发达国家普遍实行粮食补贴政策来支持和保护本国的粮食产业。我国粮食产业的弱质性、低效性与国际上发达国家相比显得更为突出，数量众多、分散经营、规模较小的家庭经营模式与国外大规模的现代农场在国际粮食市场竞争中明显处于弱势地位，更加需要对粮食产业进行保护和支持。1998年我国为了保护农民根本利益建立了粮食保护价收购制度，该项政策的实施虽然取得了一定的成效，但同时也出现了对流通环节补贴大量资金效率相对低下造成国家补贴总额连续增加而粮农收益持续走低的问题，没有达到预期效果。为顺应形势发展，我国开始对粮食补贴政策进行试点改革，2001年国务院《关于进一步深化粮食流通体制改革的意见》提出2002年在安徽省和吉林省率先进行将补贴直接补给农民的试点改革，并于2004年在全国范围内全面展开。2006年在稳定粮食直补政策的基础上又实施了农资综合直补政策。2007年《中共中央国务院关于积极发展现代农业扎实推进社会主义新农村建设的若干意见》中明确提出要不断完善粮食直补政策、良种补贴政策、农资综合补贴政策以及农机具购置补贴政策，逐步形成目标清晰、类型多样、受益直接、操作简便的粮食补贴制度。2008年继续扩大补贴范围、提高补贴标准、加大补贴力度，并开展政策性农业保险试点；2009年提出要不断完善各项粮食补贴办法，加大对种粮大户的补贴力度；2010年提出要继续增加对粮食直补、良种补贴、农机购置补贴规模，落实和完善农资综合补贴动态调整机制，新增加的粮食补贴资金适当向种粮大户、农民专业合作组织倾斜。这一系列粮食补贴政策的实施，极大地调动了广大农民的种粮积极性，粮食产量成功实现九连增，促进了我国粮食产业的健康发展。然而，随着我国工业化、城市化的快速发展以及农业发展外部环境的变化，再加上我国人口众多，粮食不仅要满足吃饭喂养需要，还要为生物能源等产业提供原料，因而我国将面临更多的粮食需求,粮食安全应始终放在重要位置。基于这样的背景,通过研究我国粮食补贴问题,不断完善粮食补贴政策,对于促进农民增收、调动农民种粮积极性、增强我国粮食国际竞争力以及提高我国粮食安全水平都具有十分重要的意义。

# 一、粮食补贴政策国内外研究现状

## (一)国外研究现状

1. 关于粮食补贴政策目标的研究

Gerd Schwartz 和 Benedict Clements(1999)认为政府实行粮食补贴政策不应仅仅考虑经济目标,还应考虑环境保护等相关社会政策目标,直接补贴政策有必要进行综合成本效益评价[1]。Kathryn B. Bicknell(1999)认为粮食直接支付政策的重要目标在于食品安全和生态环境保护。而 Pablo 等(2005)通过经验研究发现:在土地分配、风险偏好等因素影响下,粮食补贴政策目标并不能一直得到较好的实现[2]。

2. 关于粮食直接支付政策效果的研究

粮食直接支付补贴是欧美农业政策以及研究者关注的焦点。欧盟实施的共同农业政策改革的目标是将补贴政策与粮食生产"脱钩",但它的直接收入补贴政策效果受到了较大的关注和争论,A. Buck Well 和 S. T. Angermann(1999)、Aude Ridier 和 Florence Jac-quet(2002)、Alexandre Gohin(2005)等通过研究评价了该政策对粮食生产和贸易的扭曲程度。Barry K. Goodwinand K.Mishra(2005)、Nancy H. Chau 和 Harry D.Gorte(2005)、Christopher R. Mcintosh 等(2007)则通过对美国农业法案的直接支付政策的相关研究表明:即使是与生产相"脱钩"的直接补贴政策同样对粮食生产和贸易具有一定程度的扭曲。

3. 关于粮食专项补贴政策效果的研究

Mary ClearAhearn(2000)认为农产品专项补贴能有效刺激农户的生产行为,

---

① Gerd Schwartz and Benedict Clements. Government Subsidies [J]. Journal of Economic Surveys, 1999, 13 (2).

② Pablo Sckoka and Jesus Anton. The Degree of Decoupling of Area Payments for Arable Crops in the European Union [J]. American Journal of Agricultural Economics, 2005, 87.

具有明显的生产性。同时，由于农户在投入品使用上存在风险偏好，专项补贴需要考虑最优的投入水平。Troy G. Schmitz 等（2002）则认为对农业投入品进行专项补贴不仅会对农产品生产和贸易产生扭曲作用，而且也可能扭曲农产品要素市场[1]。Zhiying Xu、T. S. Jayne 和 J. Govereh（2006）研究发现不同的农资专项补贴对农户投入品增加、粮食产量提高和生态环境的影响存在差异，对投入品进行补贴会影响投入品市场的价格和生产量，从而进一步传到粮食生产者。

## （二）国内研究现状

国内对粮食补贴的研究起步相对较晚，随着我国社会主义市场经济发展和粮食流通体制改革的逐步推进，尤其是 2004 年国家实行粮食直补政策以后，越来越多的国内专家学者开始研究粮食补贴问题，也取得了相当多的研究成果。

1. 关于粮食补贴政策目标的研究

张照新等（2003）[2]、曹昆斌（2004）[3] 提出粮食直补政策的终极目标是稳定农民收入和保障粮食安全。曹芳等（2005）提出应将粮食直接补贴和新型保护价收购两种补贴政策配合使用，从而建立农民收入增长和国家粮食安全的保障机制[4]。李瑞峰等（2006）通过分析我国粮食直补政策的实施效果及存在的问题，提出应该逐步由直接补贴转向收入补贴，但是强调粮食直接补贴不能代替价格支持[5]。杨秀琴（2007）则提出把粮食补贴政策目标与优化农业结构、提高农产品的市场竞争力进行有机结合[6]。张照新、陈金强（2007）认为粮食直补政策要逐步建立综合性收入补贴与粮食价格以及农资价格的联动机制[7]。段云飞（2009）研究认为粮食直补政策要明确粮食直补增加农民收入、激发农民种粮积极性的政策目标，但是也必须认清粮食直补不是普惠政策"逢粮即补"，应实行有条件、

① Troy G. Schmitz, Tim Highmoon and Andrew Schmitz. Termination of the WGTA: An Examination of Factor Market Distortions, Input Subsidiesand Compensation [J]. Canadian Journal of Agricultural Economics, 2002, 50.

② 张照新等. 安徽、河南等部分粮食主产区补贴方式改革的做法、效果、问题及政策建议 [J]. 管理世界, 2003 (5).

③ 曹昆斌. 粮食补贴方式改革及其完善——安徽来安、天长两县市改革试点剖析 [J]. 宏观经济研究, 2004 (4).

④ 曹芳, 李岳云. 粮食补贴改革研究——以江苏省的调查为例 [J]. 当代财经, 2005 (4).

⑤ 李瑞峰, 肖海峰. 我国粮食直接补贴政策的实施效果、问题及完善对策 [J]. 农业现代化研究, 2006 (3).

⑥ 杨秀琴. 粮食直补政策缺陷与改革思路 [J]. 农村经济, 2007 (1).

⑦ 张照新, 陈金强. 我国粮食补贴政策的框架: 问题及政策建议 [J]. 农业经济问题, 2007 (7).

有限度的补贴[1]。

2. 关于粮食补贴对象的研究

梁世夫（2005）从农业可持续发展的视角提出粮食直接补贴要逐步扩大享受补贴的粮食种类范围，且对不同种类的粮食应采用不同的补贴标准，但重点是主要粮食种类或具有比较优势的粮食种类，以利于最大限度发挥直接补贴政策提高粮食竞争力的效能[2]。王娇、肖海峰（2006）认为粮食直接补贴政策应继续坚持对种粮农民的"普惠制"，即所有的粮食生产者均能享受到补贴[3]。陈薇（2006）提出粮食直接补贴政策要向粮食主产区倾斜，不断增加对粮食主产区的资金补贴力度，同时应改革现有的粮食直补模式，直接补贴对象应倾向于提供商品粮的种粮农民，提高补贴效率[4]。马彦丽等（2005）[5]、温桂荣（2006）[6]、陈明星（2007）[7]则提出粮食直接补贴要向种粮大户倾斜。段云飞（2009）认为粮食直补的对象不应是所有的农民，而应该仅限于提供商品粮的粮农；补贴的粮食品种应是粮食主产区的小麦、水稻和玉米等主要粮食品种，而不应对所有的粮食品种进行补贴[8]。

3. 关于粮食补贴方式的研究

梁世夫（2005）基于粮食安全视角研究了粮食直接补贴政策的改进问题，认为我国粮食直接补贴的方式选择应该直接与粮食生产挂钩，而不应该与其脱钩[9]。何蒲明（2005）认为在我国粮食持续增产的情况下，应适时实行土地休耕补贴[10]。肖海峰等（2005）通过对农户的实地调查发现，按粮食种植面积进行补贴的绩效要高于按计税面积或计税常产补贴[11]。王娇、肖海峰（2006）则认为虽然世界贸易组织规则限制实施挂钩补贴政策，认为其属于"黄箱"政策，但我国应在允可

① 段云飞. 应对粮食直接补贴绩效问题建立制度创新机制研究——来自河北粮食直补工作的实地调研 [J]. 财政研究, 2009 (2).
② 梁世夫. 粮食安全背景下直接补贴政策的改进问题 [J]. 农业经济问题, 2005 (4).
③ 王娇, 肖海峰. 中国粮食直接补贴政策效果评价[J]. 中国农村经济, 2006 (12).
④ 陈薇. 粮食直补政策的效果评价与改革探讨——对河北省粮食直补试点县的个案分析 [J]. 农业经济, 2006 (8).
⑤ 马彦丽, 杨云. 粮食直补政策对农户种粮意愿、农民收入和生产投入的影响 [J]. 农业技术经济, 2005 (2).
⑥ 温桂荣. 完善粮食直补政策努力增加农民收入 [J]. 财会研究, 2006 (7).
⑦ 陈明星. 粮食直接补贴的效应分析及政策启示 [J]. 山东农业大学学报（社会科学版）, 2007 (1).
⑧ 段云飞. 应对粮食直接补贴绩效问题建立制度创新机制研究——来自河北粮食直补工作的实地调研 [J]. 财政研究, 2009 (2).
⑨ 梁世夫. 粮食安全背景下直接补贴政策的改进问题 [J]. 农业经济问题, 2005 (4).
⑩ 何蒲明. 对我国粮食直接补贴政策的几点思考 [J]. 长江大学学报, 2005 (11).
⑪ 肖海峰等. 农民对粮食直接补贴政策的评价与期望 [J]. 中国农村经济, 2005 (3).

范围内用足"黄箱"政策，实行按粮食实际播种面积或粮农出售的商品粮数量进行补贴①。杨秀琴（2007）提出我国粮食补贴政策应采取直接补贴与价格挂钩的不固定补贴相结合的方式②。马文杰、冯中朝（2007）提出应实行粮食作物保险补贴，并对粮农种粮贷款的金融机构进行贷款贴息③。刘辉、李兰英（2008）则认为我国的粮食直接补贴应该选择与粮食生产直接挂钩方式，而不应该选择国外实施的与粮食生产脱钩方式④。刘刚、侯晋封（2008）分析提出应适时推出反周期性粮食直接补贴政策⑤。段云飞（2009）则认为我国的粮食补贴数额应由目前以面积来计算改为以出售商品粮的数量计算，出售给国家的粮食越多享受的补贴就越多⑥。

4. 关于粮食补贴资金来源和分配的研究

梁世夫（2005）提出应根据粮食安全的成本与受益对称原则明确补贴资金来源，即在明确粮食安全受益主体承担补贴成本的基础上，按照对粮食安全的贡献程度分配补贴资金⑦。杨光焰（2005）、朱金鹤（2006）指出解决产销区间的粮食直补不公平问题的核心是建立主产区与销售区间的粮食补贴资金转移机制，尝试实行直补资金纵向转移支付（中央与地方之间）与横向转移支付（产区与销区之间）的配合，逐步形成产区直补粮农、销区直补产区的机制⑧。杨茂（2007）认为要强化中央政府的粮食直接补贴职能，不断加大对粮食主产区补贴资金转移支付力度⑨。刘桦、朱云（2008）认为可考虑在部分乡村进行粮食直补资金集中使用试点改革，将乡村的直补资金集中用于修建小型水利设施、农村公路等粮食生产所必需的公共物品，发挥直补资金的整体效应⑩。李喜童（2009）通过调查发现由于对乡村基层组织的极不信任使得绝大多数农民不赞同将粮食直补款集中起来办大事，建议将我国的粮食直补资金从现行的粮食风险基金中分离出来，设立单独的粮食直补基金或粮食安全基金⑪。

---

① 王姣，肖海峰. 中国粮食直接补贴政策效果评价 [J]. 中国农村经济，2006（12）.

② 杨秀琴. 粮食直补政策缺陷与改革思路[J]. 农村经济，2007（1）.

③ 马文杰，冯中朝. 国外粮食直接补贴政策及启示 [J]. 经济纵横，2007（11）.

④ 刘辉，李兰英. 实现城乡社会和谐发展确保粮食安全——财政农业直接补贴政策改进研究 [J]. 中央财经大学学报，2008（11）.

⑤ 刘刚，侯晋封. 完善粮食补贴政策，实行反周期性粮食直接补贴[J]. 宏观经济管理，2008（6）.

⑥ 段云飞. 应对粮食直接补贴绩效问题建立制度创新机制研究——来自河北粮食直补工作的实地调研 [J]. 财政研究，2009（2）.

⑦ 梁世夫. 粮食安全背景下直接补贴政策的改进问题 [J]. 农业经济问题，2005（4）.

⑧ 杨光焰. 粮食直接补贴：建立产销区间的成本分担机制 [J]. 调研世界，2005（1）.

⑨ 杨茂. 中国农业粮食直接补贴政策效应的实证分析研究 [J]. 中国农机化，2007（2）.

⑩ 刘桦，朱云. 对中央粮食直补及其他农业补贴的政策建议 [J]. 农业科技与信息，2008（21）.

⑪ 李喜童. 新形势下我国粮食直补政策实施中的问题与解决思路 [J]. 商业时代，2009（19）.

# 二、粮食补贴政策理论依据

## （一）粮食是人类社会生存和发展的重要物质基础

### 1. 粮食为人类提供基本生活资料

粮食是人类生存和发展的基本食品，其有效供给不仅是经济持续发展和社会安定的基础，而且是保障劳动力再生产的重要物质基础。马克思对粮食生产有重要论述：无论是农业劳动和工业劳动的巨大分工，还是生产食物的农业劳动和生产原料的农业劳动的分工，归根结底都是建立在生产粮食的农业劳动的自然生产率的基础上①。这就把粮食生产提高到农业生产的首要地位，把其看作制约着其他一切非粮食生产的决定性因素。马克思把粮食生产看成是农业生产区别于其他非农业生产的最重要特征的原因在于，人类要获得自身生存的首要物质资料，必须不断地从有生命的动物和植物等有机体中汲取必不可少的蛋白质、碳水化合物等营养要素，而这些动植物产品的生产，最终只能依靠农业内部的种植业。植物凭借着自身的生活机能，通过光合作用，将吸收大气中的二氧化碳以及土壤中的水分和养分，合成碳水化合物，使无机物转化为有机物，这也是一切动物的生长繁殖的原始基础。因此，吸收太阳能和自然界无机物质，通过光合作用合成碳水化合物、蛋白质等营养要素，是农业生产与再生产区别于其他产业部门所特有的功能。

### 2. 粮食为国民经济健康发展提供支撑

粮食产业是整个国民经济的基础，一方面，作为上游产业，它不仅为居民提供基本生活资料，维系劳动力再生产，而且是工业发展所需原材料的重要来源，其产量和价格的稳定有利于整个社会经济的健康发展。另一方面，粮食是一个国家重要的安全保障物质，粮食富足可以有效摆脱对国外粮食的依赖，进而有利于保障国家主权安全。同时，我们也应看到粮食生产的弱质性。从某种意义上说，粮食生产的基础性和弱质性决定了粮食补贴的必要性。马克思在《资本论》第二卷中指出：农业生产与再生产的一个重要特点在于，它是自然再生产与经济再生产的相互交织，农业生产时间与劳动时间的差别相当显著，农业生产时间不仅包

---

① 许经勇. 马克思论农业是国民经济的基础及其面临的市场风险 [J]. 当代经济研究，2008（4）.

括劳动持续时间，而且包括劳动时间以外自然力独立起作用的时间。由于无偿自然力（不需人类支付）在农业生产过程中起很大作用，因此，从这个意义上说，农业的物质生产率（使用价值生产率）要比其他生产部门的生产效率高。但是，"价值，从而还有剩余价值，并不是由农业生产阶段的持续时间决定的，而是由这个生产阶段内耗费的劳动时间（包括物化劳动时间和活劳动时间）决定的。而且只有活劳动时间按照它同物化劳动时间之比才能够创造剩余价值"，"从这方面看，农业生产部门比其他产业部门的生产效率更低（这里是指价值生产的生产率）"。由此也决定了农业是社会效益高、而自身效益低的弱质产业，在市场配置资源的竞争中处于被弱化的地位①。

## （二）粮食具有准公共物品属性

粮食不仅具有提供食物和植物纤维等商品的功能，还能为人类提供社会、环境、文化等方面的非功能性功能。粮食生产作为自然再生产和经济再生产的统一体，是人类生存与发展的物质基础和生态基础。生态性产品是指由农业生态系统直接提供给全社会成员消费，属于纯公共物品，外部性明显，难以通过市场竞争得到物质上和价值上相应补偿。粮食产业的正外部效应会使其他部门发展的基础环境变好、发展成本变低，从而取得较好的经济效益及比较利益。但是粮食产业部门因无法弥补相应的成本导致比较利益相应下降。因此，为了维护粮食的生态经济基础，鼓励粮食产业向社会提供正外部效应，必须将粮食产业外部效应内部化，推行粮食补贴政策，由政府对享受外部性的非粮食产业部门征收相应的税费补贴给粮食产业②。另外，从经济学角度看，粮食产业本身的基础地位及其弱质性决定其需要政府支持。农业基础设施、农业科技创新、农民的技术培训等公共产品的有效投入对农村经济发展具有重要作用，但是，由于它们具有明显的外部性使得这些领域存在市场失灵和免费搭车行为，需要政府对粮食生产相关的经济活动进行干预，即政府应通过相应的政策措施从社会上其他部门收益中拿出一部分来补偿粮食生产部门的损失，将粮食产业产生的综合社会效益与经济效益的差额返给粮食产业。

---

① 许经勇.马克思论农业是国民经济的基础及其面临的市场风险 [J].当代经济研究，2008 (4).
② 曹芳.农业国内支持政策对农民收入的影响研究 [D].南京农业大学博士学位论文，2005.

### (三) 粮食供给和需求具有特殊性

#### 1. 粮食供给的价格弹性大

由于粮食生产受土地、技术等要素的影响较大，使得粮食供给的价格弹性也相对较大。按照一般的西方经济学原理，粮食价格是由市场供给和需求两个方面的力量共同决定的，当粮食供给小于需求时，粮食价格就会上涨，而粮价的上涨，会刺激粮食生产部门扩大生产，增加供给，另外，粮食生产扩大又会引起劳动力、农资等生产要素需求增加，进而引起工资水平及生活资料价格的提高。反之，当粮食供给大于需求时，粮食价格就会下降，进而导致粮食的供应量趋减，直到供需平衡。供给价格弹性是指供给量对价格变动的反应程度，粮食的供给弹性是需求变动导致价格变动引起的，粮食生产虽然受土地等自然资源的约束，但由于生产要素之间具有可替代性，技术进步可以克服自然资源短缺的局限性，因而粮食的供给弹性相对较大。

#### 2. 粮食需求的价格弹性小

商品价格的变动会引起需求量的变动，所以可用需求价格弹性来反映商品需求量对其价格变动反应的灵敏程度，即用某商品的需求量（对企业来说是销售量）变动率与其价格变动率之比的大小来反映。粮食的需求价格弹性受粮食价格以及消费者的收入影响，粮食价格降低，粮食消费会相应增加，但是粮食的消费大都表现为人们生理需求的满足，其可替代性较小。在人口总量增长趋缓的情况下，由于人们生理需求的相对稳定性，因而粮食市场需求量也具有相对平稳的特点。另外，根据恩格尔定律，随着消费者收入增加，消费者用于食品的支出所占比重反而会相对减少，收入增加越多，用于食品消费的支出所占比重就会越少，而用于其他消费的支出所占比重相对就越多，这两方面都使得粮食需求的价格弹性较小。根据我国 1984~2003 年粮食产量、消费量及粮食价格指数计算的粮食供给价格弹性和需求价格弹性可知，粮食的供给价格弹性一般要远远大于需求价格弹性（详见表 4.1）。

表 4.1  1984~2003 年粮食生产量、生活消费量及价格弹性

| 年份 | 粮食产量（万吨） | 生活消费量（万吨） | 供给价格弹性 | 需求价格弹性 |
| --- | --- | --- | --- | --- |
| 1984 | 40731 | 26053 | — | — |
| 1985 | 37911 | 26642 | −0.39 | 0.13 |
| 1986 | 39151 | 27164 | 0.25 | 0.15 |
| 1987 | 40298 | 27203 | 0.48 | 0.02 |
| 1988 | 39408 | 27323 | −0.16 | 0.03 |

续表

| 年份 | 粮食产量（万吨） | 生活消费量（万吨） | 供给价格弹性 | 需求价格弹性 |
|------|------|------|------|------|
| 1989 | 40755 | 26950 | 0.14 | −0.06 |
| 1990 | 44642 | 27303 | 2.88 | 0.4 |
| 1991 | 43529 | 27160 | −2.45 | −5.24 |
| 1992 | 44266 | 27642 | 0.13 | 0.14 |
| 1993 | 45649 | 27052 | 0.13 | 0.09 |
| 1994 | 44510 | 26704 | −0.05 | −0.03 |
| 1995 | 46662 | 26852 | 0.13 | 0.02 |
| 1996 | 50453 | 26735 | 1.4 | −0.08 |
| 1997 | 49417 | 26136 | 0.21 | 0.23 |
| 1998 | 51229 | 26091 | −1.27 | 0.06 |
| 1999 | 50839 | 25979 | 0.22 | 0.13 |
| 2000 | 46218 | 25242 | 0.82 | 0.26 |
| 2001 | 45264 | 24470 | −0.04 | −0.06 |
| 2002 | 45706 | 24122 | −0.15 | 0.22 |
| 2003 | 43070 | 23047 | −0.35 | −0.09 |

资料来源：肖国安. 中国粮食安全研究 [M]. 北京：中国经济出版社，2005.

### 3. 粮食供求平衡分析

由上述分析可知，粮食属于准公共产品，因此可用公共产品均衡理论对粮食的供求平衡进行分析：

（1）庇古均衡。英国经济学家庇古（A.C.Pigou）最早对公共产品的均衡问题进行了分析。他在研究税收的原则时，探讨了资源如何在私人产品和公共产品之间进行最优配置的问题。庇古从基数效用论出发，假定每个人在消费公共产品时都可从公共产品的消费中受益（获得效用）；而每个人为了支付该种公共产品而交纳的税收又会给纳税人（公共产品的消费者）带来负效用。庇古把税收产生的负效用定义为放弃私人产品消费的机会成本。他认为，公共产品应该持续提供到最后一元钱所得到的正边际社会效用等于最后一元钱为公共产品纳税的负边际效用，即对于每个人来说，公共产品的最优供给发生在这样一点上：公共消费品的边际效用=纳税的边际负效用[①]。如图 4.1 所示。

---

① 平新乔. 财政原理与比较财政制度 [M]. 上海：上海三联书店，上海人民出版社，1995.

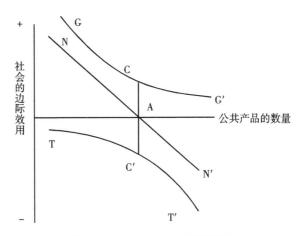

**图 4.1　庇古的公共产品提供图**

在图 4.1 中，GG′表示公共产品提供带来的正边际社会效用，TT′表示为提供公共产品而纳税所带来的负边际社会效用，NN′表示二者相抵之后的边际社会净效用。在图中，点 A 是公共产品提供最佳数量所在之处。该点满足 |AC | = |AC′|，这时，NN′为零。

（2）萨缪尔森局部均衡。农村公共产品的非排他性和非竞争性特征使得农村公共产品在需求和价格的决定方面与农村私人产品存在较大的差别。在农村私人产品市场上，消费者的需求偏好可以通过需求曲线真实地表达出来，该种产品的社会总需求曲线是所有农民需求曲线的横向加总，价格机制可以很好地调节这种产品的供求以达到均衡。对农村公共产品来说，消费者的偏好不能在市场中直接反映出来，不同的个人对于该产品的偏好也难以加总，因此在农村公共产品市场上不存在私人产品市场上那样的总需求曲线。萨缪尔森通过构建的"虚假的需求线"并且把每个人对不同数量公共产品的支付意愿线（虚假的需求线）垂直相加[①]，得到该种公共产品的总需求曲线，借助于该需求线分析公共产品的均衡条件。

图 4.2 显示了某种农村公共产品的局部均衡。$D_A$、$D_B$ 分别代表 A、B 两人的个人需求曲线，即萨缪尔森的"虚假的需求线"，总需求曲线为 $\sum D = D_A + D_B$，S 代表该种农村公共产品的供给曲线（也就是边际成本线）。$\sum D$ 与 S 的交点就确

---

① 由于个人通常情况下不会真实表露其对一定数量的公共产品的真实偏好，即愿意支付的价格（税费）水平，所以称其为"虚假的需求曲线"。而且当某种公共产品一旦提供后，每个消费者所能支配的是同样数量的该种公共产品，但是其愿意支付或者所能够支付的价格不同，因此该产品的总需求曲线就表现为每个消费者需求曲线的垂直加总。

定了该种农村公共产品的均衡产量 $Q_0$ 以及对应的均衡价格为 $P_0$，$P_A + P_B = P_0$。$P_0$ 表示 A、B 两人消费公共产品应付出与之相应的价格总和。$P_A$ 和 $P_B$ 分别为 A、B 两人的愿意支付价格，由于每人的支付价格与其消费公共产品获得的边际效用相等，二者支付的价格总和（社会边际成本）也可表现为他们消费公共产品得到的边际效用（社会边际效用）的总和[1]。因此，交点 T 反映了社会的边际成本等于社会边际效用，这便是公共产品供给达到局部均衡的实现条件，实现了帕累托最优。

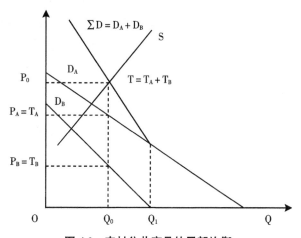

**图 4.2　农村公共产品的局部均衡**

从对该种农村公共产品的局部均衡分析中，可以看到 $\sum D$ 是一条带有拐点的曲线，其含义是，当公共产品的供给量超过 $Q_1$ 点之后，A 将拒绝支付税收，从而这种公共产品的生产成本将全部由 B 来承担。以防洪设施为例，消费者 A 所处的地势比较高，而且上游的雨水较少，那么他对防洪的要求就比较低，愿意支付的价格水平也较低。而消费者 B 希望政府将更多的资金投入防洪体系的建设，以防止洪涝灾害的发生。A 却不愿意为防洪体系的建设而多付一美元。这种消费者愿意为公共产品而支付的价格被称为"公共产品的个人化和个性化价格"[2]。

（3）威克塞尔—林达尔均衡（改进局部均衡）。威克塞尔（Knut Wicksell）和林达尔（Eric Lindahl）试图通过实证研究，把自己建立的模型与实际政治生活中的决策过程结合起来，寻找实现公共产品供求均衡的条件，即公共产品合理的供给数量以及每人应承担的相应成本（税收）。

---

① 王国清，马骁，程谦. 财政学 [M]. 北京：高等教育出版社，2006.
② C.V.布朗，P.M.杰克逊. 公共部门经济学 [M]. 北京：中国人民大学出版社，2000.

W-L 模型描述的是公共产品提供的虚拟均衡过程。模型假定社会仅有 A、B 两个势力相当的群体，其税赋总份额为 1，且赋税的总和正好补偿提供给他们的公共产品的全部成本。具体均衡过程如图 4.3 所示：纵轴 h 代表消费者 A 承担的提供公共产品总成本的份额。A、B 的税收份额分别为 h、1–h。为便于分析，可以把税收份额视为税收价格。横轴 G 代表所提供的公共产品数量或公共支出量。曲线 AA 和 BB 分别代表个人 A 和 B 对公共产品的需求。曲线 AA 的原点是 $O_A$，BB 的原点是 $O_B$。对 A 来说当其负担公共产品 G 费用份额 t 越高，所愿意接受的公共产品数量越少。因此，AA 是向右下倾斜的。BB 亦可同样解释。A 与 B 之间经过对 G 和 t 的重复博弈，最终在交点处达到均衡，此时双方都同意的公共产品的产出水平，即均衡公共产品数量为 G*，A 与 B 负担的税赋份额分别为 t* 和（1–t*）。h* 和 G* 的组合被称为林达尔均衡，相应的税收价格就是林达尔价格[1]。这是一种纳什均衡，它意味着对任何个人来说，如果改变配置都将使处境变坏，他就会阻止这种结果发生。因此，林达尔均衡达到帕累托最优[2]。也就是说，如果每一个社会成员都按照其所获得的公共产品的边际效益的大小来承担自己应当分担的公共产品的成本，则公共产品的供给量能够达到具有效率的最优水平。

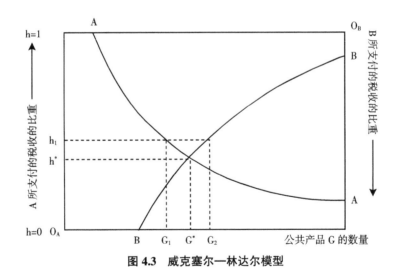

**图 4.3　威克塞尔—林达尔模型**

由上述分析可以看出，林达尔均衡的核心问题是双方讨价还价过程中的偏好和信息显示问题，只有消费者真实地反映自己对公共产品的需求信息，才能够承担相应的成本。然而，这也正是公共产品有效供给的困难所在，因为公共产品的

---

① 许云霄. 公共选择理论 [M]. 北京：北京大学出版社，2006.

② 杨志勇，张馨. 公共经济学 [M]. 北京：清华大学出版社，2005.

非竞争性和非排他性决定了消费者不愿显示自己的偏好，进而公共产品的最优规模也就无法确认，所以很难达到林达尔均衡。

4. 粮食供给和需求相对平衡不能单靠市场调节

粮食不仅是全体社会成员的必需商品，而且是国民经济战略物资。如果粮食供求出现严重不平衡，就可能引发大的经济社会波动。我国 20 世纪 80 年代末和 90 年代初出现的通货膨胀，都与粮食供求出现问题有关。从某种意义上讲，粮食可以称为基础性准公共产品，由上述粮食供求均衡分析可知，仅仅靠市场调节难以实现粮食供给与需求的大致平衡矛盾。同时，粮食生产是自然再生产和经济再生产相结合的产物，不仅受自然风险影响，而且受市场风险影响，是典型的弱质产业。加之我国农业基础设施薄弱、农业生产经营规模小、科技投入不高等，粮食生产比较效益相对较低。目前，粮食与棉花、蔬菜的效益比分别为 1：5、1：4，严重影响了农民的种粮积极性。因此，政府必须出台相关扶持政策，鼓励粮食生产，调节粮食供求平衡。这也是世界各国尤其是发达国家的普遍做法。

## （四）粮食安全关系国家安全

粮食所具有的自然属性和社会属性决定着粮食在国家、社会、家庭中的重要地位。我国古代历朝历代的统治者都非常重视粮食安全问题，并不遗余力地从生产、仓储、流通等各个环节提高自身粮食保障能力，维持粮食的总供应量和总需求量的相对平衡，力图实现国家的长治久安。在当今社会，粮食更是国家的基本战略物资，关系着国家经济社会发展、国家安全、社会稳定以及国家的主权与独立。比如，2007 年世界最大的农产品交易市场——芝加哥期货交易所的综合农产品（小麦、大豆、玉米和水稻）交易量比 2006 年增长近 40%，粮食价格上涨了 30%。粮食价格飞涨影响到了世界所有国家，埃及、喀麦隆、印度尼西亚、塞内加尔、巴基斯坦等许多发展中国家相继爆发了因食品涨价而导致的示威和骚乱，并造成多人死亡和受伤，严重威胁到了社会的稳定。

# 三、新中国成立以来我国粮食补贴政策变迁

经济发展战略是对整个经济发展所作出的带有全局性和方向性的长期规划和行动纲领，作为经济政策的一个重要组成部分，粮食扶持政策必须服从和服务于特定的经济发展战略。与国家整体发展战略相适应，新中国成立以来，影响我国

粮食生产的相关扶持政策大致经历了以下几个阶段：

## （一）土地改革时期（1949~1952 年）

新中国成立后，国家继续稳步推进土地革命，恢复农业生产。1950 年 6 月 30 日颁布的《中华人民共和国土地改革法》规定：对地主，除没收其土地、耕畜、农具、多余的粮食和在农村多余的房屋外，其他财产不予没收；对富农自耕、雇人耕种和出租的小量土地及其他财产保留不动，但在某些特殊地区，经省以上人民政府批准，可征收其出租土地的一部分或全部；半地主式的富农出租大量土地，超过其自耕和雇人耕种的，应当征收。政务院还于 1950 年 11 月 21 日颁布了《城市郊区土地改革条例》，专门规定了城市郊区的土地改革办法。到 1952 年，除中国台湾、西藏和新疆等少数地区，全国基本上完成了土地改革。新中国的土地革命推翻了封建土地制度，解放了农村生产力，促进了农业生产的恢复和发展，为粮食生产的发展奠定了良好基础。1952 年，我国粮食总产量由 1949 年的 11318 万吨增加到 16391.1 万吨，增长 44.82%。

这一时期，粮食市场多种经济成分并存，实行自由贸易，私营粮食商业占很大比例，由于粮食供求较为突出，一些不法商贩乘机囤积居奇，哄抬粮价，导致粮价剧烈波动。面对严峻形势，政府通过加强市场管理、培育国有粮食商业、努力掌控粮源、适时吞吐调节等一系列措施，基本保证了粮食市场和价格的稳定。

## （二）统购统销时期（1953~1978 年）

土地革命完成后，国家通过引导农民走互助合作道路，解放生产力，同时在农业基础设施建设、提高农业物质装备水平、加快农业科技进步方面取得了显著成效，进一步为粮食生产的发展打下了坚实的基础。1953 年起，我国实施第一个五年计划，开始进行大规模的经济建设，并推行了违背比较优势的赶超战略，使得人们对粮食的需求日益增长，粮食供求十分紧张。国家为控制粮食市场，稳定粮价，保障粮食供应，专门出台了《关于实行粮食的计划收购和计划供应的命令》，规定从 1953 年 12 月开始，在全国范围内对粮食实行计划收购和计划销售，也就是统购统销：对农村的余粮户，在留足口粮、种子、饲料以及缴纳农业税后，政府统购农村绝大部分余粮，对缺粮农民及城镇居民实行统购统销。同时，对农业生产资料的投入、农产品的生产决策、农产品的销售过程进行全面的干预。当时的农业生产指令性计划无所不包，不仅规定了每种农作物的面积，而且还明确了产量和投入水平等，除棉花、油菜以外的其他经济作物大多被限制，甚至禁止种植。这种政策安排在粮食供应能力不强的条件下，基本解决了城市人口的吃饭问题，但却让广大农民付出了沉重的代价。在统购统销时期，严禁私营粮商自由经营粮食，对粮食价格实行统一管理，由政府定价。

在"三年自然灾害"之后的几年里，我国采取了更为现实的农业发展政策，对重工业导向的发展战略进行调整，暂时实行农业优先的战略，并要求工业为农业发展提供服务。相应地，现代农业技术的采用和农业生产要素的投入也有了明显的增加。由于这一阶段粮食成本上升，粮食生产率低，制约了粮食生产的发展，为了促使粮食生产发展，国家采取对粮食经营费用补贴政策，并在 1962 年再次开放了农村粮食集贸市场，供销社可以在集市上收购粮食，也可以用工业品换粮食，这就大大减轻了国家依靠粮食补贴来促进粮食发展的压力。这些调整使粮食生产得到了较快增长，到 1966 年，粮食产出又重新恢复并超过了 1958 年的产出水平。

## （三）市场化改革调整时期（1979~2003 年）

### 1. 1979~1984 年粮食补贴政策

1979 年我国开始对人民公社制度进行彻底改革，实行以家庭联产承包责任制为核心的农业制度，从根本上突破了原有的计划经济模式，释放了农民长期受到压抑的生产积极性，解放和发展了农村生产力，带来了农村经济和社会发展的历史性巨变：粮食和其他农产品大幅度增长，由长期短缺到总量大体平衡、丰年有余。农业税征收方式的特殊性决定了它在调节粮食生产投入方面作用低微，所以，在粮食尚属短缺的历史背景下，为了调节粮食作物与经济作物之间的收益水平，避免经济作物占用更多的耕地，进一步鼓励粮食生产，1983 年 11 月 12 日，国家开征农业特产税。农业特产税的征收，具有明显的压抑经济作物等高价值农产品生产的客观作用，是在短缺经济条件下为了加强大田粮食生产而采取的一种差别性农业税收，在当时的客观背景条件下，也起到了促进粮食生产的积极作用。

我国在该时期进行了粮食流通体制改革，但是基本没有触及统购统销体制，主要是调整粮食收购数量和价格，这一时期粮食补贴的主要目的是在提高粮食收购价格的同时维持原来的销售价格，因此，补贴的对象既包括农民和城市居民，还包括粮食购销企业，但补贴重点是城市居民。资料显示：1978 年国家财政补贴粮食购销倒挂的金额为 38.4 亿元，1984 年的补贴金额增加到 234.1 亿元，比

1978 年增长了 6 倍多，占当年财政收入的比例由 3.4%提高到 15.6%①。

2. 1985~1993 年粮食补贴政策

1985 年 1 月，国家出台《关于进一步活跃农村经济的十项政策》，明确规定粮食、棉花取消统购统销，改为合同订购②，不再设置任何强制性农业生产计划，并且强制性国家征购定额也将改为国家和农民之间的购买合同，由国家商业部门在播种前同农民协商，签订定购合同，定购以外的粮食实行自由购销，至此我国粮食政策由原来的统购统销改为定购统销和议购议销的"双轨"运行政策。

然而，合同收购制度开始实施的第一年就遇到了许多问题：和成千上万的农户签订合同的管理成本巨大，执行合同的手段也十分有限。更重要的是，由于1985 年后农业增长率放慢以及粮食产量下降，使国家从原来的政策上倒退，自愿的合同收购再度恢复了强制的性质。1985 年的政策并没有公开宣布放弃，合同的称谓仍然保留，但这并不能否认合同的强制性质。收购的数量根据家庭承包责任制下农户承包的耕地分配到每个农户。1990 年实行的粮食最低保护价制度和粮食专项储备制度，是该时期粮食流通体制的一项重大改革。1993 年 2 月，国务院发布《关于加快粮食流通体制改革的通知》，指出在国家宏观调控下放开粮食价格，实行"统一政策、分类指导、逐步推进"的改革思路，争取在二三年内全部放开粮食价格。但是由于通货膨胀的影响，这项放开粮食价格的重大改革基本被搁置。

在这一时期，粮食统销体制基本解体，国家在出台粮食保量放价政策，实现最低保护价制度的同时，建立粮食风险基金和储备体系，明确规定中央及地方财政应将减下来的粮食加价、补贴款全部用于建立粮食风险基金。粮食补贴也逐步由补贴粮食企业经营费用和购销差价且以购销差价为主的方式开始转向补贴粮食企业等流通环节，并以粮食风险基金为主要补贴形式。

3. 1994~2003 年粮食补贴政策

市场化在 20 世纪 90 年代初有所进展，1995 年，国家开始实行"米袋子"省长负责制，并提高了粮食定购价格。粮食补贴方式仍然主要是对粮食企业等流通环节进行补贴。随着粮食的市场价格大幅上涨，政府出于对粮食安全的考虑，恢复了对粮食市场的行政干预。中央政府要求各省负责对本省粮食供给和需求的平衡，从而强化了地方政府对粮食生产和销售的干预。

1998 年 5 月国务院出台《关于进一步深化粮食流通体制改革的决定》，明确提出实行"四分开、一完善"的办法，四分开是指：中央与地方责任分开、政企

① 唐正芒. 新中国粮食工作六十年 [M]. 湘潭：湘潭大学出版社，2009.
② 胡寄窗，谈敏. 新中国经济思想史纲要（1949~1989）[M]. 上海：上海财经大学出版社，1997.

分开、储备与经营分开以及新老财务账目分开，一完善是指完善粮食价格机制，加快国有粮食企业自身改革。同年，财政部和中国农业发展银行出台《关于完善粮食风险基金管理办法》，规定粮食风险基金专项用于对省级储备粮油的利息、费用补贴和粮食企业超过正常库存粮食的利息、费用补贴的支出。同时，中央财政对专项储备粮的利息、费用等支出给予补贴。2001 年 7 月，国务院出台《关于进一步深化粮食流通体制改革的意见》，进一步明确提出了"放开销区、保护产区、省长负责、加强调控"的粮食改革思路。至此，粮食风险基金补贴和国家储备粮补贴逐步成为粮食补贴的主要形式。

综上所述，在该时期国家对粮食生产者、粮食消费者及粮食流通部门都进行了补贴，而且在不断地探索调整。应该说在当时特定的历史条件下，这些补贴政策对调动粮食生产者的积极性、促进粮食生产起到了相当重要的作用。但是对粮食消费者补贴（由于购销价格倒挂）以及对粮食流通部门的补贴（保护价收购）均造成了巨大的财政负担。另外，保护价政策的效率很低，据财政部测算，中国粮食价格补贴的效率仅为 14%，即国家补贴 100 元，农民只得 14 元，远低于发达国家 25% 的水平[①]。

根据刘若峰等人的研究[②]，我国 40 多年来工农业发展总是沿着"忽视农业—农业受阻—影响工业增长—进行政策调整—农业好转—忽视农业……"的轨迹运行，形成了以工业为中心的"偏斜发展—发展受阻—偏斜调整"这样的经济偏斜发展循环。新中国成立以来大致经历了三个工业偏斜发展循环周期，如表 4.2 所示，我国农业、粮食总产量也大体呈现出相应的波动轨迹，凸显了农业和粮食生产的"政策主导"。而且，从我国粮食生产扶持政策的波动轨迹可以发现，粮食生产扶持政策的调整主要取决于对粮食的稳定目标和效率目标的追求。市场化改革以来，我国粮食政策是在统购统销政策的基础上进行的边际调整，时至今日仍能在现行政策中看到统购统销的痕迹。每当粮食供应由短缺转化为过剩（结构性或阶段性）时，原有的政策安排就表现出了其巨大的实施成本，这时国家就从效率目标出发调整政策，表现为市场的放开，"统"的程度有所放松；当粮食供应紧张时，政府马上放弃效率目标，转而求粮食市场价格的稳定，加强对粮食生产、流通的行政干预，回归到原有的政策。之所以如此，一个合理的解释就是，已有的政策实施成本比较低，可以在较短时期内实现稳定的目标。

所以，任何事物都是两面的，政策在对粮食生产投入具有正面效应的同时，也能导致粮食生产投入和产量的异常波动。从粮食产量波动系数（年度丰歉率）

---

① 占金刚. 我国粮食补贴政策绩效评价及体系构建 [D]. 湖南农业大学博士学位论文，2012.
② 刘若峰. 中国农业的变革与发展 [M]. 北京：中国统计出版社，1997.

变动趋势图 4.4 上可以看到，粮食生产的政策导向十分明显，而要避免因政策因素导致的粮食产量的异常波动，必须使对农业和粮食生产的政策规范化、法制化，提高政策的稳定性和连贯性，为农业和粮食生产提供稳定的、制度化的投入来源。

表 4.2 新中国成立以来我国经济偏斜发展循环周期表

| 周期 | 年份 | 阶段 | 农业年平均增长率（%） | 工业年平均增长率（%） | 国民收入平均增长率（%） | 粮食总产量平均增长率（%） |
|---|---|---|---|---|---|---|
| I | 1952~1957 | 偏斜发展 | 4.5 | 17.9 | 8.9 | 5.2 |
| | 1958~1962 | 发展受阻 | −1.43 | 3.8 | −3.1 | −3.9 |
| | 1963~1965 | 偏斜调整 | 11.1 | 17.9 | 14.7 | 6.7 |
| II | 1966~1971 | 偏斜发展 | 3.7 | 12.1 | 8.1 | 4.3 |
| | 1972~1978 | 发展受阻 | 2.9 | 8.9 | 5.2 | 2.9 |
| | 1979~1984 | 偏斜调整 | 7.7 | 9.5 | 8.2 | 4.9 |
| III | 1985~1988 | 偏斜发展 | 4.1 | 17.8 | 10.6 | −0.8 |
| | 1989* | 发展受阻 | 3.1 | 8.2 | 3.7 | 3.4 |
| | 1989~1991 | 偏斜调整 | 4.7 | 10.1 | 5.5 | 3.4 |

资料来源：杨素群.中国农业现代化重大关系研究 [M].北京：中国人民公安大学出版社，2001.

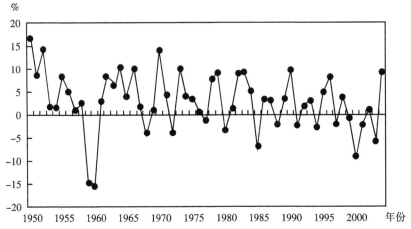

图 4.4 1950~2010 年中国粮食产量波动系数（年度丰歉率）变动趋势图
资料来源：历年《中国统计年鉴》和《新中国 50 年》。

## （四）"三农新政"时期（2004 年至今）

1997 年以来，我国粮价连续几年走低，甚至出现了粮食的投入比产出还大的情况，由于比较利益偏低，加之自然和经济的双重风险，使得种粮农民更加困难，严重影响了农民的种粮积极性。2003 年，我国粮食产量跌破 4500 亿公斤，只有 4306.7 亿公斤，跌回到 20 世纪 90 年代的最低点；人均粮食占有量则仅比改革开放以来的最低年份（1978 年为 316.6 公斤）高出不足 17 公斤，为 20 年来最低点；播种面积也出现大幅下降，跌破 1 亿公顷大关，成为 1949 年以来我国粮食播种面积最低水平（如图 4.5 和图 4.6 所示），这些都严重影响着国家的粮食安全。

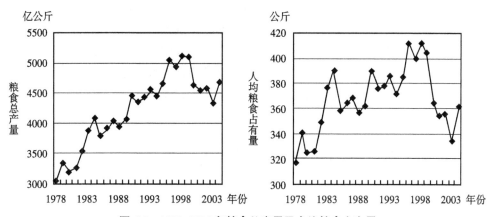

**图 4.5　1978~2004 年粮食总产量及人均粮食占有量**

资料来源：历年《中国统计年鉴》。

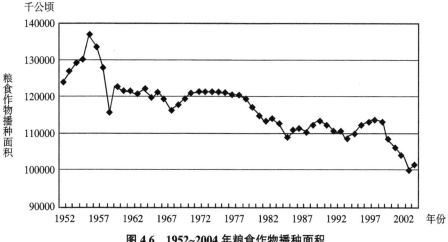

**图 4.6　1952~2004 年粮食作物播种面积**

资料来源：历年《中国统计年鉴》。

同时，随着改革开放的逐步深入，市场化改革调整时期所实行的大多与粮食购销政策体制相关的粮食补贴政策弊端日益显现，再加上加入世贸组织后，我国的粮食生产和销售面临着更加复杂的国际环境。在此背景下，从 2000 年开始，我国开始探索粮食补贴方式的改革，基本思路是从粮食风险基金中拿出一部分补贴给流通企业的资金直接补贴给种粮农民，即粮食直接补贴制度。2002 年中央开始进行粮食直接补贴方式改革，首批试点选择安徽（来安县、天长市）和吉林（东丰县），河南和湖北也对粮食补贴政策进行了相应调整，即减少对粮食流通环节的补贴，增加对粮食生产环节的直接补贴。2003 年粮食直补改革的试点扩大至 13 个粮食主产区。从 2004 年起，国家开始在全国推行以对粮食生产者直接补贴为主要内容的粮食补贴政策，并在之后几年的实践中逐步发展和完善，我国目前已初步形成了种粮农民直接补贴、农资综合补贴、良种补贴、农机购置补贴以及粮食最低价收购等多种政策相结合的粮食补贴政策体系。

# 四、我国现行粮食补贴政策及其评价

## （一）我国现行粮食补贴政策框架及主要内容

1. 我国现行粮食补贴政策框架形成过程

我国现行粮食补贴政策框架形成过程详见表 4.3。

**表 4.3　我国现行粮食补贴政策框架形成过程**

| 年份 | 文件名称 | 关键词 | 主要内容 |
|---|---|---|---|
| 2004 | 《中共中央国务院关于促进农民增加收入若干政策的意见》 | 实行种粮直补促进农民增收 | 开始在全国范围内大规模地实行粮食直接补贴政策，从粮食风险基金中拿出约 100 亿元资金，主要对粮食主产区的种粮农民进行直接补贴、良种补贴和农机购置补贴。同时要调整农业结构，扩大农民就业，加快科技进步，深化农村改革，增加农业投入，强化对农业支持保护，力争实现农民收入较快增长，尽快扭转城乡居民收入差距不断扩大的趋势 |

续表

| 年份 | 文件名称 | 关键词 | 主要内容 |
|---|---|---|---|
| 2004 | 《国务院关于进一步深化粮食流通体制改革的意见》 | 放开粮食收购价格 | 要放开粮食收购价格，通过市场机制来形成粮食收购价格，国家在充分发挥市场机制配置资源的基础上对粮食供求状况进行宏观调控，当粮食市场供求出现重大变化时，由国务院决定对短缺的重点粮食品种在粮食主产区实行最低收购价政策 |
| 2005 | 《中共中央国务院关于进一步加强农村工作提高农业综合生产能力若干政策的意见》 | 提高农业综合生产能力、对产粮大县给予奖励 | 要坚持"多予、少取、放活"的方针，稳定、完善和强化各项支农政策，加强农村基础设施和生态建设，切实加强农业综合生产能力建设，继续调整农业和农村经济结构，进一步深化农村改革，努力实现粮食稳定增产、农民持续增收，促进农村经济社会全面发展。为逐步缓解粮食主产县财政困难，调动地方政府重农抓粮的积极性，促进粮食稳产增产，中央对产粮大县给予财力性奖励 |
| 2006 | 《关于对种粮农民柴油、化肥等农业生产资料增支实行综合直接补贴的通知》 | 实行农资综合补贴 | 新增加125亿元补贴资金，对2006年种粮农民的柴油、农药、化肥、农膜等种粮生产资料实行综合直接补贴，这是我国第一次根据农药化肥等粮食生产资料价格上涨实行对种粮农民进行直接补贴政策 |
| | 《关于完善粮食流通体制改革政策措施的意见》 | 完善粮食直补和最低价收购 | 要完善粮食直接补贴政策和最低收购价政策 |
| 2007 | 《中共中央国务院关于积极发展现代农业扎实推进社会主义新农村建设的若干意见》 | 完善粮食直补等补贴制度、发展现代农业 | 要不断巩固、完善和加强种粮农民直接补贴政策、良种补贴政策、农机具购置补贴政策和农业生产资料综合补贴政策，逐步形成目标清晰、受益直接、类型多样、操作简便的补贴制度。加大对"三农"的投入力度，加快农业基础建设，推进农业科技创新，开发农业多种功能，提高农业素质、效益和竞争力，健全农村市场体系，深化农村综合改革，全面推动现代农业发展 |
| 2008 | 《中共中央国务院关于切实加强农业基础建设进一步促进农业发展农民增收的若干意见》 | 加强农业基础建设 | 加快构建强化农业基础的长效机制，切实保障主要农产品基本供给，突出抓好农业基础设施建设，着力强化农业科技和服务体系基本支撑，逐步提高农村基本公共服务水平，稳定完善农村基本经营制度和深化农村改革 |
| 2009 | 《中共中央国务院关于2009年促进农业稳定发展农民持续增收的若干意见》 | 农业稳定发展、农民持续增收 | 加大对农业的支持保护力度，稳定发展农业生产，强化现代农业物质支撑和服务体系，稳定完善农村基本经营制度，推进城乡经济社会发展一体化 |

由表 4.3 可以看出，我国从 2004 年开始全面实施新一轮粮食流通体制改革，随后根据形势变化逐步进行调整完善，至今已初步形成了以种粮农民直接补贴、农资综合直补为主要内容的综合收入型补贴政策（粮食综合补贴）和以良种补贴、农机购置补贴为主要内容的专项生产型补贴政策以及粮食最低价收购政策相结合的相对完善的粮食补贴政策体系（如图 4.7 所示）。

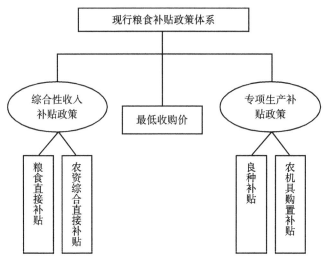

**图 4.7  我国现行粮食补贴体系**

2. 我国现行粮食补贴政策主要内容[1]

我国现行粮食补贴政策主要有以种粮农民直接补贴、农资综合直补为主要内容的综合收入型补贴政策（粮食综合补贴），以良种补贴、农机购置补贴为主要内容的专项生产型补贴政策，粮食最低价收购政策，具体内容详见表 4.4。

**表 4.4  我国现行粮食补贴政策主要内容**

| | 综合收入型补贴 | 专项生产型补贴 | 粮食最低价收购 |
|---|---|---|---|
| 主要内容 | 对种粮农民直接补贴是指把原来对粮食流通环节的间接补贴转变为对种粮农民的直接补贴。农资综合补贴政策是指对种粮农民因柴油、农药、化肥、农膜等农业生产资料价格上涨而实行的综合性直接补贴政策 | 良种补贴政策通过统一供种或低价供种，鼓励农户采用优良粮食品种，加快新品种和新技术的推广，提高粮食单产水平，改善粮食品质;农机购置补贴促进农民购置大型农业机械，提高农业生产的物质装备水平，改善农业生产条件 | 最低收购价政策是指对某些粮食品种确定的最低收购价格，由中储粮总公司和其委托公司按照规定的最低收购价格收购种粮农民的粮食，是政府进行调控粮食市场的政策工具 |

① 张照新，陈金强. 我国粮食补贴政策的框架、问题及政策建议 [J].农业经济问题，2007 (7).

续表

| | 综合收入型补贴 | 专项生产型补贴 | 粮食最低价收购 |
|---|---|---|---|
| 政策功能 | 对种粮农民进行收入补偿，减轻粮食及农业生产资料价格波动对种粮农民收益的影响，促进农民增产增收，是财政直接转移支付，属于国民收入的再分配政策 | 通过实行补贴引导种粮农民改善农业生产作业条件，推动农业技术进步，提高粮食综合生产能力 | 最低收购价政策目标是保护农民利益，稳定粮食面积，保证粮食供给，实现供需平衡。由于粮食生产具有典型的"蛛网波动"特征，需要政府通过价格支持来实现粮食生产的稳定 |
| 作用机理 | 政策重点是补偿种粮农户，在瞄准机制上要求比较宽松，只要求包括种粮农户，而不要求完全排除非种粮农户。发放补贴时大多采取按照计税土地面积或计税常产向农户发放补贴，是"普惠制"补贴 | 政策重点是对农户生产行为的引导，补贴对象不仅要求符合条件的农民得到补贴，而且不符合条件的农民不能得到补贴 | 政策重点是稳定当期的粮食供给，对出售粮食的农户进行补贴，没有出售粮食的种粮农户无法得到补贴，从而达到鼓励农户稳定粮食种植面积、保障市场供给的政策目的 |

## （二）我国现行粮食补贴政策绩效分析

1. 变量选取、模型构建及数据来源

（1）变量选择和模型构建。根据传统的农业生产函数，粮食产量高低主要取决于土地、劳动、资本、技术、自然等因素。因此，本书选取柯布—道格拉斯（C-D）双对数生产函数，将粮食播种面积 a、农业从业人员 l、农业机械总动力 d、化肥施用量 f、受灾面积 z、前一期种植业收购价格指数 p 和粮食补贴 b 作为解释变量，分别反映粮食生产中土地、劳动、资本、技术、自然灾害和价格变化，为反映粮食补贴对粮食生产的影响，将粮食补贴 b 作为解释变量引入模型，粮食产量 y 作为被解释变量，建立面板回归模型如下：

$$\ln y = \beta_0 + \beta_1 \ln a + \beta_2 \ln l + \beta_3 \ln d + \beta_4 \ln f + \beta_5 \ln z + \beta_6 \ln p(-1) + \beta_7 \ln b + \varepsilon \quad (4.1)$$

为进一步分析粮食补贴中收入性补贴 $b_1$ 和生产性补贴 $b_2$ 对粮食产量的影响，分别将其引入模型中：

$$\ln y = \beta_{01} + \beta_{11} \ln a + \beta_{21} \ln l + \beta_{31} \ln d + \beta_{41} \ln f + \beta_{51} \ln z + \beta_{61} \ln p(-1) + \beta_{71} \ln b_1 + \varepsilon_1$$

$$(4.2)$$

$$\ln y = \beta_{02} + \beta_{12} \ln a + \beta_{22} \ln l + \beta_{32} \ln d + \beta_{42} \ln f + \beta_{52} \ln z + \beta_{62} \ln p(-1) + \beta_{72} \ln b_2 + \varepsilon_2$$

$$(4.3)$$

（2）数据来源。本书采用 2004~2011 年 31 个省、自治区、直辖市的面板数据，数据来源为历年《中国统计年鉴》、《中国财政年鉴》、《新中国 60 年统计资料汇编》和各省 2012 年统计年鉴。种植业收购价格指数以 2003 年为 100。本书采用 Eviews 5.0 软件进行实证分析。

2. 实证分析过程与结果

（1）单位根检验。时间序列在进行回归分析之前，必须进行平稳性检验。这是因为对非平稳时间序列进行最小二乘法估计会造成虚假回归。时间序列平稳性检验最常用的方法是单位根检验，本书采用面板数据单位根检验常用的 LLC 法和 ADF-Fisher 两种检验法判断时间序列的平稳性，结果见表 4.5。

表 4.5  变量单位根检验结果

| 变量 | 检验类型 | LLC 检验 t-Stat | 相伴概率 p 值 | ADF 检验 t-Stat | 相伴概率 p 值 |
|---|---|---|---|---|---|
| lny | (c t 0) | −14.499 | 0.0000 | 83.880 | 0.0336 |
| lna | (c 0 0) | −8.433 | 0.0000 | 96.030 | 0.0036 |
| lnl | (0 0 0) | −5.319 | 0.0000 | 174.942 | 0.0000 |
| lnd | (c 0 0) | −5.498 | 0.0000 | 92.420 | 0.0074 |
| lnf | (c t 0) | −5.446 | 0.0000 | 78.812 | 0.0796 |
| lnz | (c 0 0) | −15.083 | 0.0000 | 164.254 | 0.0000 |
| lnp (−1) | (c t 0) | −9.441 | 0.0000 | 70.034 | 0.0567 |
| lnb | (c 0 0) | −14.457 | 0.0000 | 58.191 | 0.0031 |
| $lnb_1$ | (c t 0) | −4.6886 | 0.0000 | 49.858 | 0.0983 |
| $lnb_2$ | (c t 0) | −52.701 | 0.0000 | 9.3011 | 0.0540 |

注：（c t n）分别表示是否具有截距项、趋势项和滞后阶数。

由表 4.5 可知：粮食产量、粮食播种面积、农业机械总动力、农业从业人员、受灾面积和粮食补贴均在 1% 水平下通过检验，化肥施用量、前一期种植业农产品收购价格指数、粮食收入性补贴、粮食生产性补贴在 10% 水平下通过检验。各变量零阶单整，时间序列平稳。

（2）协整检验。变量之间只有存在长期稳定的均衡关系时，拟合的回归方程才是精确有效的。协整检验就是判断变量间是否存在长期稳定的均衡关系的统计方法。协整检验通过检验协整回归方程的残差是否存在单位根来判断变量间是否协整，其前提是变量同阶单整。前文单位根检验说明各变量间零阶单整，因此可以进行协整检验。此处采用 Kao 推广的 ADF 法检验面板数据间的协整关系，协整检验的结果见表 4.6。

**表 4.6 Kao-ADF 协整检验结果**

| 变量 | Kao ADF 统计量 | 相伴概率 p 值 | 变量 | Kao ADF 统计量 | 相伴概率 p 值 |
|---|---|---|---|---|---|
| lny 和 lna | −2.7256 | 0.0032 | lny 和 lnp (−1) | 1.2123 | 0.0801 |
| lny 和 lnl | 1.3681 | 0.0856 | lny 和 lnb | 3.8809 | 0.0001 |
| lny 和 lnd | 1.5607 | 0.0729 | lny 和 $lnb_1$ | 3.1168 | 0.0009 |
| lny 和 lnf | 1.7838 | 0.0372 | lny 和 $lnb_2$ | 2.5776 | 0.0050 |
| lny 和 lnz | 1.1286 | 0.09308 | | | |

如表 4.6 所示，粮食产量与粮食播种面积、粮食补贴、生产性补贴和收入性补贴在 1%水平下协整；粮食产量与农业机械总动力、化肥施用量、农业从业人员、受灾面积和前期种植业农产品收购价格指数在 10%水平下协整。由此可知，粮食产量与其他变量间均存在长期均衡关系，可以对面板数据进行回归分析。

（3）回归分析结果。豪斯曼（Hausman）检验可以确定面板数据采用固定效应模型还是随机效应模型。Hausman 检验的原假设是个体效应与解释变量不相干。若原假设不成立，固定效应模型参数估计是优良估计量，采用固定效应模型；若假设成立，随机效应模型参数估计才是优良估计量，采用随机效应模型。分别对模型 1、模型 2 和模型 3 进行 Hausman 检验，结果如表 4.7 所示，各模型在 5%显著性水平分别拒绝、接受和接受原假设，因此，应分别采用固定效应模型、随机效应模型和随机效应模型。

**表 4.7 Hausman 检验结果**

| 名称 | Chi-Sq 统计量 | 相伴概率 p 值 |
|---|---|---|
| 模型 1 | 17.553815 | 0.0142 |
| 模型 2 | 13.734234 | 0.0561 |
| 模型 3 | 6.271529 | 0.0991 |

根据所选择的面板数据模型，分别剔除各模型中不显著变量后，最终得出模型 (4.1)、模型 (4.2) 和模型 (4.3) 的回归系数和相应的检验结果，如式 (4.4)、式 (4.5) 和式 (4.6) 所示。

$$lny = -2.02 + 1.1542lna + 0.0315lnf - 0.0599lnz + 0.0398lnp(-1) + 0.0236lnb$$
$$(0.6492)(15.8229)\ (1.9206)\quad (-5.4528)\quad (3.2189)\qquad (5.4636)$$

$$(4.4)$$

调整后 $R^2 = 0.9984$ F = 1504.393

$$lny = -0.885 + 1.0773lna + 0.0214lnf - 0.1122lnz + 0.0247lnp(-1) + 0.0249lnb$$

（−3.4031）（30.7860）（3.6709）（−8.1526）（1.8353）（3.6709）

$$(4.5)$$

调整后 $R^2 = 0.9346$        $F = 194.3972$

$$\ln y = -0.6176 + 0.9412\ln a + 0.0587\ln f + 0.0201\ln b$$

（−2.0145）（24.3573）（4.4520）（4.9598）        $(4.6)$

调整后 $R^2 = 0.9165$        $F = 215.731$

式（4.4）、式（4.5）和式（4.6）显示各变量回归系数、调整后拟合优度 $R^2$、F 检验均通过了检验，方程整体拟合效果较好。

由式（4.4）可知：在所有显著影响粮食产量的因素中，粮食播种面积对粮食产量影响最大，播种面积增长 1%，粮食产量增加 1.1542%；受灾面积对粮食产量的影响紧随粮食播种面积之后，受灾面积增长 1%，粮食产量下降 0.0599%；前一期的种植业收购价格指数居于第三位，前一期的种植业收购价格指数每增长 1%，粮食产量增长 0.0398%；化肥施用量位居第四，化肥施用量增长 1%，粮食产量增长 0.0315%；粮食补贴在影响粮食产量的所有显著性因素中居于最后一位，粮食补贴每上升 1%，粮食产量增长 0.0236%。

由式（4.5）、式（4.6）可知：不同类型的粮食补贴对粮食产量的影响具有差异性，收入性补贴的效果显著高于生产性补贴。收入补贴上升 1%，粮食产量增长 0.0249%；生产补贴每上升 1%，粮食产量增长 0.0201%。

3. 主要结论

第一，粮食补贴促进了粮食生产。粮食补贴政策通过将补贴由流通环节转向生产环节，使农民直接从中受益，极大地激发了农民种粮的积极性，促使我国粮食播种面积和粮食产量逐年增加。粮食播种面积由 2004 年的 15.24 亿亩增加到 2012 年的 16.69 亿亩，粮食产量由 2004 年的 4.69 亿吨增加到 2012 年的 5.9 亿吨，实现了连续 9 年稳定增长。粮食生产取得长足发展，有力地保障了我国的粮食安全。

第二，粮食补贴政策对粮食生产的促进作用尚未充分发挥。尽管粮食补贴促进了粮食产量的提高，但它在影响粮食生产的诸多显著因素中位居最后一位，效应相对低下。其原因在我国现行粮食补贴政策存在的问题中详述。

第三，收入性补贴的效应大于生产性补贴。生产性补贴和收入性补贴都显著有利于粮食产量增加，但收入性补贴对粮食生产的促进作用要明显高于生产性补贴，这与臧文如等（2010）、吴连翠（2011）所进行的粮食补贴的经济学分析结果相吻合[①]。

---

① 张玉周. 粮食补贴对粮食生产影响的实证分析［J］. 财政研究，2013（12）.

### （三）我国现行粮食补贴政策存在的问题

1. 粮食补贴规模偏小且资金分担不公

2011 年我国财政安排粮食补贴资金 1406 亿元，仅占整个财政支出的 1.49%，按当年粮食播种面积 15.59 亿亩计算，亩均补贴仅 90 元，资金规模明显偏小。同时，粮食生产比较效益低下使得粮食主产区往往是财力较弱的地区，如河南作为全国产粮大省，2011 年的全省人均财力仅有 3423 元，为全国平均水平的 60%，居全国最后一位。而我国粮食补贴资金除主要依靠中央筹措外，地方政府还要承担部分配套资金，这就意味着生产粮食较多对国家粮食安全做出较大贡献且财力相对薄弱的主产区要负担较多的补贴资金，资金分担明显不公。

2. 粮食补贴模式不完善

当前我国粮食补贴主要采用计税农田面积或计税常产的普惠模式。该模式根据前期粮食种植面积将补贴资金兑付给粮农，未考虑当期粮食数量、质量和价格，而且不管种植什么甚至抛荒也可以享受补贴，不能最大限度地激发农民种粮的积极性。随着经济社会的发展，越来越多的农村居民外出打工，农户间私下土地转出或转入非常普遍，土地转出者将土地流转给其他农户，本身不再从事粮食生产，然而粮食补贴仍然补给了原来的土地承包户，而真正从事粮食生产的农户并未得到政府的补贴。

3. 粮食补贴执行成本较高且效率低下

我国在发放粮食补贴时政府与农户直接进行交易。第六次人口普查资料显示我国目前有 1.97 亿多农户，6.63 亿农民，政府不仅要与如此多分散农户或农民直接接触，而且在补贴发放过程中还涉及土地、财政、民政和金融等诸多部门，这些部门间缺乏协调机构，导致粮食补贴发放不仅费时、费力，增加了工作量和执行成本，降低了补贴效率。比如 2004 年河北省在落实粮食直补工作时，从县、乡、村三级共抽调 2 万多人，平均每人用了近 60 个工作日，每个乡镇开展粮食直补的费用支出多达 3 万元，粮食直补工作成本占直补资金的约 10%[①]。

4. 种粮成本不断上升抵消了部分粮食补贴效应

我国粮食补贴虽呈逐年上升趋势，但粮食生产所需的种子、化肥、农药、灌溉、耕作等资本和劳动投入等生产成本也在不断上升。财政部农业司调查资料显

---

① 陈薇. 粮食直补政策的效果评价与改革探讨——对河北省粮食直补试点县的个案分析[J]. 农业经济，2006（8）.

示：2012年我国粮食主产区小麦亩均成本781元，比上年增长12%，而全国每亩种粮面积平均补贴额仅60元左右，粮食补贴总额由2011年的1406亿元增加到2012年的1568亿元，增长11.5%，种粮成本上升幅度超过了粮食补贴增长的幅度，抵消了部分粮食补贴效应。

5. 粮食补贴政策难以兼顾粮食增产和农民增收双重目标

提高粮食产量和增加粮农收入是目前粮食补贴政策的主要目标[1]，但是粮食增产和粮农增收在执行中存在着矛盾和冲突，很难兼顾。一方面，粮食增产时粮农不一定增收。从短期看，如果粮食补贴政策刺激了农民种粮的积极性，粮食产量将会增加，粮食供给增加后会引起粮价下跌，而粮食补贴往往不能弥补粮食价格下跌给农民带来的损失，造成"谷贱伤农"。从长期看，由于粮食的供给价格弹性大于需求价格弹性，按照蛛网理论，当粮食价格下跌时，粮食的供给量和价格会呈现一个发散型蛛网，使得产量增加不能持久。另一方面，增收不一定能促进增产。我国目前实行的收入性激励政策是农民凭户口本按耕地面积领取直补资金，这与其是否种植粮食、种粮的实际面积及粮食产量等基本没有联系，很多农民拿了补贴款照样不种粮食，因而直接补贴收入性激励未必能传导为农民增加粮食产量的生产性激励。

# 五、世界发达国家粮食补贴政策及其启示

对种粮农民进行粮食补贴是许多国家普遍采取的旨在保护和发展粮食生产的重要政策，同时也是我国粮食市场化改革后政府实施宏观调控的重要手段。对发达国家粮食补贴政策的演进发展进行分析总结，有利于更好地借鉴发达国家的先进经验，为我国粮食补贴政策的调整和完善提供经验依据。

## （一）美国的粮食补贴政策

粮食补贴政策是美国农业政策中的一项重要内容。20世纪30年代以前，美国政府对农产品市场基本采取自由放任不干预的政策，但是通过加大对农业基础设施的投资，有效促进了农业的快速发展。1933年大危机期间，美国政府为拯救农业，专门出台《农业调整法》，开始实行农业补贴政策，直接干预农产品市

---

① 韩喜平，商荔. 我国粮食直补政策的经济学分析 [J]. 农业技术经济，2007（3）.

场。随着农业发展要求、市场行情甚至政治因素的变动，美国又对农业补贴政策进行了多次调整，逐步形成了相对完善的政策体系。

1. 价格支持政策阶段（1933~1995 年）

（1）政策实施背景。20 世纪 30 年代，资本主义国家经济危机的爆发导致全球经济大衰退，对农产品的需求严重下降，而机械对畜力的大规模替代，又使得粮食的市场供给量大幅增加，进而导致粮食过剩问题变得更加突出。为此，美国政府 1933 年通过了著名的《农业调整法》，其核心就是提高小麦、玉米、水稻等七种主要粮食产品的价格，采取耕作面积限额、无追索贷款形式的价格支持和储藏计划相结合的措施，并成立商品信贷局（Commodity Credit Corporation，CCC），以实现等价为目标[1]。

"二战"以后，粮食需求转为正常，但是粮食种植面积扩大和单产提高导致粮食供给大幅度增加，粮食过剩危机进一步凸显，粮价开始下降。美国政府开始实施粮食出口政策补贴，以消除粮食严重过剩和粮农收入减少的状况，1962 年小麦出口补贴平均每蒲式耳 0.54 美元，出口补贴总额达到 6.56 亿美元。1970 年美国政府开始实施目标价格补贴政策，即由政府事先确定高于支持价格的粮食目标价格，以此为基础根据农场主粮食产量计算差价补贴，同时在 1971~1973 年对小麦等粮食作物实施休耕计划，政府对农场主给予休耕补贴。1977 年美国国会通过《粮食与农业法案》，标志着美国开始实施粮食直接补贴政策。

（2）政策主要内容。

一是无追索贷款，指政府事先规定粮食抵贷价格，粮农将粮食作为抵押物，从政府获得无追索贷款的支持政策。当市场粮食价格低于政府规定的抵贷价格时，农民可以将粮食抵押给国家，并根据抵贷水平获得贷款。如果市场价格一直较低，粮农就可以放弃对该粮食的所有权，将贷款视作粮食的卖款，也就是说相当于按抵贷价格将自家粮食卖给国家；如果市场粮价上涨，则粮农可以将粮食赎回，在市场上出售，并归还政府的贷款和利息。政策所指的无追索贷款是否还贷，完全取决于农民自己的决定，而政府对农民以粮食作为抵押物的贷款则无追索权[2]。

二是目标价格与差价补贴。目标价格是指政府为保证农场主种粮收入而规定的补贴价格，目标价格通常要高于抵贷价格。目标价格最初是根据农场主的生产成本加上一定的利润确定。由于对生产成本的计算存在争议，随后改为在原有基础上每年提高 6%确定目标价格。差价补贴是指政府制定一个高于市场价格的目

---

① 王玉斌等. 中美粮食补贴政策比较 [J]. 农业经济问题，2006（12）.

② 叶裕惠，黄得勋等. 美国农业与食品政策 [M]. 南宁：广西民族出版社，1992.

标价格（Target Price），再制定出当年的实际市场价格，然后根据这两种价格之差，对农民按其粮食产量给予直接补贴。美国在实际执行中是按照目标价格与平均市场价格之差计算差价补贴额：当市场价格低于抵贷价格时，政府根据目标价格与抵贷价格的差额给予粮农补贴；当市场价格高于抵贷价格而低于目标价格时，政府按照目标价格与市场价格的差额给予粮农补贴。表 4.8 是 1973~1990 年美国小麦的目标价格、抵贷价格、市场价格的基本情况。

**表 4.8  1973~1990 年美国小麦的目标价格、抵贷价格和市场价格情况**

单位：美元/蒲式耳（dollars / bushel）

| 年份 | 目标价格 | 抵贷价格（贷款率） | 市场价格 |
|---|---|---|---|
| 1973 | 3.39 | 1.25 | 3.95 |
| 1974 | 2.05 | 1.37 | 4.09 |
| 1975 | 2.29 | 1.37 | 3.06 |
| 1976 | 2.29 | 2.25 | 3.15 |
| 1977 | 3.4 | 2.25 | 2.29 |
| 1978 | 3.4 | 2.35 | 2.82 |
| 1979 | 3.63 | 2.5 | 3.51 |
| 1980 | 3.81 | 3.0 | 3.91 |
| 1981 | 4.05 | 3.2 | 3.69 |
| 1982 | 4.3 | 3.55 | 3.45 |
| 1983 | 4.38 | 3.65 | 3.51 |
| 1984 | 4.38 | 3.3 | 3.39 |
| 1985 | 4.38 | 3.3 | 3.08 |
| 1986 | 4.38 | 2.4 | 2.42 |
| 1987 | 4.38 | 2.28 | 2.57 |
| 1988 | 4.23 | 2.21 | 3.72 |
| 1989 | 4.1 | 2.06 | 3.72 |
| 1990 | 4.0 | 1.95 | 2.61 |

资料来源：M. C. Hallbery. Policy for American Agriculture and Consequences [M]. Iowa State University Press，1992：34.

三是休耕补贴，指美国政府为削减农产品产量和稳定农产品价格对农业实施的限产计划。美国于 1933 年开始实行允许粮食等主要农产品的生产者短期停耕土地的限产计划，1956 年制定了土地银行计划，即出于植树和保护土地的目的，鼓励农场主把一部分土地长期退出耕种，每年按照退耕面积获得补贴。随后对休耕计划陆续进行修订，比如 1960 年实施了自愿生产控制计划、1961 年实施紧急饲料谷物计划等，这些政策基本目的都是把耕地面积减少的额度和结构，通过某种或几种重要农产品的消费量与期末库存之比联系起来，从而达到既控制农产品供求，又保护农产品价格的目的①。

四是直接补贴，指美国政府在 1983 年为应对当时玉米库存增加、价格低迷而采取的以实物形式进行直接补贴的政策，政策规定通过实行玉米休耕计划来控制产量，农民参加该计划必须休耕 20%面积，政府据此给予一定的现金补偿，如果农民扩大休耕面积，政府按照实际休耕面积正常年份产量的 80%给农民发放玉米。

2. 收入补贴政策阶段（1996~2001 年）

（1）政策实施背景。20 世纪 80 年代末，国际市场发生巨大变化，美国高科技在农业领域的广泛应用使得农产品生产成本不断降低，包括粮食在内的农产品产量明显增加。同时，世界经济的快速发展也使得缺粮国的购买力大大增强，这些不仅为美国农产品大规模进入国际市场创造了有利条件，而且也为美国农产品的自由化奠定了基础②。WTO 农业协定生效后，1996 年美国政府颁布《1996 年联邦农业完善和改革法》（the Federal Agricultural Improvement and Reform Act of 1996，FAIR），对农业生产实行灵活性合同补贴，即政府补贴与当年市场价格脱钩，直接支付给粮农。

（2）政策主要内容。

一是生产灵活性合同，指政府在 1996~2002 年期间按照基期的补贴产量与补贴面积对农民给予固定补贴，该补贴不与当年的种植和价格挂钩，由政府直接支付给农民，是政府对农民的直接收入补给③，因而也称为直接支付。生产灵活性合同是 1996 年《农业法案》颁布后美国政府对农业补贴所采取的主要工具，也是从价格补贴转向收入补贴的重要标志。

二是土地休耕保护计划，是指政府为减少水土流失、保护环境，由农民自愿提出申请，与政府签订 10~15 年长期合同，将那些易发生水土流失或者具有其他生态敏感性的耕地转为草地或者林地，实施土地休耕保护，政府对参与该计划的农民按照其休耕面积给予相应补贴。

三是无追索贷款。1996 年《农业法案》对无追索贷款进行了调整，允许农民储存粮食、稻谷等农产品，以待价格较高时出售。条件是农民必须保证以一定数量的农产品作为从政府那里取得贷款的抵押④。同时，政府为减少大量粮食库存，修改了小麦、稻谷、高粱、大麦、玉米、燕麦和黑麦等粮食作物的贷款利率，确

① 尹凤梅. 美国农业补贴政策的演变趋势分析 [J]. 重庆工商大学学报，2007 (2).
② 蓝海涛. 美国《2003 年农业援助法案》及农业补贴新动态 [J]. 农业经济问题，2004 (2).
③ 张桂林等. 美国联邦政府农业补贴（上）[J]. 世界农业，2003 (11).
④ 徐更生. 美国农业政策的重大变革 [J]. 世界经济，1996 (7).

定了最低保护价的上限（见表 4.9）。

表 4.9 美国 1996 年农业法案前后主要粮食品种贷款标准变化表

| 粮食品种 | 1996 年农业法案前 | 1996 年农业法案后 |
|---|---|---|
| 小麦 | 贷款率下限：2.44 美元/蒲式耳<br>贷款上限：无<br>调整权限：根据两项标准：①存货—消费比；②美国农产品在国际市场上的竞争力，农业部长可将贷款率分别减少 10% | 贷款率下限：无<br>贷款上限：2.58 美元/蒲式耳<br>调整权限：根据存货—消费比，农业部长最多可将贷款率下调 10%；取消原有立法第 2 项标准调整权限 |
| 谷物（包括玉米、高粱、大麦、燕麦和黑麦） | 贷款率下限：1.76 美元/蒲式耳（玉米），其他参照玉米<br>贷款率上限：无<br>调整权限：根据两项标准：①存货—消费比；②美国农产品在国际市场上的竞争力，农业部长可将贷款率分别减少 10% | 贷款率下限：无<br>贷款上限：1.89 美元/蒲式耳（玉米），其他参照玉米<br>调整权限：根据存货—消费比，农业部长最多可将贷款率下调 10%；取消原有立法第 2 项标准调整权限；取消对黑麦的价格支持 |
| 稻谷 | 贷款率下限：6.50 美元/英担<br>贷款率上限：无 | 贷款率下限：无<br>贷款率上限：6.50 美元/英担 |
| 大豆 | 贷款率下限：4.92 美元/蒲式耳<br>贷款率上限：无 | 贷款率下限：4.92 美元/蒲式耳<br>贷款率上限：5.26 美元/蒲式耳 |

资料来源：Illustrated according to Federal Agriculture Improvement and Reform Act of 1996, TITLEI-Agricultural Market Transition Act. Released by House of Representatives Senate, US. Congress, Washington, D.C.

3. 价格收入补贴政策阶段（2002 年至今）

（1）政策实施背景。美国作为世界上最大的农产品生产国和出口国，农产品出口已经成为其赚取外汇实现贸易盈余的重要来源之一。美国 1996 年《农业法案》所确定的方案是：在 1997~2002 年逐年减少政府对农产品差价（实际价格低于目标价格）的财政补贴，力图通过农产品市场竞争来增加生产者的收入。然而，在具体实施过程中，由于粮食价格走低和粮农收益下降，实际补贴数额仍然较大，如 2000 年的农业补贴多达 228 亿美元，比 1997 年增加了近 2 倍[1]。另外，农业补贴是国际贸易实践和多边贸易谈判中争论的焦点问题，美国为增加其在多边贸易谈判上的主动权力促农业补贴合法化。同时，欧盟、日本等国家为保护本国农产品，不断提高对农业的补贴水平，对美国的农业霸主地位也产生了一

---

① 冯继康. 美国农业补贴政策：历史演变与发展走势 [J]. 中国农村经济，2007（3）.

定的威胁，促使美国对农业补贴政策进行调整和完善。

（2）政策主要内容。

一是营销贷款援助。营销贷款援助实际上是无追索贷款的延伸，是指农产品支持价格通过营销贷款援助来实现，根据市场价格与贷款率的差额来计算补贴数额。新法案中对各种产品规定了新的贷款率，即每一单位农产品抵押可以从国家获得的贷款额度，2002年新农业法案提高了除大豆之外的大部分粮食产品的贷款率。

二是直接支付。2002年新农业法案规定农业补贴用直接支付代替1996年的生产灵活性合同。直接支付以农产品1998~2001年（基期）的历史产量为基础，数额等于支付率、支付面积和支付产量三者的乘积，且该方案所确定的支付水平随世界市场的情况而变化。而且，政府确保粮食生产者可以得到相当于其总收入的客观的一部分补贴。在2000~2004年，整体农产品的补贴比例为24%，小麦高达48%，大米达52%，玉米34%（见表4.10）[1]。

**表4.10 新旧法案规定的主要粮食品种的直接支付率**

| 产品 | 单位 | 1996年农业法案支付率 | 2002年农业法案支付率 |
| --- | --- | --- | --- |
| 小麦 | 美元/蒲式耳 | 0.53 | 0.52 |
| 玉米 | 美元/蒲式耳 | 0.30 | 0.28 |
| 稻谷 | 美元/100磅 | 2.35 | 2.35 |
| 高粱 | 美元/蒲式耳 | 0.36 | 0.35 |
| 大麦 | 美元/蒲式耳 | 0.25 | 0.24 |
| 燕麦 | 美元/蒲式耳 | 0.025 | 0.024 |
| 大豆 | 美元/蒲式耳 | 0 | 0.44 |

资料来源：The Farm Security and Rural Investment Act of 2002, USDA.

三是反周期支付。反周期支付是2002年新农业法案提出的新补贴措施，指事先由农业部确定一个农产品的目标价格，当市场价格加上直接支付低于目标价格时，用反周期支付补偿两者之间的差价，反周期支付总额等于支付面积、计划单产和计算的支付率的乘积。反之，则不启动反周期支付。同时反周期支付规定了上限，如每人领取最高的反周期波动补贴是6.5万美元。

[1] Tim Josling. 美国2007年农业法案对发展中国家的启示 [J]. WTO经济导刊, 2008 (4).

### （二）欧盟的粮食补贴政策

欧洲联盟（European Union，EU，以下简称"欧盟"）①由欧洲共同体（以下简称"欧共体"）发展而来，是现今世界上最大的区域经济共同体，支持粮食产业发展一直是其经济政策的重要内容之一。欧盟的粮食政策自 1962 年建立共同农业政策（Common Agricultural Policy）至今，始终围绕着生产、稳定、收入和环境四个目标在不断变革，逐步形成了相对完善的粮食补贴政策体系。

1. 价格补贴为主阶段（1962~1991 年）

1962 年欧共体六国通过了共同农业政策《建立农产品统一市场折中协议》，决定建立农业共同市场组织和共同农业基金，实施统一的农产品价格支持政策以及关税差价和出口补贴政策。目的是保护欧共体内部农产品市场供求稳定和农民收入稳定，提高欧共体粮食的国际竞争力。该文件的出台也标志着欧共体以目标价格、干预价格和门槛价格为基础的粮食支持补贴政策体系的形成。其中，目标价格是补贴政策体系的核心，它作为农民可以接受的基本价格，在每个交易年初被确定下来。干预价格是粮食产品的最低保证价格，低于目标价格 6%~9%。当欧共体内的粮食供给大于需求时，市场价格会降到目标价格以下，欧共体将用事先制定好的干预价格收购粮食产品，以维持粮食市场的价格稳定。门槛价格则是进口粮食最低价格，是为使欧共体主要消费中心得到的进口粮食价格能与欧共体的目标价格基本一致而制定的。欧共体粮食价格补贴政策的实施，极大提高了各成员国粮食生产效率，欧共体粮食市场上供应量大幅增加，成功解决了各国粮食短缺问题。

2. 价格补贴和直接补贴为主阶段（1992~1999 年）

欧共体粮食价格补贴政策的实施极大增加了市场供应量，部分国家还产生了粮食过剩现象，这不仅增加了政府的粮食管理费用支出，而且还会引起粮食价格波动，进而影响生产者收入。再加上其他贸易伙伴的压力，这些都迫使欧盟不断地通过降低支持价格从而减少对粮食生产和出口的补贴。在这种背景下，1992年欧共体对共同农业政策进行改革，出台《麦克萨里改革》，其主要内容：一是降低粮食等主要农产品价格支持水平。二是强调农产品价格补贴政策和市场政策的共同作用，即控制粮食产量，努力维持粮食市场供求大致平衡。同时，强调提

---

① 目前有法国、德国、英国、意大利、西班牙、葡萄牙、奥地利、爱尔兰、比利时、丹麦、希腊、卢森堡、荷兰、瑞典、马耳他、塞浦路斯、波兰、匈牙利、捷克、斯洛伐克、斯洛文尼亚、爱沙尼亚、立陶宛、克罗地亚、拉脱维亚等 28 个成员国。

高粮食价格补贴政策和市场政策的运作效率。三是突出休耕的作用，根据农产品支持价格下降的幅度对每公顷休耕的耕地给予相应的补偿。《麦克萨里改革》的出台标志着欧盟粮食补贴重点由过去的以"价格支持"为基础的补贴机制转变为以"价格和直接补贴"为主的补贴机制。由于此次农业政策改革涉及欧盟约75%的农产品生产，改革的顺利推行一方面成功解决了欧盟农产品过剩和财政负担加重的问题[1]；另一方面，欧盟对农产品的补贴由价格支持转变为价格支持和直接补贴并重，农产品价格支持不再是生产者增收的主要手段，这也极大缓和了欧盟与其他国家的贸易摩擦。

3. 单一农场补贴为主阶段（2000年至今）

虽然1992年欧盟共同农业支持政策改革取得了良好的效果，但是随着改革的逐步推进，其局限性进一步凸显出来，如世界贸易组织中削减农业支持的谈判问题、欧盟扩张给粮食市场带来供求失衡问题等。在此背景下，1999年3月欧盟委员会通过了《2000年议程：下世纪共同预算的前景和政策重点》，主要内容是继续降低农产品价格支持水平，把对农产品的价格支持改为对农民收入的直接补贴。2003年6月，欧盟出台新的《共同农业和农村发展政策》，规定实行以农民收入为依据的补贴政策取代以前以生产为依据的补贴政策，各成员国必须在2005~2007年设立单个农场补贴代替现行的直接补贴体系，也称为与生产、价格不挂钩的"单一农场补贴"制度[2]。作为脱钩补贴，单个农场补贴额是按照其2000~2002年的历史补贴情况计算，并考虑农产品质量、食品安全和环境保护标准等要求，但是与当前生产情况没有任何关系[3]。单一农场补贴改变了以往与产量挂钩为主的直接补贴（以面积或头数为补贴基数）模式，扭转了长期以来由于对生产者的非市场价格激励而产生的农产品生产过剩和库存过量的局面，促进了欧盟农产品市场的健康发展。2011年10月，欧盟委员会发布《走向2020共同农业政策——应对未来粮食、自然资源和区域挑战》，提出欧盟未来共同农业支持政策的目标是保证粮食生产、加强自然资源的可持续管理，并维护农村地区的多样性和平衡发展。

---

① 尹显萍，王志华. 欧盟共同农业政策研究 [J]. 世界经济研究，2004（7）.
② 王玉斌，陈慧萍，谭向勇. 中、美、欧、日粮食补贴保护政策比较 [J]. 世界农业，2007（2）.
③ 朱行，李全根. 欧盟共同农业政策改革及启示 [J]. 世界经济与政治论坛，2005（1）.

### （三）日本的粮食补贴政策

1. 日本粮食补贴政策演变

日本地少人多，耕地面积有限，农户分散经营，粮食生产能力和抗灾等防御能力较弱，因而日本政府历来十分重视粮食问题，采取了多种措施来保证粮食供给。"二战"后，日本政府为应对严重的粮食危机，于1946年颁布《食品紧急措施法》，要求农民将稻米以远低于市场均衡价的价格出售给政府，政府再以低价配售给消费者，以帮助遭受食品极度短缺之苦的大多数城市居民维持生存，同时政府还投入大量资金进行开垦荒地、灌溉设施、农技推广等基础设施建设，促进农业生产的恢复。随着日本经济的迅速恢复和城乡收入差距的逐渐加大，为保证粮食生产安全、提高农民收入，日本政府1960年出台《农业基本法》，明确提出对稻谷等粮食产品实行价格支持，其价格随着工业部门工资率的提高而提高，比如1960~1968年，稻米等粮食产品的价格不断得到提高，农民收入状况得到改善，城乡人均收入差距显著缩小[1]。20世纪90年代，日本在加入世界贸易组织签订《农业协定》后，以价格支持政策为主的农产品补贴政策按协定要求应被削减，再加上同期日本因粮食歉收开始大量进口大米导致财政负担日益加重，在此背景下日本政府开始寻找新的粮食补贴手段，即从过去补贴粮食生产、流通环节转向直接收入补贴和支持粮食生产的公共基础设施建设等方面。2000年日本政府开始在山区、半山区进行粮食直接补贴制度试点改革，标志着粮食补贴政策从价格支持转向直接补贴[2]。

2. 主要内容

（1）直接管理价格。直接管理价格是指粮食购销与进口的价格支持政策，规定大米、小麦等粮食产品的购销由政府直接管理，农户生产的粮食必须交到农协，然后再进入政府管理的流通渠道，主要用于在战争期间调节稻米等粮食产品的供求，大米作为日本人的传统主食，保证其价格稳定自给对稳定人心、保证国家安全，具有重要的战略意义[3]。

（2）稻作安定经营对策。稻作安定经营对策是指由政府和农民共同出资建立基金，对因大米价格下跌对种植大米的农民造成的收入损失进行补贴的一项制度。政府设立这项政策的意图是充分利用世界贸易组织的"绿箱"政策做到既免

---

① 韩喜平，李二柱. 日本农业保护政策的演变及启示 [J]. 现代日本经济，2005（4）.

② 胡霞. 关于日本山区半山区农业直接补贴政策的考察与分析 [J]. 中国农村经济，2007（6）.

③ 张玉棉. 战后日本的农业保护政策及其效果 [J]. 现代日本经济，1998（6）.

于被削减，又支持农民收入稳定。

（3）粮食价格补贴。粮食价格补贴是日本粮食补贴的最重要部分，其几乎对包含大米、小麦在内的所有粮食产品都给予不同形式的价格补贴，比如对大米实行国家直接控制的"双重米价制"，即国家向农民支付的"生产者米价"明显高于其向消费者出售的"消费者米价"，差价由农林水产预算给予补偿。

（4）农田水利建设补贴。粮食产业本身是受自然因素影响最大的产业，再加上日本地理位置和气候条件的特殊性，政府设立了许多资助和补贴项目用于农田水利基本建设。大型农田水利设施由中央政府直接投资兴建；一般农田水利设施项目经过审批程序并达到一定标准后，由中央财政补贴其全部费用的 50%左右，都道府县和市町村财政分别补贴 25%和 15%[1]，剩余约 10%由农户自身负担，农户通常能从有关金融机构得到该方面的低息优惠贷款。中央财政对发放此类贷款的金融机构往往会给予适当的利息损失补贴。

（5）直接补贴。20 世纪 60 年代，日本政府为鼓励农民减少稻米播种面积和扩大单个农民稻米经营规模，开始对农民种植稻米、小麦和大豆等粮食农作物实行直接补贴政策。日本政府自 2000 年开始加大对种粮农民的直接补贴力度，专门制定了《山区及半山区直接支付制度》，对在山区及半山区耕作地自然条件较差的种粮农民进行直接收入补贴，以弥补山区及半山区种粮成本差异，提高低收入农民的收入，从而调动粮农生产粮食的积极性[2]。

## （四）发达国家粮食补贴政策对我国的启示

### 1. 粮食补贴政策应有法律支撑

国外发达国家的农业补贴政策一般采取立法形式，从而确保粮食补贴政策的顺利运行并达到预期目标。如美国的《农业调整法》、《农业法》，欧盟的《共同农业政策》，日本的《农业基本法》等，这些都使得粮食补贴政策具备一定的稳定性。我国也应在充分认识粮食产业弱质性的基础上，借鉴发达国家的做法，将近来实行的粮食直补、良种补贴、农机具购置补贴、农资综合补贴等一系列粮食补贴政策通过相应立法给予保障，明确补贴经费来源，明确政策的连贯性和长期性，消除粮农顾虑，激发农民种粮积极性[3]。

---

① 周建华，贺正楚. 日本农业补贴政策的调整及启示 [J]. 农村经济，2005（10）.
② 侯明利. 中国粮食补贴政策理论与实证研究 [D]. 江南大学博士学位论文，2009.
③ 王玉斌等. 中、美、欧、日粮食补贴保护政策比较 [J]. 世界农业，2007（2）.

2. 粮食补贴政策要因地制宜

由美国、欧盟、日本粮食补贴政策演变过程可知，在不同的经济社会发展阶段，其制定的粮食补贴政策目标不尽相同，采取的措施也不相同。比如1960年日本政府为保证粮食生产安全、提高农民收入对稻谷等粮食产品实行价格支持，2003年欧盟为减少长期以来对生产者的非市场价格激励而产生的粮食过剩和库存过量问题实行单一农场补贴等。因此，我国政府制定的粮食补贴政策也必须与经济社会发展实际情况相适应，目前的重点是尽早改变低效率的粮食价格补贴政策，按照世界贸易组织农业协议的有关规定取消价格补贴、实物补贴等，把对粮食流通企业的"黄箱"保护价收购补贴资金改为直接对低收入粮农发放的"绿箱"收入补贴①，并不断加大对粮食的直接补贴力度，确保粮食生产者得到合理的收益，将粮食产量增长潜力有效释放出来，促进我国粮食市场健康发展。

3. 粮食补贴方式要灵活多样

发达国家的粮食补贴方式一般随着其政策目标的变化而不断进行调整，比如美国的粮食补贴方式由价格支持阶段的无追索权贷款、目标价格与差价补贴、休耕补贴、实物直接补贴，到收入补贴政策为主阶段的生产灵活合同、土地休耕保护计划，再到价格收入补贴政策阶段的营销援助贷款与差额补贴、反周期补贴、脱钩的直接补贴，欧盟的粮食补贴方式也由最初的目标价格、门槛价格等价格补贴逐渐转向直接收入补贴、结构调整补贴、环境补贴、休耕补贴等支持方式。我国从2004年开始全面实行对种粮农民的直接补贴，后来又相继实行良种补贴、农机具购置补贴、农资综合补贴等政策，极大地促进了我国的粮食生产。下一步，政府应在资金允许的情况下，探索粮食产业发展所需要的贷款贴息补贴、粮食技术科技推广补贴、休耕补贴、环境保护补贴等多种方式，推动我国粮食产业的健康发展。

---

① 农业部软科学委员会"对农民实行直接补贴研究"课题组. 国外对农民实行直接补贴的做法、原因及借鉴意义 [J]. 农业经济问题，2002（1）.

# 六、完善我国粮食补贴政策的建议

## （一）建立和完善粮食补贴法律法规体系

从国外发达国家农业补贴政策的实践来看，它们大都以法律形式确立粮食补贴政策并推进其发展，如美国、欧盟、日本及韩国等在不同的历史时期在农业补贴方面都制定了比较完备的法律法规，将粮食补贴的筹资、生产、分配、使用的全过程纳入法律的范畴，确保其粮食补贴政策的顺利运行并达到预期目标。比如：美国政府1996年4月出台的《1996年联邦农业完善和改革法》（以下简称1996年《农业法》），明确规定对农业生产实行灵活性合同补贴，即政府在1996~2002年放弃对粮食种植面积以及品种的限制，农民可以自由种植或闲置合同内的土地，政府按照固定基期的补贴产量与补贴面积对农民给予固定补贴，该补贴不与当年的种植和价格挂钩，由政府直接支付给农民。同时，规定补贴标准一定七年不变，农民获得的补贴根据基期产量和法定补贴标准计算，与当期实际生产什么以及生产多少没有直接关系，也与当期价格无关。日本政府1999年出台《粮食、农业、农村基本法》（也称新《农业基本法》），明确提出加大补贴力度、提高粮食等农产品自给率，加快农村振兴，促进农业发展、环境保护及国民生活水平共同提升，提高农业生产经营效益和国际竞争力等主要政策目标[1]。而我国相关农业补贴方面的法律法规建设却严重滞后，粮食补贴大都依靠各级政府的政策、文件进行引导。由于政策法律效力低，易受政治、经济甚至人为等因素变化的影响，存在极大的不稳定性。因此，应借鉴国外先进经验，并结合目前我国农村的实际情况，逐步加快粮食补贴制度化、法制化的步伐。一方面要认真贯彻《农业法》等现有相关法律法规，强调政府对农业投入的责任，将粮食直补、良种补贴、农机具购置补贴、农资综合补贴等一系列粮食补贴政策以法律法规的形式予以明确规定。同时，将财政每年对农业补贴的预算直接落实到农业各部门，保障财政对农业足额、及时和高效投入，有效地遏制地方政府对农业的"虚投"现象[2]。另一方面要尽快制定并实施《农业保护法》、《农业投入监督管理条例》等法

---

① 王玉斌等. 中、美、欧、日粮食补贴保护政策比较 [J]. 世界农业，2007 (2).
② 侯石安. 中国财政农业投入的目标选择与政策优化 [J]. 农业经济问题，2004 (3).

律法规，明确规定对农村实施的各种补贴项目、内容、目标及其资金保障，确保农业补贴政策高效运行。

## （二）完善现有粮食补贴政策，提高补贴效率

我国目前已初步形成了以粮食直补和农资综合补贴为主要内容的综合型收入补贴、以良种补贴和农机具购置补贴为主要内容的生产型补贴及以最低价收购政策为主要内容的流通型补贴的粮食补贴政策体系。一方面我们应看到该补贴政策体系在实践中取得了较好成绩，应继续稳定当前的粮食补贴政策，保持政策的连续性，稳定农民的积极性。另一方面要清醒地认识到我国目前的粮食补贴政策体系还存在诸多不足之处，需要对其不断完善。

1. 完善综合性收入补贴政策

一是调整粮食生产直补办法。首先粮食直接补贴的对象应倾向于提供商品粮的种粮农民，补贴模式应采取与出售商品粮数量直接挂钩的方式，由于农民享受的粮食补贴数额应与其出售商品粮数量直接挂钩，生产的商品粮越多其得到的补贴就越多，从而引导农民调整种植结构，增加优质粮食的生产；其次把粮食直补的范围由目前的小麦、稻谷、玉米逐步扩大到所有粮食品种，让所有粮食生产者均能得到补贴，全面调动粮食生产者多元化发展粮食生产的积极性，有效保障我国的粮食安全；最后对不同规模的粮食生产者和不同种类粮食生产采取差异性补贴办法。二是建立完善综合性收入补贴与粮食价格、农资价格的互动机制，把补贴标准与化肥农药等农资价格的变化、粮食价格变化有机联系起来[①]。

2. 调整生产性补贴政策

一是完善良种补贴办法。良种补贴品种的确定应在充分尊重农民和基层意愿的基础上实行严格的推介制。应通过发布采购公告、招投标、评标等严格的政府采购程序确定中标的良种供应企业。完善良种质量价格监管制度，强化对良种质量、良种价格的监管与调控。二是完善农机购置补贴政策。在充分考虑全国各地的自然条件和经济条件差异的基础上，逐步完善农机购置补贴目录。对农机购置补贴目录中的农机具采用指导性定价。同时，完善农机质量投诉监督体系，加强农机购置补贴目录中农机具的质量监管，完善农机具培训制度，做好相关售后服务工作。

3. 完善最低收购价政策

完善粮食价格形成机制，科学制定最低收购价标准，优先追加特定品种的补

---

① 张照新，陈金强. 我国粮食补贴政策的框架、问题及政策建议［J］. 农业经济问题，2007（7）.

贴资金，不断加大对大宗粮食产品的支持。尤其在粮食主产区，在实行粮食直接补贴的基础上，要配合实施最低收购价制度。即当粮食供给大于需求，市场上粮食价格低迷的时候，政府应适时启动最低收购价制度，确保种粮农民收入不致降低，获得合理的种粮收益。当粮食供给小于需求，市场上粮价高涨，则政府不再实施最低收购价，同时再适当加大粮食补贴力度，鼓励粮农增加粮食生产。最低收购价和粮食补贴配合使用，执行方式更加灵活，政策效果也比较好，能为农民增收和国家粮食安全提供有效保障。

## （三）完善粮食补贴项目，强化粮食补贴的针对性

### 1. 加强环境补贴

一方面应逐步取消对水资源、土地等环境不利的价格补贴政策，将其改变为对节水灌溉设施、生物农药研发补贴支持，使补贴有利于粮食的可持续发展；另一方面在易受风蚀和水蚀的地质环境脆弱地区，通过补助农田水利基础设施建设鼓励农民保持水土，促使粮农保持土壤肥力，提高粮食质量等。

### 2. 直接向低收入粮农发放收入补贴

借鉴日本对山区、半山区农民直接发放补贴的经验，在粮食主产区设定最低收入底线，对因受自然灾害冲击或平均粮食生产成本较高达不到底线的种粮农民，直接给予不同等级的收入补贴。

### 3. 设立土地休耕补贴

农田定期休耕不仅有利于改善土壤结构、增加土地肥力、保持生态平衡，进而提高粮食单产，而且还有利于调节粮食供求大致平衡，从而增加农民种粮收入。因此，在我国目前粮食产量"十连增"的情况下，可以考虑在已经实施退耕还林还草政策的基础上，适时设立休耕补贴政策，对于实施土地休耕且达到一定比例的粮食生产者给予适当补贴。

### 4. 设立粮食储备补贴

粮食储备补贴制度一方面可以引导粮农选用科学的储粮设备，改善粮食储存条件，减少粮食损失，从而有利于提高粮农收入；另一方面可以实现"藏粮于民"，进而有利于国家提高对全国粮食储备的调控能力。因此，结合我国实际情况，应对农民选择符合政府规定的粮食储备设施给予一定比例的补贴。

### 5. 设立粮食保险补贴

针对具有弱质性的粮食作物设立保险补贴是发达国家的普遍做法，我国也应设立和完善农业保险补贴制度，使种粮农民能以较低的保险率参加农业保险，从而有效降低从事粮食生产的风险。

## （四）加大粮食补贴力度，促进粮食生产可持续发展

1. 加大对粮农直接补贴的力度，增加粮农收入

自 2004 年我国粮食流通体制实行市场化改革以来，国家对粮食的调控方式也由靠行政手段的直接调控转向靠市场竞争的间接调控。在这种情况下，扶持粮食生产的各项补贴政策的目标任务主要体现在保持合理的粮价水平、保护种粮农民利益以及保证国家粮食安全等方面。资料显示：2004 年国家实行的"三补一减"政策，就可拉动农民收入增长两个百分点[1]，农民种粮收入的增长扭转了我国粮食生产多年徘徊甚至负增长的局面，这也充分证明了粮食补贴政策可有力地调动农民种粮的积极性，进而有助于解决粮食安全问题。因此，粮食补贴政策的各项政策措施必须将重点放在农民增收上，一是加大对粮农直接补贴的力度，减少中间环节，提高效率；二是在征求粮农建议的基础上，制定符合市场要求的粮食最低收购价，确保从事粮食生产的农民得到合理的种粮收益；三是调整专项补贴方式，提高对易受国际市场冲击的大豆、玉米和小麦等的专项补贴标准，使其发挥更大效用。

2. 加大对粮食生产相关基础建设的投入力度

粮食生产对水利灌溉设施、大型农用固定资产、道路、电力、通信等公共产品的依赖性非常强。但是目前我国农业基础设施相对薄弱，农业综合生产能力还有待提高。据统计，目前全国灌溉水利用率只有 45%，而发达国家则高达 70%，全国一半以上的耕地没有水利设施或者水利设施不健全，主要靠天吃饭。全国大型灌区骨干工程建筑物完好率不足 40%，工程失效和报废占比 26%，个别地区可灌溉耕地面积减少 50%。全国拥有较完善灌溉设施的耕地 8 亿多亩，仅占耕地总面积的 45%，小型农田水利基础设施更为薄弱[2]。因此，应逐步加大粮食生产补贴力度，并注重发挥粮食生产补贴的杠杆作用，带动政府、企业等相关投资主体增加对农田水利设施、农村交通、通信、土地整治、中低产田改造及生态环境保护的投资，进一步提高粮食综合生产能力。

3. 加大对粮食生产科技研发和推广的投入力度

为适应 21 世纪粮食生产发展的新要求，加快推进农业现代化进程，必须不断增加对粮食产业的科技投入，大力推进种粮技术和体制创新。然而，种粮科技是具有公益性和非排他性的准公共产品，仅靠市场对其进行投资调节会出现市场

---

[1] 农民收入增长与粮食安全保障的协同 [EB/OL]. http: //www.Shagri.org/readnews.asp?newsid.
[2] 孙顺强. 粮食生产直接补贴研究 [D]. 西南大学博士学位论文，2009.

失灵现象，因此，需要政府作为主要投资主体增加对粮食生产科技研发和推广的投入力度，不断优化投入结构，从而有效规避粮食生产科技投入的风险，提高粮食生产的科技含量，增强我国粮食在国际市场上的竞争力。

# 七、小　结

通过上述分析，本章可以得出以下结论：

第一，粮食补贴政策的理论依据主要有：粮食为人类提供基本生活资料，为国民经济健康发展提供支撑，因而是人类社会生存和发展的重要物质基础；粮食具有供给弹性大、需求弹性小的特性，因而其供给与需求大致平衡不能仅靠市场调节；粮食生产作为自然再生产和经济再生产的统一体，是人类生存与发展的物质基础和生态基础，具有准公共产品的特征；维持粮食的总供应量和总需求量相对平衡，是国家的长治久安重要基础。

第二，对我国现行粮食补贴政策的绩效分析表明：①粮食补贴促进了粮食生产，粮食产量成功实现"九连增"，有力地保障了我国的粮食安全；②在影响粮食生产的诸多显著因素中粮食补贴位居最后一位，说明其对粮食生产的促进作用尚未充分发挥；③生产性补贴和收入性补贴都显著有利于粮食产量增加，但收入性补贴对粮食生产的促进作用要明显高于生产性补贴。目前粮食补贴政策主要存在的问题有：粮食补贴规模偏小且资金分担不公，以计税农田面积或计税常产计算粮食补贴的普惠模式有待进一步改进；粮食补贴执行成本较高且效率低下；种粮成本不断上升抵消了部分粮食补贴效应；粮食补贴政策难以兼顾粮食增产和农民增收的双重目标。

第三，世界发达国家粮食补贴政策的实践对我国的启示主要有：粮食补贴政策应有法律支撑；粮食补贴政策要因地制宜；粮食补贴方式要灵活多样等。

第四，完善我国粮食补贴政策的建议有：建立和完善粮食补贴法律法规体系；完善现有粮食补贴政策，提高补贴效率，主要指完善综合性收入补贴政策、调整生产性补贴政策、完善最低收购价政策等；完善粮食补贴项目强化粮食补贴的针对性，主要是加强环境补贴、直接向低收入粮农发放收入补贴、设立土地休耕补贴、设立粮食储备补贴、设立粮食保险补贴等；加大粮食补贴力度促进粮食生产可持续发展，主要指加大对粮农直接补贴的力度、加大对粮食生产相关基础建设的投入力度、加大对粮食生产科技研发和推广的投入力度等。

# 第五章　粮食流通组织是粮食生产可持续发展的有效依托

20 世纪 70 年代末开始的我国农村经济体制改革，以推行家庭联产承包责任制为突破口，先后采取了放开物价、放开粮食市场、增加农业科技投入、发展"三高"农业和外向型农业、推动农业规模化和产业化经营等措施，实现了粮食产量快速稳定增长，逐步成为世界上最大的粮食生产国。长期困扰我国粮食产业发展的总量短缺问题已基本解决，市场格局由卖方市场转变为买方市场，粮食从总量不足的供给制约变为局部结构过剩的需求制约，其进一步发展的主要障碍已经从生产领域转向市场流通领域。

在粮食供给出现结构性过剩的条件下，为了有效地促进农业生产资源的配置，实现粮食供给与消费的对接，动用计划体制的组织形式将支付高昂的组织成本，并且计划经济隐含的信息不对称也必将加剧粮食供销的扭曲。在此条件下，只有采用市场体制的组织形式，通过发挥价格机制的信号传递作用，才能使粮食流通及其体制运行具有效率。然而问题在于，粮食流通市场体制的运行依赖于市场主体的生成，而中国粮食流通体制改革的市场化推进，恰好受到了市场主体缺位的约束，导致粮食市场缺乏相应的组织载体。同时农户家庭作为粮食生产经营的基本组织单元并不能支撑起日益放大的粮食市场化的发展，传统的流通组织和服务组织也不能适应粮食经济由封闭到开放的需要。

现代农业经济发展的世界经验表明：粮食产业发展需要获得三方面的效率支撑，即产权、技术与组织。家庭联产承包责任制在浅层次上解决了粮食经济发展的基本生产要素——土地的产权问题，它赋予农民相对稳定的土地使用权，从而成为粮食生产增长的激励之源。然而，效率实现的产权激励因子只有与技术因子和组织因子有机结合，产权激励才能产生实际效应。在 20 世纪 90 年代中期之前，卖方市场是广大农户所面临的基本市场格局。其时，它们与市场之间不存在太多矛盾，拥有土地使用权的分散农户在小块土地上将传统耕作技术与少许现代农业技术相结合，使粮食生产获得了持续且空前的增长。因而这一阶段粮食流通组织的重要性并未凸显，或者说，效率实现的组织因子的贡献对总体粮食经济而言并不显著。近几年我国出现的"卖粮难"、粮食种植结构不合理、粮农收入增长缓慢等问题，其重要的原因就在于适应市场变化要求的粮食流通组织发育滞后，市场信息不灵，生产与流通矛盾突出。再加上粮食产业发展又面临着更加严峻的国际竞争，外国优质低价的粮食大举进入国内市场，我国粮食流通组织问题将更加突出。在此背景下，根据粮食流通市场化改革及社会化大流通的需要，改造提升小农生产供给与大市场需求之间的组织载体——粮食流通组织，无疑具有重要的理论及现实意义。

# 一、粮食流通特点及其组织演变规律性概述

## （一）粮食流通的历史考察及其内涵的拓展

在商品经济条件下，粮食流通是指粮食商品在流通领域的运动过程，它是以增值为目的的一系列交换活动。它是联结粮食生产与消费的中间环节，是粮食实现价值"惊险一跳"的重要阶段。在人类社会的演进中，随着科学技术的进步和劳动生产力的不断提高，粮食流通也呈现出不同的特征：

在简单商品经济条件下，"一方面，流通没有支配生产，而是把生产当作已经存在的前提。另一方面，生产过程还没有把流通作为单纯的要素吸收进来"[①]。那时，粮食流通只不过是一种贩运贸易。粮的交换是由生产者自己来完成的，是生产者与消费者直接见面的商品贸易，其运动公式是 W-G-W。它表示粮食生产者先卖后买，为买而卖，最后实现交换使用价值的目的。在这里同一货币换位两次，在质上是作为货币的货币出现的，在量上没有发生变化。因此，在此条件下，粮食生产者大多数是依靠自己的劳动力，"在自己的田地上生产他们所需要的几乎一切物品，只有一小部分必需品是用自己的剩余产品同外界交换的"[②]。因而粮食流通的规模是有限的，流通范围是狭小的。随着社会生产力及社会分工的发展，到封建社会末期，自然经济逐渐瓦解，商品经济获得了迅猛发展。马克思说："发展的商品生产不同过去，这一次是这样的生产：它事先把流通当作发展了的要素，并且表现为引起流通又不断地从流通返回到本身以便重新引起流通的

---

① 马克思，恩格斯. 马克思恩格斯全集（第 13 卷）[M]. 北京：人民出版社，1979：36.
② 马克思. 资本论（第 3 卷）[M]. 北京：人民出版社，1975：1015.

不断的过程。"① 在这个阶段，商品型粮食生产数量增多了，粮食流通的规模也随之有所扩大。

在发达商品经济条件下，随着产业资本中商品资本职能的独立化，出现了专门承担商品流通业务的组织以及实现价值增值的商业资本。尤其是资本主义生产方式的确立、地理大发现以及世界市场的形成，推动了社会化大流通的形成。这时粮食和其他商品一样，也逐渐形成了社会化大流通。此时的粮食流通不再由生产者自己来独立完成，而是由一系列的流通组织来承担这一职能。以流通组织为中介的粮食社会化大流通的运动公式是 G–W–G′，这表示商人先买后卖，在这里同一货币换位两次，货币在质上作为资本的货币出现，在量上发生了增值，正如马克思所说："商人的财产总是作为货币财产而存在，它的货币也总是作为资本执行职能。"② 由此可见，在社会化大流通的条件下，粮食流通中使用价值转移和价值的实现过程，是与流通组织的资本流通过程紧密交织在一起的，资本流通往往以商品流通的形式表现出来。随着社会分工进一步发展和市场交换范围空前扩大，因商品生产者不同所引起的使用价值与价值以及生产与消费在空间和时间上的分离，导致商流和物流的分离成为必然。信息流是商流和物流的先导，没有信息的交流和传递，商流和物流就不复存在。商流、物流和信息流既可以相互结合，又可以暂时地或永久地分离，如交易双方互传信息，先契约交易后实物交割，或者买空卖空；也可部分地或全部地分离，如期货交易中的部分实物交割。商流、物流和信息流相互分离是现代社会化大流通发展的客观趋势。另外，随着人们消费需求结构的升级，粮食直接消费的比例也会日渐缩小，而经后续加工后进行间接消费的比例必将不断提高。因此，粮食的社会化大流通既是商品流通和资本流通的统一，又是商流、物流和信息流三者的统一。同时还是包括加工、包装、保管、储运等诸多生产性活动的大系统。

## (二) 粮食流通的特点及其组织特征

### 1. 粮食流通的特点

根据马克思主义再生产的原理，流通是生产和消费的中介。粮食流通的特性，不仅取决于粮食的自然属性，而且是由粮食生产与消费的特征决定的。它是自然再生产和经济再生产的统一体，这也决定了粮食流通对自然条件有着很强的依赖性，多种风险交织于粮食流通领域。在粮食社会化大流通的背景下，市场范

---

① 马克思, 恩格斯. 马克思恩格斯全集 (第13卷) [M]. 北京：人民出版社，1979：163.
② 马克思. 资本论 (第3卷) [M]. 北京：人民出版社，1975.

围的延伸和交易空间的拓展，推进了各种类型流通组织的蓬勃发展，卷入流通的粮食数量和种类不断增多，交易方式也显现多样化的特点，因而粮食流通的特性更加明显：

第一，粮食的易腐性，使其流通过程具有明显的生产性质。粮食进入流通领域以后，还需要进行加工整理，才能进入消费。如储存在粮库里的粮食，为了控制它的水分含量，需要定期进行烘干，进入消费前还需要加工。因此，粮食流通过程包括贮存、运输、加工、交易等多个环节，粮食经过加工整理后，能大大提高附加值。随着居民收入水平的提高以及消费结构的升级，粮食流通中加工环节的地位日益显得重要。

第二，粮食生产周期长，使粮食供给反应迟滞。粮食生产过程需要自然力的作用，其生产时间与劳动时间具有明显的不一致性，它必须等到一个完整的植物生命周期结束才能完成。正如马克思指出："植物性物质和动物性物质不能以像机器和其他固定资本、煤炭、矿石等等那样的规模突然增加，因为前二者的成长和生产必须服从一定的有机界规律，要经过一段自然的时间间隔，而后面这些东西在一个工业发达的国家，只要有相应的自然条件，在最短时间内就能增长起来。"[1]并且由于粮食生产的季节性与生产的连续性，其无法在一个生产周期之中通过控制来达到扩大或压缩生产规模。因此它无法在短时间实现大批量的生产。再加上我国粮食生产主要实行家庭经营，存在天然的小生产与大市场之间的矛盾。个体农户常常根据现时的市场供求状况进行生产决策，容易形成市场供给的时滞。并且当粮食供需发生变化时，他们又极易倾向于采取一致的供给行为或需求行为，加剧粮食市场上粮食供给的波动性，从而不利于粮食流通的稳定运行。

第三，粮食生产的区域性、季节性、集中性与粮食消费的广泛性、经常性、分散性的矛盾，决定了粮食流通的非均衡性。粮食生产是以自然再生产为基础的经济再生产过程，自然条件的差异决定了粮食的生产具有明显的地域性。一个品种只能在某个区域或某几个区域生产。例如，我国南方雨水充足极适合水稻生长，而北方的半干旱气候则适合小麦的生长。并且由于粮食生产受自然条件的影响大，使得粮食生产者不能在一个年度内均匀地分布生产能力，只能随着自然条件的变化在某一个特定时期内集中生产某一个品种，因而同一种粮食的市场供给具有明显的区域性、季节性和集中性的特点，成熟季节则在产区集中大量上市，而其他季节又供应不足。但是社会对粮食的需求具有地域的广泛性和时间上均衡性。这两者之间的矛盾决定了粮食流通的非均衡性。

第四，粮食供给弹性大，需求弹性小，使得粮食流通具有很大的风险性。粮

---

① 马克思. 资本论（第3卷）[M]. 北京：人民出版社，1975.

食的消费大都表现为人们生理需求的满足，其可替代性很小。在人口总量增长趋缓的情况下，由于人们生理需求的相对稳定性，因而粮食市场需求量也具有相对平稳的特点，并且由恩格尔定律可知，随着居民收入增长，其需求反而还会有所减少。而粮食生产虽然受到土地等自然资源的约束，但由于生产要素之间具有可替代性，技术进步可以克服自然资源短缺的局限性，因而粮食的供给弹性相对较大。粮食生产周期长的天然弱质性，使其对市场信号的反应严重滞后，导致市场的被动调节。也就是说，现实的市场信息传递需要一个粮食生产周期才会体现出来。这种滞后调节，形成了粮食市场普遍存在的供需循环的特征——蛛网模型。粮食供给弹性大，需求弹性小的特点，使得粮食市场的蛛网往往呈发散状，剧烈震荡，距市场均衡点越来越远。因此在粮食市场上存在较大的风险，而过大的风险会降低经营者的未来预期，往往会使经营者更多地采取短期的机会主义行为，不利于形成有序的市场竞争格局。再加上这种市场风险与粮食生产的自然风险相叠加，使得粮食流通的风险更加突出，从而影响社会经济生活的稳定。

2. 粮食流通组织的特征

粮食流通组织是指介于粮食生产者与消费者之间，参与并促进粮食生产与流通的各类组织，它不仅指专门从事粮食流通活动的专职流通组织，而且包括从事粮食加工的流通导向型组织以及为粮食流通提供服务的各种流通中介组织。它是随着粮食市场的发育而逐渐形成的，并且随着生产力水平的提高和社会分工的深化而不断演进。结合上述粮食流通的特性，本书认为粮食流通组织主要具有以下特征：

第一，粮食流通组织对专用性资产的投资具有特别要求。粮食的易腐性一方面要求流通组织快速、及时地将粮食从生产领域转移到消费领域，承担运输、保管、储存等生产性活动，并支出一定的生产性流通费用，进行比工业品流通更强的资产专用性的投资。另一方面信息的重要性和时效性也强于工业品流通，这就要求流通组织在信息搜集、传递上进行更多的投资。粮食生产的区域性、季节性、集中性与粮食消费的广泛性、经常性、分散性的矛盾以及由此产生的信息不对称、信息分散和运输费用增加等都可能造成市场的分割，流通组织在进行市场扩张、加大粮食流通半径时，就需要增加专用性投资，花费更多流通成本去搜寻、加工整理信息、进行谈判和签约，从而导致交易成本的上升。随着流通分工日益深化，市场中不断演化出一些专业化组织专门提供粮食市场信息、市场交易场地、运输设备、市场管理等具有准公共品性质的流通服务，从而不断地扩大市场范围，减少流通费用和流通过程中的机会主义行为。

第二，粮食流通组织具有多样性和多层次性。与粮食生产分散经营相对应，粮食的易腐性与易损耗性，也要求参与粮食交易的市场组织具有分散性的特点，由此决定了批发市场、合作组织、产销一体化、直销与连锁经营等粮食流通中介组织的多样化;同时粮食生产的区域性、季节性、集中性与其消费的广泛性、经常性、分散性的矛盾,使得粮食流通必须建立完善的多种组织网络体系,包括粮食初级市场(遍布城乡的零售市场和集贸市场)、产地批发市场、销地批发市场和期货市场,体系中的各个部分既互相联系又互相区别,各部门都应有其独特的功能。只有这样才能发挥粮食流通的集散功能。另外,多样化、多层次的专业化流通组织,有利于形成有效率的交易分层结构,从而提高流通的效率。

第三,粮食流通组织要求有稳定的收益预期和承担市场风险的能力。由于市场信息的不充分及粮食生产活动的连续性、长周期性,粮食的生产与流通过程中存在明显的自然风险,也使得粮食生产经营预期结果的稳定性大受影响;再加上粮食生产与消费的分散性的矛盾及供需双方的信息不对称极易引发市场风险,以及由于政府逆向操作而造成的政策风险等,都要求粮食流通组织具有较好承受风险的能力和化解不确定性风险的机制。粮食流通组织通过产后加工、储运等业务延长粮食的保质期,提高其增加值;同时,通过对市场需求的准确把握引导农业生产者的经营活动,发挥其对生产的导向功能,以降低粮食生产经营的盲目性。

第四,粮食流通组织可以引导粮农实施粮食标准化建设。虽然长期困扰我国农业发展的粮食总量短缺问题已基本解决,市场格局已由卖方市场转变为买方市场,但是我国的粮食质量与发达国家相比还存在较大的差距:水稻、小麦、玉米、豆类等虽然产量增加了,但蛋白质及矿物质和维生素等营养物质却大幅度下降,品质下降(比如稻米,国际上 4 种名牌稻米长度为 72mm,属于特长粒,千粒重 17.55 克,我国则分别仅为 68mm 和 16.70 克)。因此我国粮食市场中存在严重的供求结构失衡,这极不利于我国粮食生产以及参与世界大流通。而我国要进入国际市场参与世界大流通,并把我国的粮食从数量优势转化为质量优势,必须重视国际卫生、质量监控标准,走标准化之路。粮食标准化是借鉴工业生产的标准化原理,对粮食产前、产中、产后进行标准化管理。粮食流通组织作为重要的市场组织者,能够帮助粮农树立标准化意识,实施严格的标准化操作规程,使生产、加工、包装、销售、服务走上标准化道路,从而增强我国粮食的国际竞争力。

### (三) 粮食流通组织演变的规律性概述

在人类社会的演进历程中,社会生产力的提高及交换分工的发展、粮食市场交易范围的扩张以及流通组织采用新的交易方式所带来的交易费用的减少,不仅推动了粮食产业内部分工的深化,而且还带动了粮食流通组织产生和演进。

马克思说过，"商品不能自己到市场去，不能自己去交换"，而是由"它的监护人，商品的所有者"承担这一行为①。在简单商品经济社会里，当交换只是偶尔为之的时候，交易是相当分散的。个体生产者为了将剩余的粮食出售以换取其他物品，他们就主动汇集在交通便利的路口、乡村、河埠，搜寻自己需要的货物并进行讨价还价，合则成交，不合则进一步搜寻，直到各自找到满意的对象而成交，于是就形成了不定期的集市。随着商品交易规模的扩大及交易次数的增多，不定期集市就逐渐演变为定期的集市。定期集市的形成使市场辐射的空间范围也不断地向外延伸，远距离的商品交易就日渐发达起来，交易活动的边际生产率较高，促使一部分人放弃粮食生产而专门从事商品买卖活动，于是就出现了个体商贩和较大规模的流通组织。个体商贩尤其是流通组织的出现实质是交易活动专业化。交易活动因而也获得了专业化所带来的好处，使粮食流通的单位交易费用大幅度降低，并且增大了市场半径，拓展市场交易的空间范围，逐渐由狭小的区域内交易扩展到区域外交易乃至跨国交易，在原有的综合性集贸市场的基础上逐步演化出了交易量更大、辐射范围更广的粮食批发市场。这就加强了市场交易的集中性，使买卖双方更容易搜寻对方，搜寻信息的费用降低，减少了讨价还价耗费的时间，市场运行更趋于平稳。于是粮食由产地市场经过批发市场转售给零售商后再转售给消费者，成为资本主义之前大多数国家粮食流通的基本模式。

然而，社会化大流通条件下的粮食流通组织，是在资本主义社会大工业发展基础上形成的。产业革命不仅推动了机器大工业的发展，而且引起了整个社会分工的深化。一部分农民从农村摆脱出来，成为雇佣工人。于是农村人口大幅度减少，并且将先进的工业技术日益应用到粮食生产，从而出现了粮食生产的区域化和专业化分工。大批量、多样化的粮食的有效供给，通信条件的改善，仓储条件的改进，以及足够资本的形成和市场范围的延伸，推动了流通领域的巨大变革——批发组织与零售组织的分离，从而大大推动了流通职能的专业化分工。

由于粮食具有易腐性，大批量的粮食现货交易具有很大的不确定性和风险性，容易造成交易双方利益的损失，于是就演化出各种新型流通组织。个体分散的农场主纷纷组织起来，形成了各种类型的粮农合作组织，以减少中间商的盘剥。在现货交易的基础上，又形成了以远期合约交易为主的期货市场。期货市场是一种信息高度密集的市场形态，期货交易所将价格信息通过大众传媒传导到各地，便于买卖双方据此决策。同时，公开竞价方式与标准化合约便于买卖双方达成交易，保证金制等现代交易制度也降低了交易风险，增强了市场流动性。

20世纪初期，粮食流通组织体制发生了分化，欧美国家由于商业连锁经营

---

① 马克思.资本论（第3卷）[M].北京：人民出版社，1975.

的迅猛发展，零售商对货物的购进由过去的各自进货改变为统一进货，甚至直接到产地或食品加工厂进货。这样就提高了流通的集中度和规模经济，降低了流通的交易成本；而日本、韩国和我国台湾地区则由于生产规模小，专业化程度不高，直接进入超级市场又面临较高的交易成本约束，因而粮食流通则从集贸市场向以批发市场为核心的交易方式转变。

第二次世界大战以后，资本主义进入一个较长的繁荣时期。随着居民消费水平的提高，粮食直接消费的比例越来越小，而产后加工的比重不断提高，于是就出现了粮食产销一体化的组织形态。从某种意义上说，粮食产销一体化组织的出现是对市场的一种替代，它通过建立自己的渠道与网络，将市场交易中一部分生产者与经营者连接起来，形成一种固定的契约关系，代替市场交易中每个交易者所需的寻找信息、谈判、签约的费用，节约交易费用；并通过自身的组织体系，使市场上的一部分不稳定的商品交易变为企业内部有序的计划配置，从而提高交易效率。

粮食流通组织的演进，总是伴随着人类社会生产力的提高和社会分工的深化。社会分工的深化是生产力发展和社会进步的一个重要标志。交换分工所带来的流通业的发展和市场效率的提高已是当今社会有目共睹的事实。随着社会化大生产和大流通的发展，粮食流通规模日益扩大，流通范围不断延伸，流通领域内的分工也不断深化，一方面各种流通组织蓬勃发展，经营范围越来越小，显现专业化趋势，但经营规模不断扩大，从而使社会交换分工的需求有可能达到经济规模；另一方面各种流通组织在分工基础上的协作不断加强，出现了各种类型的纵向一体化和横向一体化组织，从而实现了范围经济和规模经济。当今迅猛发展的物流革命以及经济全球化进程的加速，进一步推进了粮食流通专业化和国际化进程，于是出现了物流、商流、信息流的互相分立及内外贸由分立向一体化演进的趋势。

随着市场分工的深化，各种类型的粮食流通组织之间形成了多种的交易方式，既有现货交易又有远期交易，既有现款交易又有信用交易，既有经销又有代销，还有拍卖、自选等，既有批量交易又有零售交易，还有批发与零售结合的交易。多种交易方式并存，是因为它们具有各自的相对优势：现货交易方式将商流、物流和资金流集于一身，具有快捷、便利的特点，它包括批发和零售两种形式。零售方式发出的市场信息短促而零散，使交易带有很大的偶然性和不确定性，它适合数量小的粮食交易；批发方式往往以较大规模的粮食集中为基础，具有发现价格的功能，它为零售提供了基础；在现货交易基础上形成的期货交易方式，具有风险规避功能，使部分厌恶风险的交易者能用套期保值的方式规避风险，因而它适合于大宗粮食的远期交割；网上定购大大节约交易费用，提高流通

141

效率，但它存在明显的风险。在市场经济条件下，各个交易主体实行分散决策体制，他们根据各自的交易需求偏好，随时随地选择合适的方式进行交易，从而降低了市场交易费用。

# 二、粮食流通组织的效率分析

## （一）我国粮食流通组织的现状

在市场经济条件下，粮食生产与流通的矛盾是农业的主要矛盾，个体粮农的私人劳动能否转化为市场需要的社会劳动，很大程度上取决于粮食流通组织的发展程度。粮食流通组织是联系粮农与市场、粮食生产与消费的桥梁与纽带，不仅承担着粮食价值实现的职能，而且还发挥着把握市场需求、引导粮食生产决策的导向作用。改革开放以来，各种类型的粮食流通组织蓬勃发展，初步形成了多种所有制平等竞争的市场格局，但从总体上看，流通组织存在着发育滞缓、规模狭小、结构不合理、交易手段落后等诸多问题，影响着粮食产业再生产的良性循环，进而影响着农业的可持续发展。下面将重点对我国现存的粮食批发市场组织、粮农合作组织以及产销一体化组织的效率状况进行分析，找出粮食流通组织面临困境的深层次原因，以便为其改造提升提供建议。

1. 粮食批发市场组织的运行效果分析

我国粮食批发市场组织发展是在粮食产量迅速增长，流通渠道不畅的情况下在城乡粮食集贸市场的基础上逐步产生的。由于它具有大批量集中交易带来的流通费用节约、大批量运输和储存的经济性以及组织内部专业化分工和有效管理的经济性等特点，符合粮食流通的需要，所以发展速度较快。目前正由数量扩张阶段向规模扩张阶段演进。据统计，截至 2012 年底，我国已有各类粮油批发市场组织 1000 多家，其中亿元以上粮油批发市场 2000 年有 52 家，2003 年调减到 42 家，2005 年增加到 146 家，2006 年跌至 86 家，此后逐年缓慢上升，2012 年有111 家。具体数据及变化趋势见表 5.1、表 5.2 和图 5.1。

经过改革开放 30 多年的发展，粮食批发市场组织在引导粮食生产和消费、规范交易行为以及形成客观公正的价格等方面都发挥了相当重要的功能。目前已初步形成了以期货市场为引导、中心批发市场为龙头、区域性批发市场为骨干、地方批发市场和以众多城乡集贸市场和商店为基础的粮食市场体系（见图 5.2）。

表 5.1 2000~2012 年全国亿元以上粮油批发市场概况

| 年份 | 市场数（个） | 摊位数（个） | 营业面积（平方米） | 成交额（亿元） |
|------|------------|------------|----------------|-------------|
| 2000 | 52 | 27528 | 700127 | 227.39 |
| 2001 | 46 | 8430 | 835775 | 188.03 |
| 2002 | 41 | 5046 | 716249 | 187.7 |
| 2003 | 42 | 6323 | 757829 | 188.86 |
| 2004 | 50 | 6283 | 1193104 | 306.09 |
| 2005 | 146 | 59503 | 3368098 | 687.63 |
| 2006 | 86 | 26004 | 2897522 | 520.3 |
| 2007 | 91 | 20141 | 2685469 | 720.68 |
| 2008 | 99 | 29052 | 3120573 | 849.04 |
| 2009 | 102 | 25452 | 3781462 | 1290.71 |
| 2010 | 109 | 31978 | 4550940 | 1467.73 |
| 2011 | 111 | 41288 | 4257698 | 1437 |
| 2012 | 111 | 45036 | 3949882 | 1641.26 |

数据来源：国家统计局贸易外经统计司历年《中国商品交易市场统计年鉴》。

表 5.2 2008 年全国前十家粮油批发市场

| 批发市场名称 | 交易额（万元） | 批发市场名称 | 交易额（万元） |
|------------|-------------|------------|-------------|
| 扶余县三井子杂粮市场（松原） | 392600 | 衢州市粮食批发交易市场 | 198013 |
| 北京盛华宏林粮油批发市场有限公司 | 347319 | 金华市粮食批发市场 | 197535 |
| 临沂鲁南国际粮油市场 | 335736 | 北京锦绣大地玉泉路粮油经营有限公司 | 185534 |
| 庆云县粮油交易市场（德州） | 296272 | 福州杜坞粮食交易市场有限公司 | 184800 |
| 兴化市粮食交易市场（泰州） | 269800 | 广州市海珠区粮油综合交易城 | 173660 |

数据来源：国家统计局贸易外经统计司. 中国商品交易市场统计年鉴（2009）[M]. 北京：中国统计出版社，2009.

但是由于我国粮食流通体制正处于由计划向市场转轨的特殊时期，粮食批发市场组织的发育并不成熟，功能发挥得也不充分。这既有外在因素，也有许多内在因素，主要表现在以下四个方面：

第一，信息不灵，接触面窄，交易方式落后。许多粮食批发市场是依靠政策建立起来的，虽说搭建了一个交易平台，但还是过多地依赖行政支持，靠买卖政策粮过日子，交易方式仍是传统的协商、竞价、组织供需见面会等，缺乏机制创新和服务创新，导致了信息的滞后及交易成本的提高。

第二，粮食批发市场的功能单一。许多批发市场主要是作为粮食批发交易的场所，而其他功能没有得到充分发挥。现代化批发市场应有的功能还包括集散功

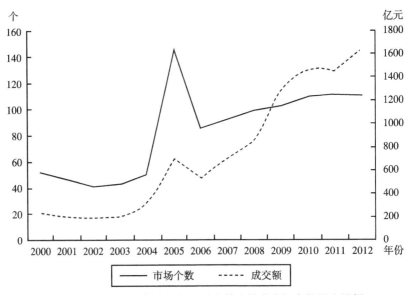

图 5.1 2000~2012 年全国亿元以上粮油批发市场个数及交易额

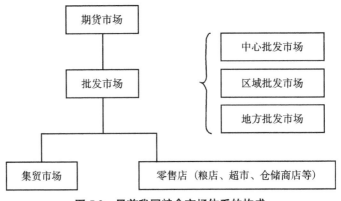

图 5.2 目前我国粮食市场体系的构成

能、结算功能、价格功能、配送功能、信息功能、质量检验功能、展示功能以及生活服务等多种功能。

第三，粮食批发市场投资主体单一，各自为战。许多批发市场是粮食局（厅）投资的事业单位，以为本区域服务为主，对区域外的粮食企业有一定局限性。

第四，粮食批发市场的交易量较小，且交易不活跃，"有市无场"和"有场无市"的现象同时存在。多数地、县没有规范化的粮食批发交易场所，粮食交易主要在乡、镇自发形成的混合型集贸市场进行，规模小、分布散、秩序乱，缺乏专业性。粮食批量交易只在国有粮食企业之间进行，交易难以公开、公平、公正进行；有的地方仅有私商粮贩组织的路边店铺和集中摊点，形成特有的"马路市场"，交易层次、交易方式远远不能够适应粮食社会大流通的需要；有的市场盲目建设，造成有场无市的资源浪费。还有些批发市场建设不考虑粮食商品流通的特殊性和所需要的外部环境，盲目建设、重复投资、趋同运营，致使批发市场长期闲置，形成特有的"空壳市场"、"有场无市"。据农业部统计，截至 2012 年底，全国农产品批发市场共有 5000 多家，其中有 1300 多家建成后未开业，835家开业后近三年无成交额①。

2. 粮农合作经济组织的运行效果分析

粮农单家独户进入市场面临如下的困难：①不了解市场信息。分散经营的粮农收集、处理和传播信息的能力较差，对于市场上需要什么不需要什么、某粮食今年的价格很低明年的价格会怎么样等市场信息，单个的粮农很难从市场上了解到。②进入市场的交易成本高。粮农直接到市场上进行粮食购销是最原始和交易成本最高的一种购销方式。鉴于先进交易技术运用和交易效率提高以交易的一定规模为前提，故而单个粮农小批量、多次数的市场交易必然导致较高的交易费用。比如，购销活动的信息收集费、人工费、监督实施费、运输费等在各个交易环节中需支付的费用，由于购销批量过小而导致其单位产品的分摊额高昂。也就是说粮农独自进入市场，必将面临搜集买方信息、寻找买方、讨价还价、运输等交易费用，每进行一次交易都要耗费较高的交易成本。③交易时面临信息不对称。粮农由于很少出门了解市场行情，对其生产的粮食的市场行情不甚了解，而交易对方如中间商则不一样，他们专门经营粮食，在这方面拥有丰富的市场信息。再加上中间商和粮农均为独立的利益主体，都以追求利益最大化为经营目标，处于信息劣势方的粮农受时间专用性强、交易规模不经济等约束，无论是采购农资还是从事粮食销售、讨价还价都处于不利地位，难以抵御中间商出于机会主义动机的各种误导、隐瞒、欺诈等行为，造成利益的流失。据估计，粮农仅在流通环节流失的利润每年就高达 200 亿元（刘锦江，1996）。

为了解决这些问题，农民便想起发展合作经济组织。通过合作经济组织了解市场信息，与中间商谈判，引导粮农进入市场。农民合作组织在大多数西方国家已有 100 多年的历史。根据国际劳工组织（1994）定义，合作社是一个自愿组织在一起的民主的组织形式，是一个具有共同目标的协会。目前国际上公认的合作社有六条原则：入社自由，民主管理，资本报酬适度，盈余返还，合作社教育，

---

① 周颖等. 我国农产品批发市场发展的现状、问题及对策 [J]. 农业经济，2013（10）.

合作社之间应加强合作①。在这些原则的指引下，西方发达国家的合作社不断发展壮大，在农村经济中发挥着巨大作用。据统计，法国由合作社收购的牛奶占50%以上，谷物占71%。在食品出口中，通过合作社出口的谷物占45%，鲜果占80%，肉类占35%，家禽占40%。原西德农业合作社控制了全国奶制品市场的79%，谷物市场的55%，蔬菜市场的42%②。随着现代市场竞争环境的变化和农业产业化规模的扩大，西方发达国家传统的合作社原则和经营方式，随着农业生产力的发展也处于调整和变化之中。

我国传统的农村合作经济组织主要包括农业合作社、供销合作社、信用合作社、农业协会等，这些组织在新中国成立初期对我国农村经济的发展发挥了极其重要的作用。但是，自从20世纪90年代以来，随着中国市场的进一步开放以及个体私营经济的发展，合作社的功能、作用逐渐减弱。特别是相对于发达国家，由于我国长期以来实行政府主导的粮食生产和购销体制，使得我国粮农合作经济组织的发育和成长更加滞缓。目前存在的主要问题有：①粮农流通合作组织数量少，覆盖面小。按照估算，全国目前有农村流通领域专业合作组织14万个，带动农户4000万，仅占全国农户总数的22.6%（潘劲，2012），并且地区分布不均，一些省区专业合作组织几乎是空白，即使在专业合作组织得到充分发展的省区，专业合作组织的覆盖面也不是很大。比如以多种形式合作组织著称的山东，加入新型合作组织的农户也只有16%左右。浙江是近年来农民合作组织发展较快的省份，到2012年底，全省共有各类农民合作组织2667家，社（会）员20.18万，仅占全省农户1.88%（黄祖辉等，2013）。②粮农合作经济组织内部缺少严格的制度规范和管理章程，内部制度建设和运行机制方面存在着严重缺陷。一是没有建立起社员所有的产权制度，特别是政府部门牵头兴办的合作组织中，存在产权不清的问题，社员的主体地位也没有确立；二是没有形成社员控制的决策机制和利益分配机制，社员的参与度低，合作组织缺乏向心力、凝聚力。因此，大多粮农合作经济组织的素质比较差，且与农户之间的联系比较脆弱，它们在带领粮农发展经济、增加收入方面所能提供的有效引导和服务还比较少，经不起时间的考验和风险的冲击。

3. 产销一体化组织的运行效果分析

一体化与专业化是两个相对概念，可以通过图5.3来进行解释，假设有两个生产性过程中前后相继、技术上相互独立的生产单位，一个称为甲，另一个称为乙，生产过程中甲在前乙在后，只有先生产出甲的产品，然后利用甲的产品乙才

---

① 韩俊.关于农村集体经济与合作经济的若干理论与政策问题 [J].中国农村经济，1998（2）.
② 林述舜.规范农业合作经济，推进农业产业化发展 [J].农业经济导刊，2012（8）.

能生产，那么，乙得到甲的产品可以通过两种方式：一种方式是乙直接通过市场交易的形式得到甲的产品；另一种方式是将甲的产品的生产过程纳入乙单位来生产，通过企业内的管理交易将甲的产品转移到乙。

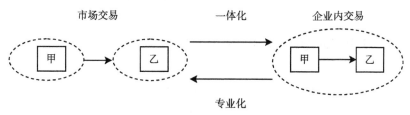

**图 5.3　产销一体化组织的运行效果**

图 5.3 中从左边往右边转移的过程就是一体化过程。产销一体化，就是从生产到销售（相当于图 5.3 中的甲到乙）都由本企业来完成，这样的企业组织被称为产销一体化组织或者纵向一体化组织。产销一体化组织通过实行一体化经营，将外部的市场交易费用内部化，为企业节约管理和交易费用。随着一体化程度的加深和规模的扩大，一体化内部的经济活动费用将随之增加。当规模扩大到一定程度时，组织管理费用的边际增加额与市场交易费用的减少额相等时，公司就不会再通过一体化扩大规模，因为再通过一体化扩大规模，组织管理费用会更高，抵消因纵向结合而减少的市场交易费用，企业得不偿失。所以一体化的边界条件应是企业边际市场交易费用节约额等于边际组织管理费用增加额。

但是我国大多数粮食产销一体化组织一方面没有按上述理论进行考证，只是盲目赶时髦，这些组织具有不规范性、不稳定性和松散性等特征，不能真正代表粮农的利益。由于缺乏代表粮农利益的组织，生产者之间相互不协调，省际之间、地区之间缺乏沟通，往往出现竞相降价自相残杀的恶性竞争。另一方面，本应集粮食生产、加工、储藏、运输、分级、包装等各环节于一身的一体化组织，其加工增值环节少、程度低，综合效益和整体竞争力均较差，使得粮食的产业链过短，成为制约流通的"瓶颈"并直接影响着粮食的国际竞争力。目前，我国农产品加工产值与农业产值之比仅为 0.43：1，而美国等农业发达国家高达 2.7：1（见表 5.3）。如我国玉米深加工目前仅占 9%左右，远低于美国的 20%和日本的30%。因此，这种流通组织如果不进行改造提升，在激烈的国际竞争中必将处于不利地位。

**表 5.3　世界主要农业发达国家农产品加工产值与农业产值比较（以农业产值为 1）**

| 数据 | 美国 | 日本 | 法国 | 英国 | 中国 |
|---|---|---|---|---|---|
| 农产品加工产值与农业产值之比 | 2.7：1 | 2.4：1 | 1.7：1 | 1.7：1 | 0.43：1 |

资料来源：文启湘. 我国粮食流通中利益损失的原因分析与均衡策略［J］. 经济经纬，2012（2）.

## （二）粮食流通组织效率的一般影响因素

一个经济组织的经济绩效，既取决于组织内部的制度安排，也取决于组织制度安排与交易环境的相容性。这里的环境不仅指制度环境，而且还包括经济组织运行的产业资源及其市场环境。不同的组织形式，当其产权结构不同时，其隐含的激励与约束机制也不同，从而影响作为经济人的参与者的行为努力（生产性努力或分配性努力），进而导致经济组织的不同绩效。我们可以把产业组织理论的"结构—行为—绩效"的分析框架引入对经济组织制度的经济学分析，建立一个"产权结构—计量能力—环境特性—经济绩效"分析模型（见图 5.4）：

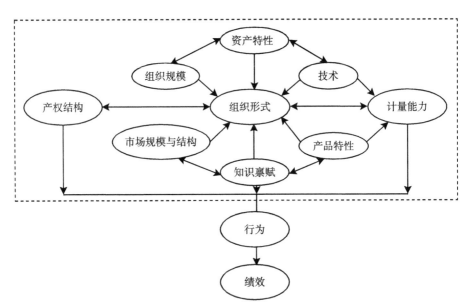

**图 5.4　"产权结构—计量能力—环境特性—经济绩效"分析模型（图中虚线表示环境）**

由上述模型可知，组织形式的选择是多种因素共同作用的结果，其中，制度结构中的产权结构及其所含的激励与约束机制是决定组织形式的内因，而交易环境特性则是决定组织形式的外因。不同产权结构下的组织形式与不同交易环境的匹配，都会使参与者表现出不同的行为倾向，并最终导致组织经济绩效的差异。运用此模型来分析粮食流通组织，可看出影响一个粮食流通组织效率的因素主要有[①]：

1. 粮食流通组织的产权结构

法律对产权的初始界定及其对伴随交易过程发生的权利让渡后的再界定所形成的产权结构，即构成产权的权利束在空间和时间上的分布状态，在很大程度上决定了行为主体之间的竞争程度，从而决定了是否存在对行为主体充分的激励。无论是在整个经济活动中，还是在一个经济组织内部，产权的分立必将导致竞争，而竞争往往又是效率的根源。原因在于：一方面，适当的产权安排有助于降低契约的不完备性和不确定性，提高预期的稳定性；另一方面，明晰的产权有助于降低组织内部的交易费用。

2. 粮食流通组织对其成员的"努力"与"报酬"的计量能力

一个组织向市场提供的是整个组织的产品，而不是组织成员的边际产品，因而不能依靠市场来对组织成员的努力进行考核、计量和定价，而只能由组织来完成。如果组织的计量能力很差，报酬与生产率之间只有松散的联系，生产率将较低，但如果组织的计量能力很强，生产率就会相应提高。因此，一个组织的计量能力的高低直接影响到组织的激励机制与约束机制。要使组织成员有充分的激励去努力工作，就必须使其边际努力与边际报酬相等或者紧密联系，而这又往往与组织所依存的环境特征有关。其中，组织内的文化环境与合作氛围尤为重要，因为一个有效的经济组织所内含的关系联盟与忠诚纽带，可以降低监督和考核费用，从而改善计量能力。

3. 粮食流通组织结构及其所依存的环境特性

结构决定功能，功能决定效率。任何组织都不是孤立存在的，而是与具有相同职能的其他组织构成了一个有机整体。粮食流通组织体系既包括专业化经营的批发市场组织，又包括综合化经营的一体化组织以及各种流通型合作组织等，流通组织结构是否合理主要看组织与外在环境相适应的程度。经济组织的外在环境至少包括制度环境、资源环境和市场环境三个方面的内容。可以认为，组织制度与环境的相容程度决定了组织效率的高低。制度环境与市场环境的发育完善程度以及组织内部制度安排的相容程度，决定了组织与环境交易的效率及环境在多大程度上提供对组织的正向激励。而粮食、粮食流通及粮食市场都有其区别于其他产品的特征，粮食流通组织所隐含的制度内容是否与之相吻合，将最终决定着组织的经济效率。

由此可知，一个有效的粮食流通组织应该是产权清晰、计量能力强且与其所

---

① 罗必良. 中国农产品流通体制改革的目标模式 [J]. 经济理论与经济管理，2003（4）.

依存的环境有较强的适应性，以利于其减少交易费用，提高交易速度与效率，扩大交易频率与交易半径，获得交易的规模经济。

## （三）当前粮食流通组织效率低下的现实原因分析

结合粮食流通组织效率的影响因素以及上述粮食流通组织的现状可以看出：自从改革开放以来，我国粮食流通组织经过 30 多年的发展，尽管粮食流通组织有了较大的改善，它们在连接粮农与市场、粮食生产与消费等方面起到了一定作用，但是还没有彻底解决粮食的小生产与大市场之间的根本矛盾，还不能满足粮食的社会化大流通的需要。究其原因主要是目前的粮食流通组织仍然存在一些根本问题没有得到解决，主要体现在以下几个方面：

1. 组织规模结构不合理

国有粮食企业虽然一直是我国粮食流通领域的主要组织者与承担者，但它们毕竟是集政策性业务与经营性业务于一身的行政性垄断组织，存在明显的制度缺陷。同时，在粮食流通市场上存在大量产权不清、激励不强、适应性差且规模狭小、竞争乏力的粮食流通组织，而缺乏大规模的具有竞争力的流通组织，不能适应国际化市场的需要，国际化的粮食流通必须要有规模较大的具有竞争力的粮食流通组织与其配套。随着粮食流通市场分工的深化以及粮食社会化大流通的发展，专业化与一体化两种趋势将会同时并存，无论是专门承担流通中介职能的批发市场组织，还是将产供销诸多环节合并在一起的一体化组织以及既可以从事专业化经营又可以采取一体化策略的各种粮农合作组织，都会朝一个共同的方向发展：扩大组织规模，实现规模经济。

2. 组织之间分工协作差，结构联结松散

由于各部门自立门户自成体系，各种类型的流通组织协作水平低，特别是国有粮食流通组织内部及其他组织之间具有明显的非耗散性，彼此则处于一种孤立封闭状态。如大量的私营粮商仍然在倒买倒卖粮食，获取超额利益；粮食内贸部门与外贸部门完全分离；批发市场组织虽然数量多，但仍未发挥出形成基础性价格的功能；各种粮农合作组织之间协同性差；产销一体化组织内部利益联结机制不完善、加工增值能力低下等。

3. 交易手段落后，流通信息不畅

我国粮食流通组织交易手段落后、流通信息不畅的原因主要是信息流通的硬件设施比较落后。互联网作为传递信息最快、最好、最先进的传递工具，在现代化的商品流通中已发挥出重要作用。而当前能用上互联网，从互联网上收集信息或进行交易的粮食流通组织简直是凤毛麟角。

# 三、改造提升粮食流通组织的思路与对策

随着粮食流通市场化程度的不断提高，原有粮食流通组织上述的诸多弊端，使得粮农的个体小生产与国内外大市场的矛盾日益突出，严重影响了我国粮食流通的市场化进程以及粮食经济的健康发展。于是改造提升粮食流通组织，使其成为产权清晰、适应性强且具有规模效益、能有效降低交易成本的新型流通组织，是解决粮食流通市场上一切问题的关键。因为它不但有利于降低交易成本、实现规模经济，而且必将提高粮农进入市场的组织化程度，优化和改善流通组织的结构，实现粮食市场效率的增进。下面，首先对三种典型的粮食流通组织的改造提升展开探讨。

## （一）改造提升粮食批发市场组织的思路与对策

### 1. 粮食批发市场组织效应的一般性分析

粮食批发市场属于一种市场组织，它与粮农合作经济组织、产销一体化组织等其他流通组织是不同的。后者经营的对象是商品（粮食），而前者经营的对象是为商品交易活动提供服务，包括物质服务和信息等无形商品的服务，并通过对商品交易活动的服务取得利益。任何粮食交易都需要支付一定的交易费用，批发市场组织通过为供求双方提供批量交易的场所和完善的市场规则，从而降低双方的交易费用。粮食批发市场是粮食流通的中心环节，也是解决粮食生产的区域性、集中性与粮食消费的广泛性、分散性之间的矛盾的有效组织形式，它以大批量交易、信息灵通、交易快捷等为主要特征。其交易额越大，所发挥的辐射范围也就越广，因而具有明显的规模经济效应：

第一，大批量集中交易降低了买卖双方的交易成本。与集贸市场上交易双方一对一的直接交易方式不同，批发市场实行集中公开交易方式，供求双方汇集于一处，买方在交易大厅可以及时准确了解供货的厂家、品种、数量、质量、价格、交割日期，从而大大减少了寻找潜在交易对象的搜寻成本，减少获得有关产品价格、质量的信息成本，减少了监督合同执行的履约成本，从而提高了市场运行的效率；同时大批量集中交易，还可使得批发市场组织享受到大批量运输和储存的经济性以及组织内部专业化分工和有效管理所具有的经济性。

第二，能促进粮食基础价格的形成。一个大规模的批发交易市场，市场的竞

争是充分的，任意一个交易主体不能左右市场价格。特别是在拍卖交易机制下，市场价格是由当日粮食的供求关系以及质量所决定的，并且不存在垄断行为，从而形成粮食的基础性价格。基础性价格不仅是同类商品价格的重要参数，影响到其他销售环节、销售渠道商品交易的进行（美国、日本的一些大型超市集团虽然不通过批发市场而直接从生产者手中进货，但它们的采购价格通常要以批发市场的价格作为参照依据），而且还有利于形成全国范围的粮食社会大流通。

第三，能促进粮食流通经营风险以及生产风险的化解。正如前面所述粮食流通具有较大的经营风险。批发市场的大批量交易诱发了各种类型中间组织（如合作社、农民运销组织等）的产生，它们在个体粮农与批发市场之间专门从事批发业务，组织粮食流通，并且通过批发市场进行大批量集中交易，快速地将粮食销售到批发商手中，实现粮食的价值，从而转移了个体农户无法承担的市场风险，有利于粮食流通风险的化解。同时批发市场又汇集了大量的粮食市场供求、价格信息，为粮食生产经营决策提供了依据，粮农可以根据信息变化及时调整自己的产品结构、生产规模及上市时间，这又有利于粮食生产风险的化解。

第四，能为政府调控粮食流通提供最佳的切入点。由于粮食受自然条件影响大，它的生产和供给比其他商品具有更多的不确定性，而粮食消费又是相对均衡的。因此，对粮食流通进行必要的宏观调控是世界各国政府普遍重视的一件大事。在批发市场上，大批量、规模化的粮食集散，为政府进行调控提供了最佳切入点，发达国家对粮食、棉花等重要农产品的供求、价格调控都通过批发市场来实现。我国当前从初级市场（收购市场）进行调控，既耗费了大量的人力、物力和财力，又无法达到应有的政策目标，交易规模不断扩张的粮食批发市场，将成为政府调控粮食流通的最佳切入点。

2. 改造提升粮食批发市场组织的对策建议

第一，加强批发市场组织软硬件建设。加强批发市场组织配套设施建设，完善市场服务功能，是扩大批发市场辐射范围，提高交易效率，实现规模经济的基础。针对当前我国粮食批发市场组织存在的上述诸多问题，各地应根据比较优势原理并依托自己的特色产品，建设具有较强带动和辐射能力的粮食批发市场和粮食流通集散地。使我国粮食批发市场组织超越单纯数量扩张阶段，进入内部制度创新和质量提升阶段。为此，要加强批发市场组织软硬件建设：①推进粮食流通中物流及商流活动的自动化、信息化以及决策手段科学化。要在粮食流通中的运输、装卸、配货、仓储、计量、计价等环节，争取实现机电一体化、自动化、业务处理电脑化；要建立国家对粮食的市场监测、物资储备的宏观调控系统（具体包括建立网络市场监测网点的布局、数据收集信息网、变化趋势预测模型、先进的电子化调度系统等）；同时要加快粮食批发市场的网络化建设，实现信息共享，完善信息服务功能。②培育活跃、高效的市场交易主体并规范其交易行为。针对当前批发市场交易主体规模小、数量众多、体制落后等特点，要催育大型的批发商组织以提高交易的组织化、专业化和规模化程度。同时，要加快完善批发市场的相关立法，完善市场准入制度，规范交易行为，加大对违法交易者的处罚力度，切实保障市场交易的公开、公平和公正，维护交易双方的利益。③加快交易方式的变革和创新，稳妥推行电子商务、拍卖制、销售代理制和配送制。粮食交易方式的创新，可以大大节省双方的交易费用，实现批发市场组织的规模创新。在信息化以及粮食社会化大流通的背景下，电子商务是粮食批发市场组织交易方式革新的方向，它不但具有降低交易费用、提高交易效率、降低生产经营风险、优化资源配置等方面的优点，而且还能促进拍卖制、销售代理制和配送制等交易方式的实施，这方面在本章第五部分将有详细论述。

第二，对小规模的批发市场组织进行合并重组。发达国家的经验表明，市场交易规模过小是造成批发市场组织规模不经济的直接原因。法国只指定 23 家国家公益市场，英国的农渔业粮食部只从 3 家市场里取得价格信息并公开，荷兰近几年来将市场数由 22 家减少到 5 家①。荷兰还通过引进钟表式显示器、自动交易系统及电话线路跨市场同时拍卖的交易方式，实现全国批发市场交易的一体化和高效率。而我国粮食批发市场建设目前缺乏统一规划，点多面小，许多地方有场无市现象十分突出，因此借鉴国外的成功做法，急需对我国小规模的批发市场组织进行合并重组，以利于其规模效益的提高和规模经济的实现。

第三，改善批发市场组织经营的外部环境。区域分工和专业化生产是促进粮食跨地区流通的基础，要按照区域比较优势原则建立专业化的生产基地，并以此为基础，建立产地批发市场。实现规模经济，不仅需要完善批发市场的内部机制，而且要改善其外部环境。长期以来，地方保护主义以及区域市场分割所带来的省际间"关税壁垒"仍然不时阻碍着粮食的跨地区流通。据法国经济学家庞赛的研究：1997 年中国国内省际间贸易商品平均关税为 46%，比 10 年前提高了 11 个百分点。这一关税水平相当于美国和加拿大之间的贸易关系，并且超过了同期欧盟成员之间的关税②。因此，必须按照建立全国统一、开放、健康、有序市场体系的基本要求，既要切实加强整顿和规范市场秩序，完善市场制度和提高市场信用度，又要加强基础设施建设，解决交通"瓶颈"，减少运输成本。

---

① ［日］小林康平等.体制转换中的农产品流通体系［M］.北京：中国农业出版社，1998.
② 戴敏敏.一个市场，还是 n 个市场［N］.经济学消息报，2002-01-18.

## （二）改造提升粮农合作组织的思路与对策

### 1. 粮食流通合作组织效应的一般性分析

第一，粮农合作经济组织可以获得规模效益。在技术条件给定的前提下，交易费用是社会竞争型制度安排选择中的核心。用最少的交易费用提供给定量的服务的制度安排，将是合乎理想的制度安排。开展任何一项交易活动，都要支付一定的诸如发现交易对象、寻找市场信息、谈判等交易费用。在信息不齐全的情况下，两个独立的市场主体对交易利益的分割会导致不可避免的交易效率损失（Myerson R. and M. Satterthwaite，1983）。粮农合作经济组织的建立使粮农在地区或全国有了自己的代言人，可减少交易费用；同时，具有某种共性的粮农在较高层次组织起来，可占有较大的市场份额，对市场信息的了解及对市场的预测也将更容易。在市场经济条件下，交易活动纷繁而复杂。农户与合作组织之间、合作组织与合作组织之间、合作组织与厂商以及合作组织与政府之间交易时，支付越来越昂贵的交易费用。众所周知，交易费用与交易次数成正比，我们假定有 X 个农户都要到 Y 个市场上去购买生产资料或销售产品一次，则交易次数为：

$N_1 = f_1(X, Y) = X \times Y$

如果建立粮农合作组织，则首先合作组织与 X 个农户进行 X 次交易，然后合作组织再到 Y 个市场进行 Y 次交易，则交易次数为：$N_2 = f_2(X, Y) = X + Y$。

设粮农合作经济组织的相对效率为 F（X，Y），则：

$F(X, Y) = N_2/N_1 = f_2(X, Y)/f_1(X, Y) = (X + Y)/X \times Y$

当 X > 2、Y > 2 时，F（X，Y）< 1。

这说明粮农合作经济组织是有效率的，随着 X、Y 的增大，参加交易的合作组织越多，交易的市场越复杂，则 F（X，Y）就越小，粮农合作经济组织节约交易费用的成效就越明显。粮农合作经济组织的建立及其组织规模扩大，便于购置较先进的交通、信息工具，甚至聘请专业人员从事市场信息的收集，便于用市场超前性预测去消除粮食生产周期长所造成的供给滞后性，并根据价格信号协调买卖双方的交易，减少交易中的不确定性，避免交易损失。

第二，粮农合作经济组织具有较高的交易效率。粮农合作经济组织是建立在个体粮农合作意识基础上的交易联合体，能真正代表农民的利益。进退自由、民主管理、资本报酬适度、盈余返还是合作组织的基本制度特征。其交易活动不以盈利为目的，按交易额返还利润又使交易的合作剩余内部化，从而避免了信息不对称下的交易效率损失，使合作组织真正成为农民利益的共同体。交易效率的损失可以体现为不合理的销售利润率，较低的交易量，相互不信任，并导致厂商花费种种成本（如巨额的广告费等）树立信誉，但这些成本归根结底是由消费者来承担，而合作社是投资者与客户合二为一的组织形态，其内部可享有充分的局部信息，保持相互信任和合作，产生信息资本（Albach，1980）。

第三，粮农合作经济组织能获得政府较高质量的服务。自下而上建立起来的合作组织系统执行两个功能：一是保护、发展粮农的利益；二是作为国家管理农村经济的有效工具。因为政府作为一个理性的政治实体，为追求政治支持的最大化和财政收入的最大化，必然要综合考虑社会各利益集团对它的损益影响，尤其是充分考虑某些强势集团的利益要求和对它的态度。分散的、单个的粮农在政府面前就显得束手无策和无足轻重，他们要想挤进政府决策的谈判圈，独立自主地与社会其他利益集团平等地讨价还价，是很困难的。而粮农合作经济组织的建立，尤其是建立国家级的专业合作社联社和综合协会，就会形成一个集团，其作为粮农利益代表者的职能将进一步加强，如研究粮食政策、提出建议等。政府在制定和选择政策时，就要考虑粮农合作经济组织的利益，粮农合作经济组织也就能获得政府较高质量的服务。

2. 改造提升粮农合作组织的对策建议

第一，努力实现粮食生产的区域化和专业化。流通规模首先取决于生产规模的大小。粮食生产的区域化和专业化程度越高，粮食的商品率也就越高，其流通规模也将不断扩大。因此，粮食生产区域化和专业化的不断演进是流通型合作组织规模经济实现的基础。美国合作组织的规模扩张就是得益于农业专业化的发展。1969 年在美国，一种产品占其销售额一半以上的农场占全部农场的 86%，1982 年上升到 96%；同期，合作组织的平均营业额也增长近 5 倍。目前我国粮食的区域化、专业化程度低且商品率不高，是导致合作组织规模偏小、竞争力不强的重要原因。特别是中西部地区，许多地方仍然处于自然经济状态。随着买方市场的形成，粮食生产应以国内外市场需求为导向，以区域比较优势为基础，形成区域化分工、专业化生产的格局，为合作组织实现规模经济奠定坚实的基础。

第二，通过综合化经营实现规模经济。粮农合作经济组织虽然是从事粮食流通业务的农民组织，但它并不仅仅从事粮食销售。美国的销售合作社的业务范围常常贯穿于从生产者到消费者之间的全过程，即通常的纵向一体化经营，不仅包括狭义的流通过程如谈判价格、组织拍卖、农产品集中到仓储和出售的各个环节，而且包括农产品的粗加工、再加工和深加工。随着居民收入水平的提高和消费需求结构的变化，农产品加工业已成为农产品增值的重要源泉。美国新一代农业合作组织的经营目标逐步由原来的提高销售量发展为提高农产品附加值。于是合作社承担的业务不断扩大，大力发展农产品加工、储存、运输等多种业务，不仅能延长农业产业化的链条，提高农业的比较利益，而且可以将加工、销售环节的利润回归到合作组织的微观主体——农户，真正达到保护弱者、抗衡垄断的目的。因此应借鉴国外的先进经验，引导那些具有一定实力、经营业务较好的粮农合作组织向综合化方向发展，从单一的销售功能向产前服务如信息指导、生产资料供给等，产中服务如机耕、灌溉以及产后加工、贮运等多样化功能发展。按照市场需求结构的变化，采取多种方式，大力发展粮食加工业，这是合作组织规模扩张的必由之路。

## （三）改造提升粮食产销一体化组织的思路与对策

1. 粮食产销一体化组织效应的一般性分析

粮食产销一体化，就是将粮食再生产过程的不同环节，如粮食的生产、贮藏、加工、运销、销售等紧密地结合在一起，使它们组成一个有机整体。它以市场为导向，以加工企业为龙头，以广大农户为基础，以科技服务为手段，通过把粮食生产过程的产前、产中、产后诸环节联结成一个完整的产业系统，实现产、供、销一体化的经营方式。其核心是利益驱动，关键是“龙头”带动，基础是农户参与，本质是形成“风险共担、利益共享”的经济共同体，使各个参与主体都能获得整个产业链条上的平均利润。粮食产销一体化的作用有以下三点：

首先，粮食产销一体化组织通过专业化分工协作，可大大降低交易成本和交易风险，实现流通规模经济，提高组织的整体利益。粮食产销一体化组织通过对粮食的产前、产中、产后等环节的合理组织，分工协作，不仅使分散的部门结成一个整体，节约成本达到规模经济；而且可以作为农业产业化经营有效的组织载体，促进一体化组织整体利益的实现。同时还通过一体化经营将粮食生产、销售、服务等环节专业化、企业化，并利用一体化组织的优势替代农户直接进入市场，有效实现小生产与大市场的衔接，降低市场交易成本和交易风险。粮食一体化经营强调以市场为导向，并依靠其龙头企业和中介组织的实力、经验和销售网络，致力于开拓国内外粮食市场，不仅能够带领千千万万的分散农户进入大市场，解决粮食的“卖难”问题，更重要的是通过粮食的集中销售，准确地把握国内外市场信息，引导农户根据市场需求生产粮食，以克服个体农户分散决策经营的盲目性和低效性。

其次，粮食产销一体化组织强调科技的开发、推广和应用，有利于降低单位产品的平均成本，实现规模效益。马克思说：“在其他条件不变时，商品的便宜取决于劳动生产率，而劳动生产率又取决于生产规模。”[1] 粮食产销一体化经营中

① 马克思. 资本论（第1卷）[M]. 北京：人民出版社，1975.

的龙头企业,主要是从事粮食加工和营销的工商企业。工商企业进入市场领域,在市场引导下自主投资,目的是为了获取投资的回报。龙头企业收购粮食,只是一种中间性的需求,目的不是为了自己消费而是要使其增值之后销售出去。因此,加工和营销粮食,只是龙头企业获得利润的手段。这就决定了龙头企业只有在生产、加工、储藏等各环节运用先进技术,才能在品种、质量和成本等方面具有竞争优势。因而它必须根据市场的需求确立研究题目,确保开发项目具有市场适应性和先进性,并且将自己选定的优良种苗和先进适用的生产技术直接传授给农民,提高粮食的品质,从而为企业加工优质产品奠定牢固的基础。

最后,粮食产销一体化组织通过跨行业、跨地区经营可以实现范围经济优势。一体化组织可以专门对粮食进行开发,组织"农、工、贸"和"产、供、销"等活动,进行一体化、多层次的综合经营,使各个环节实现纵向连接,有机结合,并可实现资金、技术、人才等的集约经营,这样不仅能够提高粮食生产经营者抵抗风险的能力,而且"从生产各阶段上获取利润的能力也是家庭农场无法比拟的"[1],从而可增强范围经济优势。

2. 改造提升粮食产销一体化组织的对策建议

第一,培养具有一定技术水平、生产规模和带动能力的龙头企业。龙头企业建设是产销一体化经营的关键,龙头企业的经济技术和管理水平越高,规模越合适,其带动能力就越强,产销一体化经营的效益也就越好。针对我国当前龙头企业数量众多、规模狭小、集中度低的状况,一方面要按照市场需求,大力推进龙头企业的群体化和集团化,实现规模经济以增强自身的竞争力。另一方面要打破条块分割的多头行政管理体制,以骨干企业为主体,通过联合、合并、收购、兼并、入股等资本运营方式,把多个企业围绕优势产业进行联合,通过产权制度改革和企业组织结构调整等多种方式实现资金、技术、人才等要素资源的优化配置。这样既可以节约市场交易费用,又能产生规模效益和增强抵御风险的能力。

第二,完善组织内部的管理制度,提高组织管理效率。产销一体化组织的形成与解体在本质上取决于市场发育状况及产销一体化内部的管理效率。效率越高,组织内部运行成本越低,反之则高,当组织内部管理成本高于市场交易成本时,一体化组织趋于解体。随着产销一体化组织的规模扩张、内部结构日趋复杂,各种要素在更大规模基础上的聚集,必然会引起组织内部管理成本的上升。因此,建立完备的组织内部管理制度如多元利益主体的合同契约制度、参股分红制度、经济核算制度和龙头企业按照现代企业模式建立的公司制度等,是降低内部管理成本,实现规模效益的基础。如果没有这些必要的组织管理机制,就会降

---

① Vogelerl. The Myth of the Family Form [M]. West View Press, 1981.

低产销一体化组织管理效率，不可能把千家万户分散的个体农户纳入社会化大生产的轨道，如果只是组织内部单纯地要素扩张，忽视内部管理机制的完善，就无法充分发挥产销一体化组织的聚合效应，无法实现规模经济和综合经济效益。

第三，建立科学合理的联结方式和利益分配机制。科学合理的联结方式和利益分配机制是龙头企业与粮农之间的纽带，是产销一体化稳定发展的基础。实践证明，根据环境条件、产业性质、龙头企业及农户的特点进行深入设计，建立科学合理的联结方式和利益分配机制，已成为我国粮食产销一体化组织由初创阶段向积极发展阶段转变、由低层次向高层次发展的一个亟待解决的问题。要提倡和引导龙头企业通过风险基金、实行保护价收购、按粮农出售粮食的数量返还部分利润等方式，与粮农建立稳定合理的利益分配机制。积极探索农民以土地使用权、技术、资金要素入股，采取股份制、股份合作制等形式，逐步与龙头企业结成风险共担、利益共享的共同体。要用政策引导龙头企业和农民对联结方式和利益分配方式的选择，明确双方的权益和责任，规范双方的经营行为，从而使产销一体化组织的利益分配机制逐步规范化、制度化，以保护利益主体的正当权益。

# 四、粮食流通组织结构优化探讨

现代产业组织理论指出，市场结构（Structure）、市场行为（Conduct）和市场绩效（Performance）之间存在着因果关系，即市场结构决定企业在市场中的行为，而企业行为又决定市场运行的经济绩效。只有市场结构合理，才能使市场既充满活力又体现规模效益，才能使企业改善其市场行为以实现有效提升市场绩效的目的。在我国粮食行业市场化改革逐步推进的过程中，粮食行业合理的市场结构应是垄断竞争性的。在这一市场结构下，各类粮食流通组织之间应形成功能完善，优势互补，结构合理的组织结构体系，以有利于形成与市场经济体制相适应的粮食流通组织的形态结构和经营结构，并促进粮食行业合理市场结构的完善及其市场绩效的有效提升。

## （一）我国粮食行业合理的市场结构特征

一个行业到底适合何种市场结构，主要取决于以下两方面的因素：

一是由产品的生产技术特性决定的行业对社会化程度的要求。有些产业或行业，如钢铁、汽车工业等，对经济规模的要求较高，在这些行业，保持一定的产量规模是企业得以生存和发展的前提，一些达不到社会平均规模的企业在竞争中被淘汰或兼并，而新企业的进入往往因为资金、技术、人才等方面的约束而成为一件十分困难的事情，因此这些行业适合于垄断或寡头垄断的市场结构；相反，对另外一些行业（如服装、食品加工业等）来讲，其对经济规模的要求较低，社会需求变化较快且呈现多样性特征，企业进入的障碍较少，因此适合于竞争程度较高的市场结构。

二是社会经济制度。社会制度的不同最终体现为产权关系以及由此决定的分配关系的差异。显然，在倡导公平与效率兼顾或共同富裕的社会，不会允许垄断者对大部分行业的支配。而在单纯强调效率及允许收入分配差距无限扩大的社会，垄断者对经济生活的支配则是天经地义的事情。

具体到我国粮食市场来讲，选择完全竞争的市场结构是不可取的，也是不现实的。首先，完全竞争市场的长期均衡是纯粹依靠市场机制的自发作用来实现的，不可避免地会出现频繁而剧烈的市场波动。粮食生产周期较长且粮食消费具有不可替代的性质，决定了社会无法容忍粮食市场过于剧烈的波动。其次，虽然中国粮食流通体制的市场化改革正在逐步推进，但是我国粮食市场的发育整体上尚处在较低层次，在这种情况下，完全放任市场对粮食流通的调节必然会引发过度的市场投机行为，其结果是少数人从中渔利而广大的生产者和消费者则深受其害。最后，完全竞争市场对经营者（厂商）行为和市场信息的传播等方面有极其严格的假设和要求。当这些要求得不到满足时，市场的效率将大打折扣。

同样，粮食市场选择纯粹垄断结构也是不可取的。首先，垄断必然会导致低效率。垄断者的供求均衡点往往较大幅度地偏离最佳交易规模从而无法协调粮食的社会总供给与总需求，目前中国国有粮食企业主宰粮食市场的状况在某种程度上可以被视为垄断市场结构。多年来的实践证明，处于垄断地位的国有粮食企业很难灵敏地适应市场供求的变化，无法使粮食市场达到平衡状态。其次，垄断者会通过调整垄断价格，占有一部分消费者剩余，获得高额利润，从而侵犯消费者利益。中国粮食的消费者价格与生产者价格之间的差额（购销差价）在大多数情况下超过了一般的商业利润。近年来在粮食定购价上升的同时，销价上升幅度更大，农民认为"吃亏"，消费者感到"不划算"，而财政负担过重未能从根本上扭转，其主要原因在于市场垄断以及因此而引起的流通不畅和低效率。

因此，笔者认为我国粮食市场结构的现实选择应该是垄断竞争市场。垄断竞争市场从效率上讲介于完全竞争与纯粹垄断之间，可以发挥竞争和垄断两个方面的优势。一方面，通过适度的竞争，可以使粮食市场充满生机和活力，从而最大限度地满足消费者的多样化需求，发挥市场机制对粮食生产、流通和消费的调节作用。另一方面，市场上数量有限的粮食经营者以及对进入粮食市场设置一定的条件或障碍，可以避免市场过于剧烈的起伏动荡和过度投机。垄断竞争市场效率的高低取决于经营者数量的多少以及政府对粮食市场主体进入市场的管制程度。政府往往需要根据一定时期的粮食安全形势和市场发育状况在效率与公平或稳定之间做出某种权衡。但从改革的方向看，"效率优先，兼顾公平或市场稳定"应该成为确定市场结构的基本原则。基于这样的一种认识，并充分考虑垄断竞争市场的运行特点和我国粮食生产、消费的特点，笔者认为我国的粮食市场结构应该具备如下基本特征：一是市场上存在较多的经营者且经营者之间公平竞争，但为避免过度竞争和垄断，经营的数量和每个经营者的规模要受到一定的限制。二是每个经营者都是独立的经营实体，对自己的盈亏负责。政府对每个经营者实行同样的待遇和政策，经营者效率的高低唯一地取决于其提供的产品和服务的质量。三是价格由市场决定，政府对价格的影响是通过对市场的干预而不是通过直接的价格管制来实现的。

## (二) 粮食流通组织形态结构优化

粮食流通组织作为粮食市场结构中一种重要的构成要素，连接着粮食的生产和消费，承担着粮食在城乡之间、地区之间的交换业务。其内部结构决定着组织体系整体功能的发挥，从而影响着流通组织的效率和效益，并最终影响垄断竞争型的粮食行业市场结构的形成和完善。随着粮食流通规模的扩大和市场范围的延伸，专门从事粮食流通业务的流通组织体系结构日益复杂，按照社会化、专业化大流通的要求，加快进行粮食流通组织结构优化，既是实现整体流通产业组织结构优化的基础，又是提高粮食流通效益的有效途径。

1. 粮食流通组织形态结构优化的目标取向

粮食流通组织形态结构是指不同交易方式的粮食流通组织在数量上的比例和在空间上的分布。针对当前我国粮食流通组织形态结构的现状，许多学者从不同角度就结构优化提出了各自的观点，主要有：合作组织主导论（徐华，1997）；国有商业组织主渠道论（谢洁萍，1997）；批发市场中心论（温思美，2001）等。上述学者都只是从某一个方面探讨了粮食流通组织形态结构优化的思路。

从现存粮食流通组织的结构及其运行的市场效果来看，各种组织形式各具优势和缺陷，相互之间存在一定的互补性。例如，批发市场能够同时汇集大量的需求和供给，极大地降低供求双方的搜寻成本，从而节约流通时间，加快流通速度，对粮食流通具有特别重要意义。但它只有销售的功能，不能直接连接农村家庭和城市家庭，不能对粮食进行必要的加工和后整理；粮农合作组织与产销一体化组织恰恰能够弥合粮食流通起点和终点之间在空间上的分离，能够从事粮食的加工和后整理，并在一定程度上减少交易的次数和削减交易成本。具有流通规模优势、风险分担机制以及较强的市场开拓能力，同时还有利于保护粮农利益。但是这两类组织形式存在较高的内部管理成本；个体运销组织虽然规模狭小，经营风险大，但它不存在代理成本和监督成本，具有高度的灵活性和适合性；大型的零售超市虽然拥有规范化的管理，可实现批零一体化经营，但它又不如路边的小摊贩能提供便利的服务。政府调控型的流通组织，往往缺乏效率，但它是市场经济条件下政府进行宏观调控的有效载体，有利于确保粮食市场的平衡运行和社会的公共福利。从发达国家的实践看，批发市场组织、产销一体化组织和粮农合作组织都承担了粮食流通，它们相互分工协作，形成有机的流通网络。粮食可能由多种流通组织共同完成从生产者到消费者的转移，因而不存在谁为主导、谁为主渠道的问题。

随着粮食流通市场分工的深化以及粮食社会化大流通的发展，专业化与一体化两种趋势将会同时并存，无论是专门承担流通中介职能的批发市场组织，还是将产供销诸多环节合并一起的一体化组织以及既可以从事专业化经营又可以采取一体化策略的各种粮农合作组织，都承担了粮食流通职能，它们相互分工协作，形成有机的流通网络，从而使得粮食由多种流通组织共同完成从生产者到消费者的转移。因此，我国粮食流通组织形态结构优化的目标取向应该是多元组织形态平等竞争、分工协作、功能完备的体系（见图 5.5）。

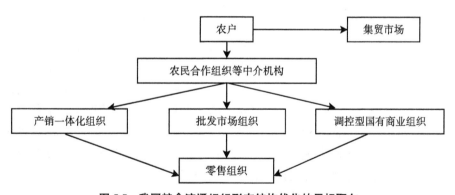

图 5.5　我国粮食流通组织形态结构优化的目标取向

第一，流通组织形态的多元化和竞争的平等化。流通组织形态的多元化，不仅可以促进竞争机制的形成，进而形成富有活力的价格机制、效率机制等市场机制，给粮食流通注入生机和活力，而且还可以实现组织资源的优势互补。此外，多元化的流通组织对应于多种层次的生产力水平，因而能够有效地发挥各自的优势，真正形成多渠道、全方位、纵横交错的粮食流通网络。当然，粮食流通组织，不论是哪种组织形态，都要产权明晰化、人格独立化，成为自主经营、自我约束、自我发展的独立法人，在市场经济的法律框架下各种类型的粮食流通组织都是市场竞争的平等主体，彼此之间形成有效竞争的市场格局。

第二，组织行为自主化和规范化。各种类型的粮食流通组织在自身利益的驱动下，会自主地进行各种经营活动。主要包括：①自主选择进入流通的时间和空间。各个流通组织根据自身利益的要求决定何时、何地进入或退出流通。各个流通组织自主选择范围的扩大导致社会分工的深化和相互依赖的加强，同时提高了相互选择的要求，从而市场调节空间达到极大限度，形成全国统一市场。②自主选择交易对象。"商品是天生的平等派"①。随着粮食流通市场化程度的提高，由流通组织自主地选择交易对象，这是实现粮食自由流通、真正让市场形成价格的基本前提，也是实现粮食交易公开、公平、公正的基础。③自主选择交易形式。为适应粮食交易形式的多样化，各种流通组织会选择各种合适的交易方式。如现货交易、期货交易、贷款交易和信用交易等。只有坚持多样化的交易形式，才能真正满足粮食流通高效率的要求。当然，粮食流通组织的自主行为必须在现有的法律规范下进行。现实的市场交易并非简单的钱货两讫，而是复杂的交易组合体。市场交易实质上是商品所有权的转移，它直接关系到交易双方的利益消涨，因此，平衡和协调交易双方的利益冲突是保证市场有序运行的基础，市场交易规范化是平衡和协调利益冲突的基本途径。作为公共利益的代表，政府应运用各种经济杠杆调节市场活动，加强宏观间接调控，使各种流通组织形成自我约束机制。

第三，分工协作合理化和功能完备化。在计划经济体制下，粮食流通领域的各个环节的分工是一种行政性分工，从而在根本上排除了市场配置资源的基础性作用，是一种低效率的分工。建立在市场经济条件下的分工是一种市场化、社会化分工，它将打破部门、行业、所有制、区域之间的束缚，在全社会范围内进行一次"筛选式"分工。随着粮食流通规模的扩大和市场分工的深化，粮食流通过程不断分解出运输、配送、储存、分类、包装、批发、零售、服务、送货等多项专业化职能，从而形成日益复杂的组织体系，这就要求各种类型的粮食流通组织在数量上、空间上保持适合的比例，在专业化分工基础上形成有效的协作机制，从而保障粮食物畅其流、顺利实现其价值。

2. 粮食流通组织形态结构优化应采取的措施

第一，进一步深化粮食流通体制改革。国有粮食企业必须实行政企分开，将自主经营、自负盈亏的粮食企业和担负粮食市场调控职能的粮食行政管理机关区别开来。对国有粮食企业进行公司化改造，引导和鼓励其他法人实体或私人资本

---

① 马克思. 资本论（第 1 卷）[M].北京：人民出版社，1975.

参与国有粮食企业的改革，积极探索公有制的实现形式。政府调控型流通组织将不再从初级市场进行调节供求，而是通过批发市场上大规模的吞吐以调节粮食的供求和价格。

第二，大力培育粮农合作组织，引导农民进入市场。当前国有粮食企业存在双重性质的内在矛盾，加之财政资金无法及时到位、仓容不足等诸多问题，"三项政策、一项改革"并没有得到很好的落实，收购过程中的限收拒收、压级压价现象时常发生，达不到保护农民利益的目的。大量的私商活跃于城乡市场，个体农民往往又受到他们的盘剥，只有培育农民自己的组织，才能保护农民的利益。目前美国有近 2000 个谷物合作社，有 25%的农场主经过合作社出售谷物，合作社控制了国内谷物销售量的 60%，并提供占出口总量 40%的谷物。因此培育粮农合作组织，是促进粮食顺畅流通，保护粮农利益的有效途径。

第三，允许多种经济成分参与粮食流通。按照新的粮食流通条例的规定：政府要退出粮食流通主渠道，使得粮食经营主体多元化，国家主要运用宏观控制来配置粮食生产、流通和消费。同时，国家可以在鼓励多种所有制市场主体从事粮食经营活动，促进公平竞争的基础上，借鉴日本的经验，相关的法制性条文应明确规定：凡经营粮食者，一旦国家有特殊需要（如灾害、战争），必须完全服从政府命令、冻结库存、限制售价等。其运行目标是既保证粮食像其他农产品一样，实现自由流通，实现最佳配置，同时一旦出现粮食供不应求、粮食由"经济资源"转化为"生命资源"时，政府又能进行有效的宏观调控，保障社会的公共利益。

## （三）粮食流通组织经营结构优化

粮食流通组织经营结构就是指各种类型的粮食流通组织由于经营目标、经营方式、经营规模和经营范围不同所形成的分工协作关系。经济体制改革以后，我国出现了各种类型的粮食流通组织，既有行政色彩浓厚的传统流通组织，也有市场机制诱发的新型粮食流通组织，呈现出交易方式和营销手段多样化的趋势。随着科学技术的迅猛发展、市场体系建设不断加快以及世界经济一体化进程的加快，粮食流通组织分工协作关系正发生急剧变化。我们要顺应事物发展的客观趋势，在借鉴发达国家成功经验的基础上，加快我国粮食流通组织经营结构的优化步伐。具体应采取以下措施：

1. 纵向一体化经营与横向一体化经营相互渗透

纵向一体化经营是指将流通过程中的各个环节上的市场交易主体联合起来形成程度不同的一体化销售方式，或者形成一个组织来完成流通中各个环节的业务。横向一体化经营是指在相同流通阶段上的不同竞争性市场交易主体间为了追求规模经济或减少竞争而进行的横向联合经营，主要表现为商业组织特别是零售组织的跨区域连锁经营，并且内外贸结合，实行跨国经营。纵向一体化经营与横向一体化经营相互渗透是社会化大生产与大流通发展的必然产物。它有利于发挥商品的集散功能，提高市场交易信息密度。信息密度越高，交易集中性越强，就越有利于降低市场交易风险，促进市场流动性的提高，降低价格离散程度；而且还能有效地推动流通中的经销组织从分散、小型、单体经营发展为大型化、集团化、连锁化以及综合化经营的巨型企业或企业群体，使单体流通组织的销售量大大提高。

市场经济体制的确立和社会化大流通的发展，促进了我国商业组织经营业态结构的变革，参与粮食流通的各种组织也必须顺势而行。个体粮农为了减少中间商的盘剥而自愿形成的横向一体化组织——粮农合作组织，由于资金规模的扩大和经营实力的增强，逐渐扩大经营范围，由原来的以粮食销售为主开始转向从事粮食加工、储运、生产资料采购、农业技术服务等多种业务，从而为粮食生产提供了多层次的垂直一体化服务。当前迅猛发展的连锁化的大型超市和连锁经营组织（如"豆师傅"豆浆店）也通过自己的配送中心，直接到产地采购优质原料，从而使销地批发市场的交易量不断减少。垂直一体化经营与横向一体化经营相互渗透，是当今世界各国粮食流通经营结构演进的重要方向。当前，要借鉴发达国家的成功经验，按照供给链管理的要求，在广度、深度上加强粮食产、供、销等各个环节企业之间的联系，通过产业链上下游企业之间的合作，形成风险共担、利益均沾的机制，从而起到提高组织效率、增强竞争优势的战略目的。

2. 综合化经营与专业化经营并存

无论是横向一体化经营、纵向一体化经营，还是横向一体化经营与纵向一体化经营相互渗透，都旨在通过规模扩张，实现规模经济。但是大规模、综合化经营，并不排斥小规模、专业化组织的存在。这是因为：①随着农业产业内部分工的深化，生产与流通的分离以及流通领域内部分工的细化，必将诱发如个体运销户、合作组织等各种专业化组织，在分工基础上提高流通效率。②粮食流通过程，一边是极其分散的粮食生产者，另一边是交易量小、交易频率高的消费者，单靠流通组织的规模扩张仍无法满足供给的分散性和消费需求的多样性。各种小规模流通组织实行专业化和特色化经营，可以满足消费需求个性化和多样化的发展。③规模较大的流通组织，由于 X—非效率而导致管理成本上升、对市场变化反应迟钝等大规模的劣势，中小企业以其很低的创业成本、组织协调成本，对市场变化反应灵活等优势，在市场竞争中有很大的生存空间。④信息技术尤其是互联网技术的发展和运用，使得大批量的粮食将通过网上交易，电子商务所具有的规模经济性将大大降低流通成本，少数几个人就可以从事大额交易。于是小规模的各种流通组织形式在大规模流通组织的冲击下仍大量存在。

"大中小共生"是产业组织存在的基本形式。根据生物学的共生理论，具有内在联系的共生单元形成共生关系，共生能产生"剩余"，不产生共生"剩余"的系统是不可能增值和发展的。因此，要引导各种不同规模的粮食流通组织之间相互支持、相互配合，小规模组织既可以从事专业化经营，也可以与大规模的合作组织或一体化组织形成合作竞争型的市场结构，在分工基础上实现不同组织资源的优势互补。

3. 商流、物流、信息流交融分立

和其他任何商品流通一样，粮食流通也是商流、物流和信息流的有机整体。在传统的现货交换的条件下，粮食的"三流"往往胶合、融为一体，无论在时间、空间上都是互相渗透、同一运动的。在正常情况下，信息流是商流、物流的先导，商流是物流的前提和条件，物流是商流的依托和物质担保，并为适应商流的变化而不断进行调整。随着科学技术的迅猛发展和社会分工的日益深化，出现"三流分立"的趋势。"三流"中的任何一方面，或者任何一方面的某一局部，由其他的专业化组织予以执行，从而使粮食流通组织经营结构发生了重大变化。当代信息技术的迅猛发展及其广泛运用，已经日益渗透到社会经济生活的各个方面。充分利用信息技术进行各种商业活动，已经成为世界各国的共同趋势。电子商务就是利用互联网开展的各种交易（或与交易直接有关的）活动。通过互联网技术，生产者、经营者都可以在网上发布商品信息或进行交易，从而大大降低流通的成本。而电子商务的发展必须以发达的物流配送为基础。物流配送的物质载体是物流中心，它是以进行商品的运输、保管、流通加工、分类、包装、装卸、配送并传递物流信息为专门业务的经营实体。粮食配送是物流中心经营业务的重要内容。从粮食生产者到批发市场之间、从粮食生产者或批发市场到大型零售组织之间、从粮食加工企业到大型零售组织之间以及从零售组织到消费者之间都可以通过物流中心实现及时、快速的配送服务。

4. 内外贸分工经营与内外贸一体化经营

随着我国流通领域对外开放程度逐步提高，我国实行的粮食内外贸分工经营、外贸经营权由国有外贸公司垄断经营的格局也被打破。外贸经营权的获得由原来的"审批制"改为"登记制"，各种所有制的贸易公司在资质符合要求的前提下都可以从事对外贸易。打破贸易权的垄断，是国内外两个市场消除壁垒的需要，同时也为国内各行各业直接参与国际市场竞争拓宽了通道。在垄断性的贸易体制下，粮食生产加工企业对外部市场的供求和价格信号反应灵敏度低，中介成本较高，加之粮食生产成本也较高，从而一定程度上削弱了我国粮食的国际竞争力。而且作为政府行为的国有外贸体制，不仅与世界市场的通行贸易规则不相符，而且其营运成本之高，已越来越成为国家财政的负担。打破贸易垄断，就是从根本上摆脱政府行为的重商主义体制，真正实现国内外市场的一体化。同时，随着我国逐步授予所有贸易实体贸易权，实现所有贸易实体均拥有把大多数商品进口到中国各地的权利，并且全面开放各种分销业和辅助分销业的市场准入。所谓分销业，是指流通领域的主要环节，包括进出口经营、批发、零售、修配服务和运输；辅助分销业则包括租赁、快递、储运、货运、广告、技检分析和包装。流通领域各个环节全方位开放，将对我国流通业带来全新的经营方式和理念。实现粮食内外贸一体化经营，不是只允许和鼓励外商投资粮食贮藏、加工、零销等业务，而且要大力发展外向型流通组织，拓展我国粮食的海外市场。日本的大型综合商社、欧美各国的跨国公司以及国际化经营的连锁商店和超市，它们都是实行内外贸一体化经营的有效组织形式。为此我们应在借鉴发达国家经验的基础上，培育适应国际化的集农工贸一体化、产供销一条龙、内外贸一体化经营的大型流通组织，以顺应粮食流通组织国际化发展的需要。

# 五、粮食流通组织交易手段现代化与电子商务

21 世纪是信息网络化、经济全球化的时代。电子网络技术作为信息时代的产物，以其高效、快捷的特点，广泛应用于各个行业。电子商务是以网络化、数字化技术环境为依托的一种全新商务方式，其日益广泛的推广应用将给社会和经济发展带来巨大的变革和收益。从 20 世纪 90 年代开始，电子商务作为经济全球化和信息网络化的产物，已成为全球经济最具潜力的增长点，有力地推动了世界经济的发展。放眼未来，电子商务将成为 21 世纪贸易活动的基本形态，并为各行各业的发展提供了前所未有的机遇和挑战。由此而论，作为参与粮食流通和服务粮食行业的各类粮食流通组织积极参与电子商务的建设，已成为粮食流通组织进一步发展的必然选择。

2001 年 7 月 31 日，国务院出台了《关于进一步深化粮食流通体制改革的意见》（国发［2001］28 号），明确提出"国家要对粮食生产和流通进行有效的调控，必须有健全的粮食市场体系。支持培育全国性和区域性的粮食批发市场，加强粮食市场信息网络建设，提倡应用电子商务等多种交易形式，尽快形成公平竞争、规范有序、全国统一的粮食市场"。这表明，电子商务作为一种新兴的交易方式，在今后的粮食贸易中将起到越来越重要的作用，同时也给粮食流通组织的

交易方式指明了今后发展的思路。

## （一）粮食流通组织发展电子商务的必要性及可行性分析

1. 粮食流通组织发展电子商务的必要性分析

电子商务就是企业利用当代网络和电子技术开展的各种交易（或与交易直接有关的）活动。与传统商务模式相比，它具有高效性、方便性、集成性等特点，因此必将对人类社会生活产生重大影响，也必将对我国传统产业的改造和提升发挥积极的推进作用。电子商务代表着未来贸易方式发展的方向，其应用推广将给各成员带来更多的贸易机会。粮食流通组织在粮食流通市场化进程中肩负着重要角色，要在未来竞争中立于不败之地，更好地发挥作用，走电子商务的发展之路将是必然选择。

首先，开展粮食电子商务以全新手段获取市场信息，能更好地发挥粮食流通组织的功能。今天的粮食市场买粮难、卖粮难已成为围绕我国粮食产业发展的一个大问题。究其原因，除去粮食质量、价格、运输条件等不利因素外，消息闭塞、信息不畅也是形成"卖粮难"的一个重要因素。能否在第一时间获得商业信息，已成为流通组织生存和发展的关键。流通产业的现代化，是一个摆在政府及流通组织面前的大课题，运用信息网络，推进电子商务活动，无疑是解决我国流通领域问题的最佳方式之一。过去那种单纯依靠报纸、电视、杂志等获取信息的传统方式已明显跟不上时代发展的节奏，商务活动迫切需要一种更快、更简捷地了解信息的途径。电子商务作为一种方便快捷、成本低廉的获取信息手段，应运而生，并很快显示出强大的生命力。粮食流通组织可以通过电子商务了解市场需求，及时调整经营方向，提高自己的市场竞争力。

其次，开展粮食电子商务是推动粮食产业升级、提高粮食流通组织市场竞争力的有效途径。在全国用高新技术和先进技术改造传统产业的背景下，电子商务作为电子信息技术的典范，其在粮食行业的运用必将给这一行业带来重大变革，并有力推动粮食产业升级。同时，提高粮食流通组织市场竞争力也必须大力开展电子商务。我国加入世界贸易组织之后，粮食流通组织面临国际、国内两个市场的机遇与挑战。要想在变幻莫测的市场竞争中立于不败之地，就需要改变传统的思维模式和落后的经营方式，充分利用现代电子技术手段，及时获得全方位的信息，指导组织经营决策。而电子商务具有信息传递速度快、信息流量大、可打破信息传递的时空限制等特点，从而可以有效地提高流通组织决策质量、加快流通组织决策速度，以确保其在激烈竞争中的主动权。

再次，开展粮食电子商务是降低流通组织交易成本、增加交易机会、提高其经济效益的重要手段。据国际通行的算法，同传统商务相比，电子商务可节约直接成本 15%，节约间接成本 75%。由于我国粮食市场体系不健全，加之粮食商品在我国的特殊属性，使得粮食流通环节多、交易成本高、市场变化快、价格风险大，这是影响粮食流通组织经济效益的重要原因之一。通过电子商务组织粮食流通能够使价格更加透明，最大限度地减少中间环节。同时，电子商务利用互联网，形成覆盖面广、交易便利的无形市场，能以一种快捷的方式向组织提供全方位的服务，可使商家与客户之间保持及时、良好的沟通，交易更加直接，为流通组织提供了交互式的销售渠道，能保证交易随时进行。因此，电子商务能够有效增加流通组织的交易机会。

最后，开展粮食电子商务有利于形成公开、公平、公正的市场交易原则。长期以来，由于我国粮食流通的组织化、规范化程度低，公开、公平、公正的粮食交易机制尚未得到法律的有力保护，比较普遍地存在暗箱操作、商业欺诈、国家受损、个人得益等不正之风。粮食电子商务，则是按照既定的交易规则，价格公开，交易透明，并有效地引进竞争机制，有着完善的履约保障机制和安全防范措施，可以有效防止交易中的不正之风和交易风险的发生。同时还有利于用互联网技术，把全国各种粮食市场联结起来，实现传统交易和网络交易的有机结合，最终形成全国统一的、现代化的粮食大市场格局，更加有利于发挥国家宏观调控工具和手段的作用。

综上所述，电子商务对我国粮食流通组织的整合和促进至关重要，它不但有助于发现市场、寻找机会、提高交易效率、降低交易成本，还在提供智能化、知识化、集成化的市场预测及指导等交易服务上有强大的潜力和优势。因此，电子商务在今后粮食流通组织发展过程中的应用势在必行，最终也必将极大地促进我国的粮食流通。

2. 粮食流通组织发展电子商务的可行性分析

首先，宏观环境初步形成。我国政府近年来对电子商务的发展给予高度重视，政府部门从建立电子商务示范工程、规范电子商务运行机制、制定相关政策法规、加强国际间技术合作与交流等方面入手，以多角度、多层次的渠道加快我国电子商务建设。目前，我国电子商务的发展已从懵懂的初级阶段逐步走向规范、务实。特别是电子商务与传统产业的结合，使电子商务实际应用走向深化，同时也为传统产业的发展带来生机与活力。目前，我国正在加强有关法规建设与行业监管。《互联网信息服务管理办法》正式颁布实施，标志着中国电子商务的发展走向法制化轨道；中国国家信息化办公室也在加紧制定"中国电子商务框架"；由中国人民银行联合多家商业银行共建的金融权威认证中心系统已投入使用并成为网上交易和支付的安全保障。

其次，业务发展不断深化。随着粮食流通体制改革的深入以及社会环境的改善，电子商务的基础设施将日臻完善，支持环境也逐步趋向规范和完善。据资料显示：自 1995 年以来，我国信息与网络服务业蓬勃发展，信息化建设向全方位、多领域快速推进。骨干网速率提高 16 倍，带宽增加 100 多倍，上网速度明显加快。信息资源开发和应用水平进一步提高。同时，信息产业部门与各方面密切合作，利用信息技术改造传统产业并开展全社会的信息化培训工作，使得社会及商业环境更趋成熟，企业对电子商务的认识日益深化，电子商务的法律环境将更健全，安全性将得到有力的提升，物流体系逐步完善等。总之，无论是社会的经济体制、政策法律体系、技术情况等宏观因素，还是包括从事电子贸易的企业本身及其市场中间商、顾客、竞争对手和所面对的公众等微观因素，都有了很大的改善。所有这些都为粮食流通组织发展电子商务提供了便利条件。

最后，粮食行业作为关系国计民生的基础行业，还具备以下条件：①粮食流通组织经营的商品（粮食）具有网上销售商品具备的独特性、标准化等基本特征。标的物比较确定，较易形成标准化，运作相对简单，符合电子商务发展的方向。②粮食行业经营网点遍布城乡，是目前国内商贸行业中为数不多的具有较强集团化经营的行业之一，购、销、加、存、调等功能齐全，在商品配送方面具有坚实的基础和丰富的经验。③粮食流通组织具有一定的信息技术应用基础。近年来，粮食流通组织在计算机应用和普及方面有了长足的发展，大都配备了商用微型计算机，部分县市建起了局域网络，拥有了自己的网站和网页。④最为关键的是，粮食是关系国计民生的特殊商品，它具有价格低、数量大、品种少、费用高、标准统一等特点，非常适于开展电子商务。

## （二）粮食流通组织发展电子商务面临的问题及对策建议

### 1. 粮食流通组织发展电子商务面临的问题

电子商务作为未来贸易的发展方向，已得到各级政府的高度重视和大力支持。但是在粮食这一特殊领域开展电子商务，在我国毕竟是一个新生事物。因此，其发展初期不可避免会出现诸如不完善、不健全、不配套、不认识等一系列的问题。

第一，我国粮食行业正处在一个重大的历史变革时期，价格管理体制尚未理顺，政企职责尚未完全分开，吃"政策饭"、"大锅饭"的问题依然存在。粮食流通组织作为"四自"（自主经营、自负盈亏、自我发展、自我约束）主体的局面还没有真正形成，因此，参与市场竞争、降低成本、实现效益最大化的内在动力不足，工作重点在政策调整和内部管理体制的改革上，电子商务的发展尚未纳入议事日程。

第二，网络市场规模小，公众对电子商务的重要意义认识不足。国家信息化近年来发展虽然较快，但尚未深入人心，大多粮食流通组织还没有认识到电子商务发展的巨大潜力。粮食行业虽然已经形成了初具规模的全国性电子商务交易平台，但如何实现各粮食网站的互联互通，充分发挥电子商务的优势，还需要解决许多认识问题和实际问题。

第三，虽然粮食行业的电子商务具有起步早、发展快的特点，但从总体上讲，粮食电子商务建设相对落后。一方面多数企业尚未触及，但另一方面也出现了盲目发展的势头。低水平的重复建设，不仅规模小、浪费资源、事倍功半，更重要的是难以实现网站间的互联共享，增加了建立全国统一的粮食电子商务平台的难度。

2. 粮食流通组织发展电子商务应采取的对策建议

在国家大力推进国民经济和社会信息化，以信息化带动工业化，发挥后发优势，实现社会生产力的跨越式发展的背景下，一方面要运用信息技术改造和提升传统产业，既要培育竞争机制，又要加强统筹协调；另一方面要按照互联互通、资源共享的原则，杜绝各种网络和系统的重复建设，防止一哄而起。由此思路可采取如下对策：

第一，加强对粮食电子商务的宏观管理。发展粮食行业电子商务，既要克服消极态度，也要防止一哄而起，盲目建立电子交易系统，造成不必要的资源浪费。应重点培育和扶植已初具规模并具特色和良好发展前景的大型粮食专业网站（比如中华粮网）作为示范单位，逐步形成全国统一的粮食电子商务交易平台。

第二，加强粮食系统计算机软件、硬件建设，积极培育既懂信息技术又懂行业管理的高素质复合型人才，以适应电子商务的快速发展。同时要加强电子商务的宣传和培训，尽快普及电子商务知识。要借助报刊、广播、网络等各种方式开展粮食电子商务的宣传和普及工作，进行电子商务培训，加快电子商务的"扫盲"步伐。

第三，深化粮食流通体制改革，加快粮食市场化进程，使粮食流通组织成为真正的市场主体，有效地增强它们的忧患意识，提高其电子商务的认知程度，增强其在国内外市场上的竞争力，以适应加入世界贸易组织之后粮食流通组织所面临的机遇和挑战。

第四，建立健全适应电子商务发展的结算、配送及安全防范体系。电子商务是科学进步的结果，是现代生产力和流通发展的必然，具有强烈的吸引力、辐射力、生命力和竞争力。这个新兴的现代化技术，在我国粮食流通组织未来发展过程中有着广阔的应用前景。虽然目前在各类粮食流通组织中广泛开展电子商务还存在一些问题，但是随着互联网技术及网络安全技术的逐步成熟，电子商务这一新兴的贸易方式必将对原有的商业模式产生巨大的冲击并带来一场变革，而作为服务粮食流通、促进粮食市场化的各种粮食流通组织，随着新经济时代的来临，也必将走向信息化、网络化。

## （三）郑州粮食批发市场开展电子商务的案例分析

### 1. 郑州粮食批发市场电子商务发展概况

郑州粮食批发市场是经国务院批准，于 1990 年 10 月 12 日建立的我国第一家规范化、全国性的粮食批发市场组织。成立 20 多年来，它坚持"公开、公平、公正"的原则，在规范交易行为、理顺流通渠道、合理配置粮食资源、形成全国粮食交易指导价格等方面取得了明显成效，促进了全国粮食市场体系建设，为深化粮食流通体制改革做出了积极贡献。在多年的发展过程中，该组织大致经历了三个发展阶段。第一阶段是从理论到实践：市场起步，形成了在全国有广泛影响的"郑州价格"，成为全国粮食市场的指导价格，被誉为粮食供求关系的"晴雨表"；第二阶段是由现货到期货：大胆探索，推出期货，创立了期现结合的"郑州模式"；第三阶段是由传统到网络：科技创新，中华粮网崛起，推行粮食电子商务，开辟了场内交易与网上交易相结合的新渠道，实现了粮食贸易方式的一场革命。目前，郑州批发市场组织正处在第三阶段的发展时期。为促进粮食流通市场化，该组织把加强信息化建设、推行粮食电子商务作为新时期的战略发展目标，致力于各网站间的互联互享，建立全国统一的粮食电子商务交易平台。

早在成立之初，郑州粮食批发市场组织就迈出了信息建设的步伐，发起组建了由全国 20 多个粮食主产区和主销区的省（市）级粮食贸易公司组成的全国粮食信息联合体，加强了批发市场与粮食企业之间信息的沟通和交流。随着全国粮食批发市场建设的加快，1992 年 4 月在郑州召开的全国粮食批发市场联席会成立大会，通过了由郑州市场提出的"建立粮食批发市场间交易网络和计算机通讯网络的意见"的决定。1995 年 12 月 12 日，在原国家粮食储备局的大力支持下，由郑州市场发起，全国主要粮食批发市场参与组建的集诚信息网正式成立并投入运营。集诚信息网堪称我国粮食行业发展电子商务的先驱，也是中国电子商务最早的开拓者之一。1998 年 9 月 28 日，集诚信息网进入互联网，易名为中国郑州粮食批发市场现货网。2000 年对该网进行大规模技术改造，正式更名为中华粮网（www.cngrain.com）。至此，中国粮食行业 B to B 电子商务网站的基本框架构建完成。

2001 年 12 月 18 日，中华粮网股份制改造成功，由郑州粮食批发市场控股，多家粮食批发市场、粮食贸易公司、风险投资公司、软件公司、电信公司等多元化持股的郑州华粮科技股份有限公司正式挂牌，中华粮网从此便以独立的法人资格和规范的法人治理结构开始了新的征程。中华粮网以全面、权威的信息服务为基础，通过专业的大型电子商务系统平台，为全国粮食行业提供现代化的贸易方式和手段。到目前为止，中华粮网已经发展成为全国粮食行业最大的电子商务门户网站之一，被誉为"利用现代技术改造传统服务业的成功典范"。2006年，郑州粮食批发市场被国家粮食局确定为郑州国家粮食交易中心。2010年成交量1010万吨，成为全国唯一一年交易量超千万吨的粮食批发市场。

2. 粮食电子商务平台——中华粮网的创新特征

一是主导思想明确。中华粮网始终坚持的基本原则是：①奉行"为促进粮食企业生产经营服务，为深化粮食流通体制改革服务，为粮食流通市场化国际化服务"的宗旨，积极发展同全国相关网站的联系，做到互联互享，以推进我国粮食电子商务为己任。②积极应用最先进的网络技术和安全保障措施。③较充分地吸取国内外电子商务发展的成功经验。

二是服务功能齐全。目前中华粮网集交易服务、信息服务、价格发布、企业上网、CA认证五大功能为一体，涉及220个子栏目，信息日更新量380~450条、10万字左右，各类注册用户24000多家，日点击率达30余万人次，最高达40多万人次。自1998年12月12日第一笔网上粮食交易合同成交以来，网上交易逐步得到广大业内人士的认可。特别是2002年7月2日栈单交易推出后，网上交易得到迅速发展，并成为郑州市场日常主要交易。

三是交易规则健全。中华粮网吸收了国内外网络交易的成功经验，承继郑州市场十多年组织粮食期现货交易的经验和优势，制定了可操作性强、公开、公平、公正的交易管理规则，杜绝了交易执行中的随意性和不规范性，为市场主体创造了一个良好的网络交易环境。

四是交易方式多样。目前主要的交易方式有：网上自由贸易、网上协商交易、网上竞价交易（分竞买和竞卖两种）和栈单交易。在此基础上，中华粮网交易方式不断创新，不断探索新的交易方式，诸如现货选择交易、现货选择权交易等。

五是配套服务完善。中华粮网采取电子商务与传统市场相结合的运作模式，即网上成交，网下结算和交割，弥补了我国B to B交易的先天不足，有效地解决了普遍困扰电子商务发展的产品交割、配送和规范、安全的交易保证等问题，既发挥了电子商务的优势，又节约了网络运作成本，真正实现了粮食在网上流通。

3. 郑州粮食批发市场推行电子商务的交易方式

作为国务院确定的改革试点单位，郑州粮食批发市场组织始终致力于交易机制的创新，每一次创新在整个粮食行业都起到了良好的示范引导作用。其推行粮食电子商务主要是依托中华粮网这一交易平台来实现的，它所采取的网上交易方式主要有以下四种：

（1）网上自由贸易。在中华粮网上，网上自由贸易是粮食电子商务最基本的一种形式，是引导粮食企业上网交易的一种过渡。它主要是提供信息发布平台，免费提供网络空间，让粮食企业在网上发布或查阅供求信息，自由联络协商成交的一种交易方式。据不完全统计，自 2000 年以来，借助中华粮网自由贸易区已发布供求信息 25000 多条，成交金额 2386 万元。2002 年 7 月 24 日《粮油市场报》刊登了题为《千里"粮"缘"e"线牵，景德镇国储库网上售粮 400 万公斤》的文章，介绍该库利用中华粮网自由贸易区，先后与浙江、广西、福建、贵州等地的粮食企业建立了广泛联系，仅 1~6 月该库就在网上售粮 400 万公斤，占销售总量的 40%。

（2）网上协商交易。网上协商交易是指交易双方通过粮食网上交易平台，以公开发布信息，网上洽谈成交，将卖方粮食的所有权转移给买方的行为。其主要流程为：

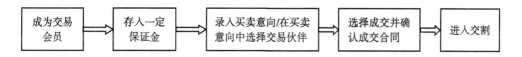

网上协商交易是郑州粮食批发市场组织通过中华粮网交易系统组织会员协商成交的交易方式。会员可以通过中华粮网交易系统发布自己的销售或采购意向，也可以选择其他会员发布的供求意向进行协商或签约。成交后，可委托该组织代办结算，或自行结算。

（3）网上竞价交易。网上竞价交易是指通过指定的网络交易系统组织粮油企业集中竞价成交的交易方式。卖方通过网络交易系统提交竞价销售或采购委托书，经审核后编入竞价专场，买方通过网络交易系统参与竞价交易。在规定的交易结束时间，系统自动按价格优先、时间优先的原则撮合成交。它主要有网上竞买交易和网上竞卖交易两种方式。其流程为：

网上竞价交易是郑州粮食批发市场组织通过中华粮网交易系统组织会员集中竞价成交的交易方式。会员通过网络交易系统提交竞价委托书或采购委托书，经

系统管理员审核后，编入相应的竞价专场，其他会员通过网络交易系统参与竞价交易成交。会员在下单窗口输入价格和数量后提交，一旦下单成功，不可撤销。在规定的交易时间内，系统自动按价格优先、时间优先的原则撮合成交，交割时通过郑州市场统一结算。资料显示：2012年全国春季粮食交易会通过中华粮网顺利举办。这次全国性的粮食交易会最突出的特点是，在网上进行异地远程交易。经过两天激烈的网上竞价和协商，共成交36.8万吨，占供求总量的57.6%。其中通过网上协商、网上竞价方式达成的交易量分别为12.5万吨、15.4万吨，分别占成交量的34%和42%[①]。

（4）栈单交易。栈单交易是郑州粮食批发市场组织于2002年7月推出的一种全新的交易方式，它是该组织通过中华粮网交易系统，采用集中竞价方式，公开买卖栈单的交易方式。其流程为：

栈单是郑州粮食批发市场组织指定计价点、火车板价交货的指定粮油商品的提货凭证。这种交易方式以互联网技术和电子化手段为交易平台，根据我国粮食现货流通的特点，对合同条款进行了规范，以即期和远期合同性质形式方便合同转让。具有合同条款标准化；交易成本低，方便快捷，效率高；交易意向集中，价格真实透明，成交机会多以及交易安全，履约机制健全等特点。故能更好地促进粮食流通，增强了企业经营的自主性和灵活性，它是对粮食现货交易机制的创新和完善。栈单交易在2012年取得骄人业绩，全年累计成交小麦、绿豆等品种532万吨，成交金额83.6亿元。

4. 郑州粮食批发市场未来电子商务发展重点

电子商务代表着未来贸易的发展方向，越来越多地受到人们的关注和重视。从总体上说，粮食电子商务建设相对落后，并且出现了盲目发展的势头。当务之急就是防止低水平重复建设，建立全国统一的粮食电子商务交易平台，实现各网站间的互联互享，这也是目前郑州粮食批发市场组织再发展电子商务的中心工作。主要体现在以下四方面。

第一，整合粮网资源，建立粮网同盟，构建场际电子商务模式。该体系以中华粮网为基础，以各市场网站为载体，在信息、价格、交易、网站建设及市场推

① 李经谋. 2012中国粮食市场发展报告 [M]. 北京：中国经济出版社，2013.

广等方面开展广泛的业务合作。

第二，加强电子商务的宣传和培训，普及电子商务知识，提高人们对电子商务的认知程度，为电子商务的发展创造必要的条件。

第三，搞好粮食行业电子商务配套服务系统的建设。这主要是搞好信用系统、网上支付系统、质检系统、物流配送系统等建设，力求为粮食行业电子商务的开展创造良好的外部环境。

第四，强化电子商务的法律法规建设工作，为粮食行业电子商务的大规模开展创造良好的法制环境。

# 六、小 结

通过本章分析，可以得出以下结论：

第一，粮食的社会化大流通既是商品流通和资本流通的统一，又是商流、物流和信息流三者的统一。同时还是包括加工、包装、保管、储运等诸多生产性活动的大系统。

第二，粮食流通的特点主要有：一是粮食的易腐性，使其流通过程具有明显的生产性质；二是粮食生产周期长，使粮食供给反应迟滞；三是粮食生产的区域性、季节性、集中性与粮食消费的广泛性、经常性、分散性的矛盾，决定了粮食流通的非均衡性；四是粮食供给弹性大，需求弹性小，使得粮食流通具有很大的风险性。

第三，粮食流通组织主要具有以下特征：一是粮食流通组织对专用性资产的投资具有特别要求；二是粮食流通组织具有多样性和多层次性；三是粮食流通组织要求有稳定的收益预期和承担市场风险的能力；四是粮食流通组织可以引导粮农实施粮食标准化建设。

第四，随着市场分工的深化，各种类型的粮食流通组织之间形成了多种交易方式，既有现货交易又有远期交易，既有现款交易又有信用交易，既有经销又有代销，还有拍卖、自选等，既有批量交易又有零售交易，还有批发与零售结合的交易。

第五，我国粮食流通组织现状。粮食批发市场存在问题：一是信息不灵，接触面窄，交易方式落后；二是粮食批发市场的功能单一；三是粮食批发市场投资主体单一，各自为战；四是粮食批发市场的交易量较小，且交易不活跃，"有市无场"和"有场无市"的现象同时存在。粮农合作经济组织存在的主要问题有：

一是粮农流通合作组织数量少，覆盖面小；二是粮农合作经济组织内部缺少严格的制度规范和管理章程，内部制度建设和运行机制方面存在着严重缺陷。粮食产销一体化组织存在问题主要有：一是组织具有不规范性、不稳定性和松散性等特征，不能真正代表粮农的利益；二是由于缺乏代表粮农利益的组织，使生产者之间相互不协调，省际之间、地区之间缺乏沟通，往往出现竞相降价、自相残杀的恶性竞争；三是加工增值环节少、程度低，综合效益和整体竞争力均较差，使得粮食的产业链过短，成为制约流通的"瓶颈"并直接影响着粮食的国际竞争力。

第六，目前我国粮食流通组织效率低下的原因：一是组织规模结构不合理；二是组织之间分工协作差，结构联结松散；三是交易手段落后，流通信息不畅。

第七，改造提升粮食流通组织的思路与对策。改造提升粮食批发市场组织的对策建议：一是加强批发市场组织软硬件建设；二是对小规模的批发市场组织进行合并重组；三是改善批发市场组织经营的外部环境。改造提升粮农合作组织的对策建议：一是努力实现粮食生产的区域化和专业化；二是通过综合化经营实现规模经济。改造提升粮食产销一体化组织的对策建议：一是培养具有一定技术水平、生产规模和带动能力的龙头企业；二是完善组织内部的管理制度，提高组织管理效率；三是建立科学合理的联结方式和利益分配机制。

第八，我国的粮食市场结构应该具备如下基本特征：一是市场上存在较多的经营者且经营者之间公平竞争，但为避免过度竞争和垄断，经营的数量和每个经营者的规模要受到一定的限制。二是每个经营者都是独立的经营实体，对自己的盈亏负责。政府对每个经营者实行同样的待遇和政策，经营者效率的高低唯一地取决于其提供的产品和服务的质量。三是价格由市场决定，政府对价格的影响是通过对市场的干预而不是通过直接的价格管制来实现。

第九，我国粮食流通组织形态结构优化的目标取向应该是多元组织形态平等竞争、分工协作、功能完备的体系。粮食流通组织形态结构优化应采取的措施：一是进一步深化粮食流通体制改革；二是大力培育粮农合作组织，引导农民进入市场；三是允许多种经济成分参与粮食流通。

第十，我国粮食流通组织经营结构的优化具体措施：一是纵向一体化经营与横向一体化经营相互渗透；二是综合化经营与专业化经营并存；三是商流、物流、信息流交融分立；四是内外贸分工经营与内外贸一体化经营。

第十一，粮食流通组织发展电子商务的对策建议：加强对粮食电子商务的宏观管理；加强粮食系统计算机软件、硬件建设，积极培育既懂信息技术又懂行业管理的高素质复合型人才，以适应电子商务的快速发展；深化粮食流通体制改革，加快粮食市场化进程，使粮食流通组织成为真正的市场主体；建立健全适应电子商务发展的结算、配送及安全防范体系。

# 参考文献

[1] A. K. Sen. Collective Choice and Social Welfare [M]. Olive and Boyd, Edinburgh, 1970.

[2] Anonymity: Local Government Finance [M]. Oxford: Basil Co, 1988.

[3] Besley. Timothy. Property Rights Land Ivestment Innovatives: Theory and Evidence form Ghnaa [J]. The Journal of Political Economy, 1995, 103 (5).

[4] Buehanan, James M. An Economic Theory of Clubs [J]. Economica, 1965 (32).

[5] C. Tiebout. A Pure Theory of Local Expenditures [J]. Journal of Political Economy, 1956 (10).

[6] Davis R. K. Recreation Planning as an Economic Problem [J]. Natural Resources Journal, 1963 (3).

[7] Gerd Schwartz and Benedict Clements. Government Subsidies [J]. Journal of Economic Surveys, 1999, 13 (2).

[8] Gibbard. Mani Pulation for Voting Schemes [J]. Journal of Ecometriea, 1973 (41).

[9] M. Satterthwaite. Strategy Proofness and Arrow's Conditions: Existence and Correspondence Theorems [J]. Journal of Economic Theory, 1975 (10).

[10] Pablo Sckoka and Jesus Anton. The Degree of Decoupling of Area Payments for Arable Crops in the European Union [J]. American Journal of Agricultural Economics, 2005, 87.

[11] Rederic, S. Mishrin. The Economics of Money, Banking, and Financial Markets [M]. Harper Collins College Publishers, 1995.

[12] Richard A. Musgrave. Theory of Public Finance: A Study of Public Economy [M]. New York: McGraw-Hill Book Compay, 1959.

[13] Roland, Gerard. Transition and Economics: Politics, Markets and Firms [M]. Cambridge, MA: MIT Press, 2000.

[14] Ronald H. Coase. The Problem of Social Cost [J]. Law and Economics,

1960（3）.

[15] Tina Weimnig, Wan Guanghua. Technical Efficiency and its Dcetmrninats in China Grain Porduction [J]. Journal of Productivity Analysis, 2000, （13）4.

[16] Troy G. Schmitz, Tim Highmoon and Andrew Schmitz. Termination of the WGTA： An Examination of Factor Market Distortions, Input Subsidiesand Compensation [J]. Canadian Journal of Agricultural Economics, 2002, 50.

[17] Yang Hong. Trends in China Reginoal Grain Production and Their Implications [J]. Agricultural Economics, 1998（19）.

[18] YaoYang. The Development of the Land Lease in Rural China [J]. Land Economics, 2000（2）.

[19] Zvi Lerman. Porductivity and Efficiency of Individual Farms in Polnad： A Case of Land Consolidation [C]. Presented at the Annual Meeting of the American Agricultural Economics Association [A]. Long Beach, CA, 2001.

[20] 埃格特森. 新制度经济学 [M]. 北京：商务印书馆，1996.

[21] 蔡昉. 刘易斯转折点后的农业发展政策选择 [J]. 中国农村经济，2008（8）.

[22] 曹芳，李岳云. 粮食补贴改革研究——以江苏省的调查为例 [J]. 当代财经，2005（4）.

[23] 曹芳. 农业国内支持政策对农民收入的影响研究 [D]. 南京农业大学博士学位论文，2005.

[24] 曹昆斌. 粮食补贴方式改革及其完善——安徽来安、天长两县市改革试点剖析 [J]. 宏观经济研究，2004（4）.

[25] 陈道. 经济大辞典·农业经济卷 [M]. 上海：上海译文出版社，1983.

[26] 陈明星. 粮食直接补贴的效应分析及政策启示 [J]. 山东农业大学学报（社会科学版），2007（1）.

[27] 陈薇. 粮食直补政策的效果评价与改革探讨——对河北省粮食直补试点县的个案分析 [J]. 农业经济，2006（8）.

[28] 陈宪. 农村土地制度的改革目标与阶段性选择 [J]. 农村经济，1989（4）.

[29] 程东阳. 走出农业规模经营认识上的误区 [J]. 社会主义研究，1998（6）.

[30] 程同顺. 中国农民组织化问题研究：共识与分歧 [J]. 教学与研究，2003（3）.

[31] 戴敏敏. 一个市场，还是 n 个市场 [N]. 经济学消息报，2002-01-18.

［32］戴维·菲尼. 制度安排的需求与供给［M］. 北京：商务印书馆，1992.

［33］丁春福. 关于农村土地适度规模经营问题的思考［J］. 农业经济，2003（3）.

［34］杜红梅. 应对 WTO 与我国农产品流通的组织化［J］. 农业现代化研究，2002（5）.

［35］杜吟棠. 我国农民合作组织的历史和现状［J］. 经济研究参考，2012（5）.

［36］段云飞. 应对粮食直接补贴绩效问题建立制度创新机制研究——来自河北粮食直补工作的实地调研［J］. 财政研究，2009（2）.

［37］冯继康. 美国农业补贴政策：历史演变与发展走势［J］. 中国农村经济，2007（3）.

［38］冯雷. 农产品流通市场组织模式研究［M］. 北京：经济管理出版社，1995.

［39］付恭华，李小云. 中国粮食安全政策存在的问题与新保障模式探索［J］. 求实，2013（12）.

［40］付恭华. 中国粮食安全可持续性影响要素及对策分析［J］. 中共宁波市委党校学报，2013（5）.

［41］高颖，田维明，张宁宁. 扩大农产品市场开发对中国农业生产和粮食安全的影响［J］. 中国农村经济，2013（9）.

［42］顾欲晓等. 电子商务技术在我国粮食流通中的应用［J］. 粮食流通技术，2011（3）.

［43］郭文轩等. 市场发育论［M］. 北京：中国商业出版社，1993.

［44］国家发展和改革委. 国家粮食安全中长期规划纲要（2008~2020）［OL］. 2013-03-05.

［45］韩俊. 关于农村集体经济与合作经济的若干理论与政策问题［J］. 中国农村经济，1998（2）.

［46］韩喜平，李二柱. 日本农业保护政策的演变及启示［J］. 现代日本经济，2005（4）.

［47］韩喜平，商荔. 我国粮食直补政策的经济学分析［J］. 农业技术经济，2007（3）.

［48］何蒲明. 对我国粮食直接补贴政策的几点思考［J］. 长江大学学报，2005（11）.

［49］侯立军等. 中国粮食物流科学化研究［M］. 北京：中国农业出版社，2002.

［50］侯明利. 中国粮食补贴政策理论与实证研究 ［D］. 江南大学博士学位论文，2009（6）.

［51］侯求学等. 粮食企业应积极迎战电子商务 ［J］. 粮食流通技术，2010（6）.

［52］侯石安. 中国财政农业投入的目标选择与政策优化 ［J］. 农业经济问题，2004（3）.

［53］胡寄窗，谈敏. 新中国经济思想史纲要（1949~1989）［M］. 上海：上海财经大学出版社，1997.

［54］胡霞. 关于日本山区半山区农业直接补贴政策的考察与分析 ［J］. 中国农村经济，2007（6）.

［55］黄季焜，杨军，仇焕广. 新时期国家粮食安全战略和政策的思考 ［J］. 农业经济问题，2012（3）.

［56］黄良文，曾五一. 社会经济统计学原理 ［M］. 北京：中国统计出版社，2000.

［57］黄祖辉等. 农民专业合作组织发展的影响因素分析 ［J］. 中国农村经济，2012（3）.

［58］纪宝成等. 商品流通论——体制与运行 ［M］. 北京：中国人民大学出版社，1993.

［59］姜爱林. 关于粮食综合生产能力研究的几个问题 ［J］. 农业经济导刊，2003（9）.

［60］姜长云. 我国粮食生产的现状和中长期潜力 ［J］. 经济研究参考，2009（15）.

［61］蒋乃华. 论中国粮食生产的稳定性 ［J］. 农业经济问题，1998（5）.

［62］［日］近藤文男等. 日美营销创新——流通革命与企业发展战略案例分析 ［M］. 北京：经济管理出版社，2000.

［63］［美］科斯等. 契约经济学 ［M］. 北京：经济科学出版社，1999.

［64］克尔·P. 托达罗. 经济发展 ［M］. 北京：中国经济出版社，1999.

［65］蓝海涛. 美国《2003 年农业援助法案》及农业补贴新动态 ［J］. 农业经济问题，2004（2）.

［66］李国祥. 中国粮食减产与粮食安全 ［J］. 中国农村经济，2011（4）.

［67］李经谋. 2012 中国粮食市场发展报告 ［M］. 北京：中国经济出版社，2013.

［68］李莉. 论土地规模经营的内生条件 ［J］. 贵州财经学院学报，2007（2）.

［69］李瑞峰，肖海峰. 我国粮食直接补贴政策的实施效果、问题及完善对策

［J］.农业现代化研究，2006（3）.

［70］李喜童.新形势下我国粮食直补政策实施中的问题与解决思路［J］.商业时代，2009（19）.

［71］李泽华.我国农产品批发市场的现状与发展趋势［J］.中国农村经济，2012（6）.

［72］梁世夫.粮食安全背景下直接补贴政策的改进问题［J］.农业经济问题，2005（4）.

［73］廖洪乐等.中国农村土地承包制度研究［M］.北京：中国财政经济出版社，2003.

［74］林善浪.农村土地规模经营的效率评价［J］.当代经济研究，2000（2）.

［75］林善浪.中国农村土地制度与效率研究［M］.北京：经济科学出版社，1999.

［76］林述舜.规范农业合作经济，推进农业产业化发展［J］.农业经济导刊，2012（8）.

［77］林毅夫.制度、技术与中国农业发展［M］.上海：三联书店，1994.

［78］刘成玉.论中国农产品流通体系建设［M］.成都：西南财经大学出版社，1999.

［79］刘刚，侯晋封.完善粮食补贴政策，实行反周期性粮食直接补贴［J］.宏观经济管理，2008（6）.

［80］刘桦，朱云.对中央粮食直补及其他农业补贴的政策建议［J］.农业科技与信息，2008（21）.

［81］刘辉，李兰英.实现城乡社会和谐发展确保粮食安全——财政农业直接补贴政策改进研究［J］.中央财经大学学报，2005（11）.

［82］刘若峰.中国农业的变革与发展［M］.北京：中国统计出版社，1997.

［83］刘世锦.经济体制效率分析导论［M］.上海：三联书店，1994.

［84］柳思维等.新时期的中国流通现代化［M］.北京：中国市场出版社，2004.

［85］陆勤丰等.粮食行业开展电子商务的可行性分析［J］.粮食科技与经济，2011（2）.

［86］吕苟青.粮食安全问题的辩证思考［J］.山西省参阅材料，2004（9）.

［87］罗必良.经济组织的制度逻辑［M］.太原：山西经济出版社，2000.

［88］罗必良.农地经营规模的效率决定［J］.中国农村观察，2000（5）.

［89］罗必良.农业经济组织的效率决定：一个理论模型及其实证研究［J］.农业经济导刊，2005（1）.

[90] 罗必良. 中国农产品流通体制改革的目标模式 [J]. 经济理论与经济管理, 2003 (4).

[91] 罗必良等. 农产品流通组织制度的效率决定：一个分析框架 [J]. 农业经济问题, 2010 (8).

[92] 马爱京. 江苏推进粮食生产适度规模经营路径选择 [J]. 现代农业, 2001 (2).

[93] 马克思, 恩格斯. 马克思恩格斯全集 [M]. 北京：人民出版社, 1972.

[94] 马克思. 资本论 (第3卷) [M]. 北京：人民出版社, 1975.

[95] 马文杰, 冯中朝. 国外粮食直接补贴政策及启示 [J]. 经济纵横, 2007 (11).

[96] 马彦丽, 杨云. 粮食直补政策对农户种粮意愿、农民收入和生产投入的影响 [J]. 农业技术经济, 2005 (2).

[97] 马寅初. 新人口论 [N]. 人民日报, 1957-07-15.

[98] 梅建明. 再论农地适度规模经营——兼评当前流行的"土地规模经营危害论"[J]. 中国农村经济, 2002 (9).

[99] 牛若峰等. 农业产业化经营的组织方式和运行机制 [M]. 北京：北京大学出版社, 2000.

[100] 农业部软科学委员会"对农民实行直接补贴研究"课题组. 国外对农民实行直接补贴的做法、原因及借鉴意义 [J]. 农业经济问题, 2002 (1).

[101] 诺斯. 经济史中的结构和变迁 [M]. 上海：三联书店, 1994.

[102] 潘劲. 流通领域农民专业合作组织发展研究 [J]. 农业经济问题, 2011 (11).

[103] 彭星间. 市场与农业产业化 [M]. 北京：经济管理出版社, 2000.

[104] 齐志高等. 现代电子商务与粮食流通 [J]. 粮食流通技术, 2012 (3).

[105] 钱伯海. 国民经济统计学 [M]. 北京：中国统计出版社, 2000.

[106] 钱贵霞. 粮食生产经营规模与粮农收入的研究 [D]. 中国农业科学院博士学位论文, 2005.

[107] 秦晖. 中国农村土地制度与农民权利保障 [J]. 探索与争鸣, 2002 (7).

[108] 盛洪. 分工与交易 [M]. 上海：上海人民出版社, 1995.

[109] 盛来运, 阎芳. 种粮? 不种粮? ——关于粮食主产区农民增收问题的调查分析 [C]. 第四届中国经济年会入选论文, 2004.

[110] 施锡铨, 砂鹤. 粮食收购市场博弈分析与粮食流通体制改革 [J]. 财经研究, 2008 (1).

[111] 石秀何等. 重构我国农村合作经济体系 [J]. 农业经济导刊, 2004 (10).

[112] 孙顺强. 粮食生产直接补贴研究 [D]. 西南大学博士学位论文, 2009.

[113] 谭崇台. 发展经济学 [M]. 太原: 山西经济出版社, 2011.

[114] 唐正芒. 新中国粮食工作六十年 [M]. 湘潭: 湘潭大学出版社, 2009.

[115] 万青. 试论我国粮食流通的组织创新 [J]. 皖西学院学报, 2012 (3).

[116] 王娇, 肖海峰. 中国粮食直接补贴政策效果评价 [J]. 中国农村经济, 2006 (12).

[117] 王丽华. 中国农村土地变迁的新政治经济学分析 [D]. 辽宁大学博士学位论文, 2012.

[118] 王玉斌, 陈慧萍, 谭向勇. 中、美、欧、日粮食补贴保护政策比较 [J]. 世界农业, 2007 (2).

[119] 王玉斌等. 中美粮食补贴政策比较 [J]. 农业经济问题, 2006 (12).

[120] 卫海英. SPSS10.0 for Windows 在经济管理中的应用 [M]. 北京: 中国统计出版社, 2001.

[121] 卫新等. 浙江省农户土地规模经营实证分析 [J]. 中国农村经济, 2003 (10).

[122] 魏道南等. 中国农村新型合作组织探析 [M]. 北京: 经济管理出版社, 1998.

[123] 温桂荣. 完善粮食直补政策努力增加农民收入 [J]. 财会研究, 2006 (7).

[124] 温铁军. 三农问题与土地制度变迁 [M]. 北京: 中国经济出版社, 2009.

[125] 温铁军. 新世纪的“三农”问题 [OL]. “50 人论坛”网, 2010.

[126] 吴志华. 中国粮食安全研究述评 [J]. 农业经济导刊, 2003 (11).

[127] 伍山林. 中国农地制度变迁的若干理论问题 [J]. 经济研究, 1998 (8).

[128] 小林康平等. 体制转换中的农产品流通体系 [M]. 北京: 中国农业出版社, 1998.

[129] 晓亮. 论中国的合作经济 [J]. 农业经济导刊, 2003 (5).

[130] 肖飞. 农村土地使用权流转的效率分析 [J]. 武汉大学学报, 2002 (5).

[131] 肖海峰等. 农民对粮食直接补贴政策的评价与期望 [J]. 中国农村经济, 2005 (3).

[132] 徐更生. 美国农业政策的重大变革［J］. 世界经济，1996（7）.

[133] 许经勇. 马克思论农业是国民经济的基础及其面临的市场风险［J］. 当代经济研究，2008（4）.

[134] 严瑞珍等. 经济全球化与中国粮食问题［M］. 北京：中国人民大学出版社，2001.

[135] 杨光焰. 在粮食直接补贴：建立产销区间的成本分担机制［J］. 调研世界，2005（1）.

[136] 杨红旗，温建. 我国粮食生产回顾——现状及发展目标［J］. 广东农业科学，2009（12）.

[137] 杨玲. 适度规模的家庭经营是我国农业微观基础改造的目标模式［J］. 乡镇经济，2007（2）.

[138] 杨茂. 中国农业粮食直接补贴政策效应的实证分析研究［J］. 中国农机化，2007（2）.

[139] 杨新荣. 论我国农村土地制度的进一步改革与完善［J］. 农业经济导刊，2003（1）.

[140] 杨秀琴. 粮食直补政策缺陷与改革思路［J］. 农村经济，2007（1）.

[141] 姚祥. 土地、制度和农业发展［M］. 北京：北京大学出版社，2004.

[142] 叶文飞. 要素投入与中国经济增长［M］. 北京：北京大学出版社，2004.

[143] 叶裕惠，黄得勋等. 美国农业与食品政策［M］. 南宁：广西民族出版社，1992.

[144] 尹成杰. 粮安天下：全球粮食危机与中国粮食安全［M］. 北京：中国经济出版社，2009.

[145] 尹凤梅. 美国农业补贴政策的演变趋势分析［J］. 重庆工商大学学报，2007（2）.

[146] 尹显萍，王志华. 欧盟共同农业政策研究［J］. 世界经济研究，2004（7）.

[147] 印堃华，邓伟，孟珺峰等. 我国农地产权制度改革和农业发展模式的思考［J］. 财经研究，2001（2）.

[148] 岳琛. 中国土地制度史［M］. 北京：中国国际广播出版社，1990.

[149] 早见雄次郎. 农业发展：国际前提（中译本）［M］. 北京：商务印书馆，1993.

[150] 占金刚. 我国粮食补贴政策绩效评价及体系构建［D］. 湖南农业大学硕士学位论文，2012.

[151] 张朝尊.中国社会主义土地经济问题 [M].北京：中国人民大学出版社，1991.

[152] 张春霞.农业的规模经营必须始终把握"适度"二字 [J].福建学刊，1996（2）.

[153] 张钢.企业组织创新研究 [M].北京：科学出版社，2000.

[154] 张桂林等.美国联邦政府农业补贴（上）[J].世界农业，2003（11）.

[155] 张建华等.中华人民共和国史稿 [M].哈尔滨：黑龙江人民出版社，1989.

[156] 张晓峒.计量经济学软件 Eviews 使用指南 [M].天津：南开大学出版社，2003.

[157] 张玉棉.战后日本的农业保护政策及其效果 [J].现代日本经济，1998（6）.

[158] 张玉周.粮食补贴对粮食生产影响的实证分析 [J].财政研究，2013（12）.

[159] 张玉周.粮食生产与土地制度变迁——我国土地制度绩效分析 [J].郑州轻工业学院学报（社会科学版），2008（3）.

[160] 张玉周.粮食生产与土地制度绩效分析 [J].统计与决策，2010（4）.

[161] 张月容.完善我国农村土地制度的途径 [M]//中国土地学会.中国土地经济问题研究.北京：知识出版社，2003.

[162] 张照新，陈金强.我国粮食补贴政策的框架：问题及政策建议 [J].农业经济问题，2007（7）.

[163] 张照新等.安徽、河南等部分粮食主产区补贴方式改革的做法、效果、问题及政策建议 [J].管理世界，2003（5）.

[164] 中国土地学会.中国土地经济问题研究 [M].北京：知识出版社，1992.

[165] 中华人民共和国农业部.中国农业发展报告1996 [M].北京：中国农业出版社，1996.

[166] 周诚.土地经济学 [M].北京：农业出版社，1989.

[167] 周建华，贺正楚.日本农业补贴政策的调整及启示 [J].农村经济，2005（10）.

[168] 周天勇.土地制度的供求冲突与其改革的框架性安排 [J].农业经济导刊，2004（2）.

[169] 周颖等.我国农产品批发市场发展的现状、问题及对策 [J].农业经济，2013（10）.

［170］朱希刚. 跨世纪的探索：中国粮食问题研究［M］. 北京：中国农业出版社，1997.

［171］朱行，李全根. 欧盟共同农业政策改革及启示［J］. 世界经济与政治论坛，2005（1）.

［172］邹至庄. 中国经济［M］. 天津：南开大学出版社，1984.